学术名家文丛

《云南文库》编委会

主 任 委 员：李纪恒　赵　金　高　峰
副主任委员：钱恒义　张瑞才　陈建国　陈秋生
委　　　员：杨　毅　范建华　任　佳　李　维　张　勇
　　　　　　张昌山　王展飞　何耀华　贺圣达

《云南文库·学术名家文丛》编委会

主　　任：赵　金
副 主 任：张瑞才　张云松　张昌山
委　　员（按姓氏笔画排序）
　　　　王文光　王展飞　尤　中　朱惠荣　伍雄武　伏润民
　　　　任　佳　刘　稚　刘大伟　汤文治　李红专　杨　毅
　　　　杨先明　何　飞　何　明　何耀华　邹　颖　张文勋
　　　　张桥贵　陈一之　陈云东　武建国　范建华　林文勋
　　　　和少英　周　平　周永坤　胡正鹏　段炳昌　施本植
　　　　施惟达　贺圣达　崔运武　董云川　谢本书

主　　编：张瑞才
副 主 编：张昌山
编　　辑：马维聪　柴　伟　杨君凤

学术名家文丛

近代西欧必然与自由学说史

赵仲英 著

云南大学出版社
云南人民出版社

作者简介

赵仲英（1924—2000），云南省盈江县人。毕业于南京中央大学。昆明师范高等专科学校政教系教授；云南师范大学政教系兼职教授，哲学专业硕士研究生指导教师。曾担任全国马克思恩格斯早期哲学思想研究会理事、云南省哲学社会科学学会联合会常务委员、云南社会科学院咨询委员、云南省哲学学会副会长等社会职务。长期从事马克思主义哲学史、西方哲学史的研究工作。1989年被评为全国优秀教师，1992年获得国务院颁发的政府特殊津贴。主要论著有：《马克思早期思想探源》（专著，云南人民出版社1994年版），《实践系统论》（专著，云南人民出版社1993年版），《异化在马克思早期思想中的地位与作用》（收入《马克思主义哲学史论文集》，三联书店1982年版），《马克思关于俄国农村公社发展道路的理论与现实意义》（载《哲学研究》1989年第7期），《悉尼·胡克与民主社会主义》（载《思想战线》1991年第1期），《费尔巴哈关于人的本质思想新探》（载《云南社会科学》1991年第6期）。

总　序

中共云南省委书记 李纪恒

　　"盖文章，经国之大业，不朽之盛事。"一部承载责任与使命的好作品，必将是一部千古不朽的立言典范，也必将是一部历久弥新的传世教科书。千百年来特别是明代以来，许多贤人君子和名人大家在广袤的云岭大地耕耘、思考和写作，留下了闪光的足迹和丰厚的作品，足以飨及后进，启迪晚辈。在搜集、遴选和整理云南明代以来学术大家、学术名家著作的基础上，由云南宣传部门牵头推出了《云南文库》，这一丛书的面世诚为云南学术研究和出版界之盛事。

　　编纂《云南文库》是传承云南地域文明、提高云南文化自觉的有益尝试。"七彩云南"这片神奇的土地孕育了对中国乃至世界文明都有重要影响的古人类，造就了云南文化的丰厚积淀，从而构成了博大精深的云南文化艺术宝库。作为中华文化圈、印度文化圈和东南亚文化圈的交汇地，云南自古以来都不缺乏学贯中西的大师和博古通今的大家，从来都不缺乏魅力四射的光辉著作和壮美奇绝的文化遗存。其中，许多学术作品都凝聚了深邃的思想和超凡的智慧，体现了鲜明的地域特色和民族特色，彰显了有云南自身特点的知识谱系和学术传统。今天，我们将历史长河中的明珠拾起，用心记载云南学术史上的灿烂篇章，正是为了守护云南优秀的地域文化，为了汲取进一步繁荣发展云南哲学社会科学的养分和动力，进而筑牢云南文化自信的根基。

编纂《云南文库》是树立云南文化品牌、增强云南文化影响力的重要举措。云南文化是中华文化的有机组成部分，其悠久的历史文化、多彩的民族文化、独特的生态文化、包容的宗教文化，已经成为文化百花园中一枝流光溢彩、香飘四海的奇葩。千百年来，云南学者中英奇瑰伟之士以及众多寓居云南的外省学者念兹在兹，深植于云南沃土，扎根于传统文化，不懈探索、勤奋撰述，留下了一批经得住历史和实践检验的珍贵成果。特别是抗战时期，随着西南联合大学和相关研究机构的到来，昆明一时风云际会，云集了大批我国现代学术史上开宗立派的学术大师和著名专家，云南成为当时中国学术中心之一，诞生了大批学术经典。新中国成立后，云南学术研究取得很大进展，研究队伍空前壮大，学科建设卓有成效，学术成果日益丰硕，推出了一批享誉国内外的学术精品。近年来，《云南史料丛刊》《云南丛书》等一批历史文献和地方文献丛书相继刊印，云南文化的影响力和竞争力不断增强。今天，我们隆重推出《云南文库》，就是要为更多的人了解云南、熟悉云南、研究云南搭建一个平台和载体，为云南的经济社会发展、文化建设、文史学术研究等提供有益的历史借鉴，为在更广领域传播云南文化、打造云南品牌、增强云南软实力创造更好条件。

编纂《云南文库》是保障人民群众的基本文化权益的有效途径。文化建设的根本就是要用健康高雅的艺术、用智慧明辨的思想、用善良温厚的德行启迪人、引导人。编纂《云南文库》一个重要目的是丰富人民群众的精神文化生活、增进人民群众的幸福感。此次收入《云南文库》的著作，涉及哲学、历史、文学、语言、艺术、民族、宗教、政治、军事、外交等诸多方面，包含着丰富的自然、社会和人生哲理知识，体现了高度的人文关怀。阅读这些著作，有助于培育读者自尊自信、理性平和、积极向上的心态，有助于引导人们去发现、享用、珍惜世界和人生之美，能使大众的精神世界得以滋养和美化、人格得以陶冶和熏陶、心灵得以安顿和抚慰、情感得以丰富和升华，从而更好地满足人民群众多层次、多方面、多样性的审美需求。

编纂《云南文库》是推动云南跨越发展的必然要求。云南早在1996年就提出了建设"民族文化大省"的目标，是全国最早提出建设民族文化大省的省份之一。2000年，我省正式确立了"建设绿色经济强省、民族文化大省和中国连接东南亚南亚的国际大通道"的三大目标，把文化事业和文化产业的发展纳入了全省经济社会发展战略的范畴。2009年召开的中共云南省委八届八次全委会，作出了把云南建设成为"绿色经济强省、民族文化强省、中国面向西南开放的桥头堡"的重大决策，把云南文化建设推向了一个新的阶段。2011年11月，云南省第九次党代会进一步明确了科学发展、和谐发展、跨越发展的发展主题，要求更加自觉、更加主动地推动文化大发展大繁荣。当前，云南人民正豪情满怀地沿着建设民族文化强省的道路阔步前行，具有云南特色的文化模式已经也必将进一步焕发动人而耀眼的光芒。我们将以打造《云南文库》等一批社科品牌和文化精品为契机，继承优良传统，发挥优势，突出特色，以面向现代化、面向世界、面向未来的宏大眼光，锐意进取，积极开展学术研究，努力创造出无愧于时代、无愧于人民、无愧于历史的优秀学术成果和文化产品，更好地弘扬以高远、开放、包容的高原情怀和坚定、担当、务实的大山品质为主要内容的云南精神。

  《云南文库》最终得以发行，首先是众位先贤心血和智慧的结晶。在此，我们要对创造了云南学术精品并因此而为中华文化做出杰出贡献的学者们表示崇高的敬意！在《云南文库》的编纂过程中，相关编纂单位、出版单位和参加整理的学者，以高度的责任感和使命感，兢兢业业地做好编校和出版工作，正是有了他们的辛勤劳动和精心工作，才有如今的翰墨流芳。在此，我要诚恳地道一声，大家辛苦了！《云南文库》从构想走向现实，离不开众多读者和社会各界人士的支持，我也一并向你们表示诚挚的谢意！同时，衷心希望同志们一如既往地为云南文化建设献智献策，欢迎更多的同仁志士参与到云南文化建设的伟大事业中来！

  谨为序。

序

　　本书的写作，历经无数的艰辛、困难，凝聚了仲英兄数十年矢志不渝的探索与努力。就我所知，从20世纪60年代起，仲英兄就萌发了研究这一问题的想法，开始思考和研究，经过二十多个春秋的风霜雨雪，到80年代基本完成。依他的执着和认真，文稿不断在修改中，可终归是草稿。由于种种令人遗憾的原因，此稿一放就是20年未能交付编辑、出版，甚至，由于仲英兄的突然去世，很可能就"束之高阁"以至永远。现在，它终于要面世了，这是多么令人庆幸和高兴的事啊！我们不仅为仲英兄半个世纪的艰辛终结善果而庆幸，也是为世人，特别是为20世纪50年代以来受极"左"思潮残酷折腾的人庆幸，因为大家终于能读到这本非常重要的学术著作了。此书虽写于20多年前，却是一本至今仍处于理论前沿的书、常读常新的书。此书讲的是欧洲哲学史上一个抽象的理论问题，但却是一本从现实生活出发、关注现实的书，因为，在20世纪60年代的时候，仲英兄就不止于收集和观察极"左"思潮造成的种种严重后果，而且力求探索其认识根源，从根本上去认识它，为此，他研究马克思本人的学说，而不是别人对马克思学说的转述；研究马克思学说的理论来源——欧洲哲学史。他研究的结论是：中国出现这一段的瞎折腾，不是马克思主义的错，而是某些自称是马克思主义者的中国人的错，由此他更加坚信马克思主义了！当时作为一个"右派分子"，他能超越当时中国大多数学者从如此的深度去思考和探索问题，使我十分的尊敬和佩服。

以上的话其实可以不讲，因为柴毅龙教授在《整理后记》中都讲到了，而且比我讲得深入、全面。或者说，有了他的《整理后记》就可以不必再写什么序言了。我原来就是这么认为的，但是，在此书即将开印时，我又突然决定要写个序，原因是《整理后记》很可能被读者忽视（因为其他书的《后记》常常是讲些应酬话，所以是可以忽视的），而柴毅龙又认为自己是学生，坚决不肯把它放在前面作《序》，于是我决定写几句话，说明《整理后记》是一篇分量很重、很好的序，诚挚地向大家推荐。再者，仲英兄留下的手稿，字迹模糊，秩序多有散乱，柴毅龙在整理、编校中付出了大量的精力、时间；学生胡正鹏、戴世平等，为推动此书的整理、出版，前后数载，尽心尽力。他们体现了"尊师重道"的传统美德，仲英兄在天有灵应感欣慰。这些就是我不避浅陋蓦然为序的缘由，倘有不周，敬请各方谅解。

后学　伍雄武
2006年6月

（说明：《近代西欧必然与自由学说史》一书最初于2006年由云南大学出版社出版发行，现入选《云南文库·学术名家文丛》再次公开出版，本《序》除个别字词有改动，基本保持原貌——出版者。）

目 录
Contents

代绪论：论客观必然性与人的能动性 …………………………………… 1

第一篇　近代西欧必然与自由学说的前奏

第一章　欧洲中世纪前期必然与自由的学说 ………………………… 22
第二章　欧洲中世纪后期必然与自由的学说 ………………………… 31
第三章　罗吉尔·培根关于必然与自由的学说 ……………………… 42
第四章　文艺复兴时期的必然与自由学说 …………………………… 50
第五章　文艺复兴时期自然哲学中关于必然与自由的学说 ………… 59

第二篇　16—18世纪英国的必然与自由学说

第一章　弗兰西斯·培根 ……………………………………………… 71
第二章　霍布斯 ………………………………………………………… 87
第三章　洛克 …………………………………………………………… 98
第四章　休谟 …………………………………………………………… 110

第三篇　16—17世纪西欧大陆的必然与自由学说

第一章　笛卡儿 ………………………………………………………… 125
第二章　斯宾诺莎 ……………………………………………………… 140
第三章　莱布尼兹 ……………………………………………………… 163

第四篇　18 世纪法国的必然与自由学说

第一章　伏尔泰 ………………………………………… 185
第二章　拉·美特里 …………………………………… 194
第三章　狄德罗 ………………………………………… 207
第四章　爱尔维修 ……………………………………… 219
第五章　霍尔巴赫 ……………………………………… 234

第五篇　18 世纪末至 19 世纪初德国的必然与自由学说

第一章　康　德 ………………………………………… 251
第二章　费希特 ………………………………………… 268
第三章　谢　林 ………………………………………… 277
第四章　黑格尔 ………………………………………… 289
第五章　费尔巴哈 ……………………………………… 309

追思坚定的马克思主义哲学家赵仲英教授
　　——整理后记 ……………………………………… 319

代绪论：论客观必然性与人的能动性[①]

一

在人类认识史上，关于必然与自由这对范畴的产生，可以远溯到古代社会。在古代希腊哲学形成之前，希腊神话就已记载着："众神说一切都为必然所支配，唯有众神之王宙斯是自由的。"古代希腊哲学家赫拉克利特曾用"逻各斯"这个词来表示对客观必然性的认识，他认为人的智慧就在于说出真理，并且按照自然规律行事。中国古代老子提出的"道"，也表示着对客观必然性的认识；墨子则用"力"与"命"这对范畴来概括人的活动与客观必然性的关系，所谓"力"便是人的活动，而"命"则是指客观必然性。由于古代的生产主要是在小规模的农业和手工业这一范围内极有限地利用自然，除此之外对于众多的自然现象和社会现象以及它们出现的必然性还无法了解，因此往往用命运、天道等等去概括人既无法认识同时人力也无法抗拒的必然王国。而自由则在于知天命自觉地去服从无力控制的必然性，并满足于目前的处境。至于像荀子的"制天命而用之"和对自然界"物畜而制之"的思想，以及对人可以利用和制服自然的自信，这在古代的思想中则是出类拔萃的。

在中世纪的欧洲，对必然与自由的理解被抹上了浓厚的神学色彩。那时举凡天上与人间、自然与社会、必然与偶然这一切的界限，都在上帝的意志中泯灭了，唯有上帝的意志君临一切。至于人类，也和其他万物一样

[①] 本部分辑录自赵仲英《实践系统论》第五章，云南人民出版社 1993 年版。

不过是实现上帝意志的手段而已，既然一切必然性都是来自上帝的意志，相对地来说人类也就不可能具有认识和利用这种必然性的自由。而在神学内部的争论中，除了承认上帝的意志决定一切、人不可能具有自由意志的说法之外，即使是主张人具有自由意志，也不过是说人应该用理性去理解上帝和他的行事，而不限于一味盲目地崇拜上帝，因此意志仍有着判断的自由。13世纪英国的罗吉尔·培根则是一个例外，他不仅主张通过对自然的外部实验可以使被感性经验唤醒的人找到自然和制作的秘密原因，而且还提出应用工艺去帮助自然，并用对自然因果联系的认识通过工艺去产生效果。我国东汉的王充在肯定"物由自生"的同时，也认为："然虽自然，亦须有为辅助。耒耜耕耘，因春播种者，人为之也；及谷入地，日夜长大，人不能为也。或为之者，败之道也。"① 说明人不能违反自然，但是却能促使自然的必然性的实现。

近代西欧随着资本主义的兴起和工业的发展，以及近代自然科学的建立，人类如何去认识自然并且驾驭和利用自然的问题被突出地提了出来。弗兰西斯·培根不仅是现代实验科学的真正始祖，而且也是近代关于客观必然性与人的能动性学说的奠基人。他在《新工具》中提出的方法，既是认识自然运动的客观必然性的方法，而且也包括如何利用这种客观必然性去改变自然物的方法。之后，在霍布斯与洛克的著作中，开始涉及社会领域内的必然与自由的关系。18世纪法国的进步思想家们则将自由和平等作为反封建的政治口号，他们认为自由是与强制相对立的，而强制则是一种社会力量，它来自法国的封建制度。他们还从改革旧制度联系到环境改变人和人改变环境的关系问题。再后来，在黑格尔的唯心主义体系中，实践以及它的诸因素，包括目的、手段、方法等等，在哲学史上第一次被作为哲学范畴来考察，它们成为理念从自在状态上升到自为状态即真理的环节。也正是在那里，必然与自由的关系被辩证地加以阐明。从必然与自由这对范畴的发展史，可以看出人类对于实践，尤其是它的基本矛盾，即客观必然性与人的主观能动性的认识发展的历史。

---

① （东汉）王充：《论衡·自然篇》，参见《论衡校释》，中华书局1990年版，第780页。

二

"物质不能从无中生有"这个哲学史上的古老命题，在今天仍然常青。它指出一种新的物质只能是其他物质变化的结果；物质自发的运动或是人的实践，都只能通过改变物质去取得结果或效果，谁也不能凭空去创造一种物质。人类是在一定的物质基础上去进行创造活动的，没有物质作为基础，精神当然不可能转化为物质，就是精神本身也不能离开大脑这种物质而独立存在。精神还不能摆脱人维持生存所需要的物质生活资料，否则人就不能生存，而精神也将随着生命的死亡而熄灭。

此外，"物质不能从无中生有"还包含有另一种意义，它是指一种物质如果不具有某种根据或可能性，就不会产生相应的运动和结果。人的主观能动作用不仅需要有一定的物质材料，而且这种物质还必须有能产生某种效果的可能性，只有在这一前提下，人才能依照物质运动的客观必然性去发挥人的主观能动作用。但是客观必然性却不需要人的作用作为它实现的前提；客观必然性并不因为人的经验才确定它的存在，而是由于它的存在才被人体验到。只是在实践的范围内，它才与人的能动性相互制约，而且就是在实践的范围内人的能动性也不能违反客观必然性，否则它就不能获得预期的效果。

当客观必然性尚未被人们所认识并利用和制约时，它便是一种与人相对立的异己力量，人们意识到它的存在，因为人的行动处处都受客观必然性所制约，它往往违背着人的主观意志以一种确定的趋向实现着。赫拉克利特称这种与人相对立的客观必然性为"逻各斯"，他认为："这个'逻各斯'虽然永恒地存在着，但是人们在听见人说到它以前，以及在初次听见人说到它以后，都不能了解它。"对于这个万物都根据它而生产的"逻各斯"，人们只能认识它、服从它。因此，"智慧就在于说出真理，并且按照自然行事，听自然的话"①。

---

① 《古希腊罗马哲学》，商务印书馆1961年版，第18页、29页。

人不能排除和消灭客观必然性去设想一种虚幻的自由，使自然和社会能听任人的主观意志的摆布。自然和社会只能依循着由它们的内部根据和外部制约关系所形成的客观必然性去运动，因此，必然性的存在只取决于物质运动的客观根据与条件，而不取决于人的主观意志。人的意志和能动作用不仅不可能排除客观必然性，并且还必须以它为基础。人的主观能动作用就在于通过认识与活动自觉地利用客观必然性，最后产生效果。

由此客观必然性便限定着人的能动性，人的能动性只是去认识客观必然性、利用和控制客观必然性，绝不是去任意违背客观必然性。人的能动性仅仅是在客观必然性所给予的可能范围内才能发挥作用并实现目的。费尔巴哈就认为："意志是自决，但自决仅仅在不以人的意志为转移的自然界的规定的领域内。"① 这里还需要补充一句，不仅是自然界，而且包括社会，它们运动的必然性就是发挥意志的自决和人的主观能动作用的基础与范围。所谓意志自决，就是在客观必然性的基础上并以它为范围去发挥人的主观能动作用，否则意志自决便是一句空话；因为离开客观必然性的意志自决，是不可能使对象转化为效果的。而且，不论意志决定行动与否，如果不是以对客观必然性的认识作为前提，这种决定就不能不是主观的和任性的。

在实践中主体的目的与活动都受客观必然性所制约。一个目的的构成不仅必然受对象运动的可能性与规律性所制约，还受到手段的可能性所制约。这便是客观必然性对意志自决的一种制约，它是通过意志自决的形式来表现，实际上"'我能够做到那些我所希望的'；但仅仅在我所希望的是我可能做到的场合下；在相反的场合下，我的意志只存在于幻想中，是无基础的、无根据的，因为意志的基础是由实现希望的可能性和能力构成的"②。除了目的之外，实践的活动也是受对象由可能转化为现实的客观可能性所制约的，它还受到肢体活动以及工具活动的客观必然性所制约。当通过意志去确定活动与方法时，意志的自决又受有关的客观必然性所

---

① 《费尔巴哈哲学著作选集》上卷，生活·读书·新知三联书店1959年版，第426页。

② 《费尔巴哈哲学著作选集》上卷，生活·读书·新知三联书店1959年版，第417页。

制约。

客观必然性对目的与活动的制约,除了折射着它对意志自决的制约以外,还直接制约着目的与活动的内容。这就是说,目的必须建立在客观可能性的基础上,而活动的方法必然与对象工具以及肢体运动的客观必然性相一致。不论人们在实践中是否自觉注意到这一点,事实上,只有当主体的目的与活动契合于客观必然性时才能产生效果。

所以客观必然性不仅是人的主观能动性的基础与范围,而且又通过对目的与活动的制约而制约着意志的自决和人的主观能动性。客观必然性对人的主观能动性的关系,当然不能简单地用物质第一性与意识第二性和派生性的关系去加以说明,即认为客观必然性是第一性的,而人的主观能动性则是第二性的和派生性的。因为所谓第一性与第二性的关系是有着它的特定涵义的,它仅是指物质与意识的原型与摹写、反映的关系。但是人的主观能动性不仅包含着意志的活动,而且还包含着改变客观存在的感性活动在内。然而即使如此,客观必然性对于人的主观能动性仍然起着基本的作用,即作为实现人的主观能动性的基础。

三

物质运动的必然性是客观存在的,人的行动既不能违反客观必然性,也不能依照主观意志去排除客观必然性。但是这不等于说人与其他生物一样,只可能消极地去适应客观必然性并被它所驱使。人具有其他生物所不具有的认识客观必然性和利用客观必然性去满足其需要的能力,这便是人的主观能动性。实践以事实证明了人是有能力认识和利用、控制客观必然性的;人不仅能够认识和利用、控制自然界的客观必然性,而且也能够认识和利用社会运动的客观必然性去改变社会。所以在客观必然性的面前,人并不是毫无作为因而处于唯命是从的奴仆地位,而是以改变客观世界的能动作用证明了人是自由的。

物质运动的可能性与必然性是实践的基础,物质运动存在着多种可能性,其中只有得到适当条件去满足的那种可能性才能转化为现实性。但是当条件变化时,也就会使另一种可能性转化为现实性,由此便改变了运动的趋向。这种对物质运动趋向的选择,在物质自发运动的情况下,是由自然界自发地去实现的,在实践中则是通过意志对目的和手段的选择去实现的,因而自然界只是盲目的选择,但实践则是有意识的、自觉的选择。

意志去选择和构成目的并确定手段,虽然都需要以客观可能性与必然性作为内容,然而无论是目的或手段,它们的作用却不只是单纯记录客观可能性与必然性,而是去改变现实存在并实现人的创造。目的以意识的形式表现主体的创造,它根据效用的标准、艺术的标准等等去创造出改变物质的蓝图,并且以这种创造的内容去指导行动。手段的作用则在于创造出使对象排除自发运动的可能性去实现符合目的的运动、所需要的新的制约关系,所以主体构成目的和确定手段,也就是发挥人的主观能动作用和创造性。这种主观能动作用和创造性,在活动中就以感性的和物质的形式表现出来。

主体依照预定的目的并通过手段去改变客观存在和产生效果时,就使得客观存在依循着目的创造的原型,而不是按照它自发运动的规律去发生变化。主体一般是通过提供与满足对象实现某种可能性所需要的条件,去选择主体预期它能实现的那种可能性,使它转化为效果。主体也可以通过改变物质运动中某些制约关系,使它的相应的可能性由于缺乏条件而不能实现。这两种形式都是通过人的主观能动作用去改变物质的自发运动而实现的,而起决定作用的则是人的主观能动性。没有人的能动作用的参与,物质运动所包含的可能性只能在自然形成条件下自发地实现,它不仅不会产生什么效果,甚至它本身具有的效用性也会在这种自发的运动中丧失掉。一种物质由自发的运动转化为符合目的的运动,是人的主观能动作用和创造性的结果。

人的主观能动性可以有两种不同的表现形式,一种是主体根据对物质运动客观可能性与必然性的正确认识去构成目的并确定手段,由此使目的与手段的内容与物质运动的客观内容相一致,因此便在实践中取得了效果,这便证明了人既有选择目的与手段的自由意志,也有改变客观存在并取得效果的行动自由。另一种是主体根据对物质运动客观可能性与必然性的虚幻的、错误的认识,甚至无视于物质运动的客观可能性与必然性,去构成目的与确定手段。由于它缺乏客观可能性与必然性作为基础，这种主观能动作用虽然形式上表现着意志的自由，然而这只是一种虚假的自由，它在行动中不仅不能利用和控制客观必然性，却相反处处被客观必然性所束缚，因而实际上是不自由的。

按照通俗的理解，所谓自由便是排除客观必然性支配的随心所欲，或者说想要怎么干便怎么干，并且认为只有这样才体现着自由。实际上，没有客观必然性作为基础的自由，不过是一种抽象的自由，因为它是不可能实现的。黑格尔就将这种抽象的自由列入偶然性的范围内，并且指出："当我们说到意志的自由时，大都是指仅仅的任性或任意，或指偶然性的形式意志而言。诚然，就任性作为决定这样或那样的能力而言，无疑地是自由意志的一个重要环节……不过，任性却不是自由的本身，而首先只是一种形式的自由。"①

因此，要排除的正是这种抽象的自由或主观任意性，因为它可以有铿锵的文藻、蛊惑人心的言词，甚至还有随之而来的行动，然而它终究是一朵不结果实的花。至于实践则不能没有自由，正如实践不能脱离客观必然性的存在这一前提一样。实践就是在客观必然性基础上的人的创造活动，而创造的前提就是自由。

四

人的意志以及由它所指导的活动是不是自由的？抑或一切都是受必然性所支配，人的意志和行动是毫无自由可言？如果物质运动有着它的客观必然性，那么，人的意志与行动的自由又是否可能？这是在考察实践的基本矛盾，即客观必然性与自由的关系上必然会出现的问题。然而问题的这种提法本身就意味着必然与自由两者是绝对排斥的，由此，问题的回答也就会趋于两个极端。

在哲学史上，斯宾诺莎就曾提出过：一切都是必然的，这种必然性也

---

① ［德］黑格尔：《小逻辑》，贺麟译，商务印书馆1980年版，第302页。

支配着人，因此，人"在心灵中没有绝对的或自由的意志"。他批判了当时关于自由意志的说法，指出这些人"他们似乎简直把自然界中的人认作王国中的王国。因为他们相信，人是破坏自然秩序而不是遵守自然秩序的，是有绝对力量来控制自己的行为的，并且是完全自决而不依他的"①。这个批判当然是正确的，可是斯宾诺莎却由此导出下述的结论："意志不能说是自由的，只能说是必然的""它是被迫的，是为外部原因所决定的"，虽然"人身能在许多情形下移动外界物体，且能在许多情况下支配外界物体"，可是决定去行动的意志却只能为外界所决定，因为"心是没有绝对能力以志愿这样或那样，但是……必定为一个原因所决定以有这个意愿，而这一原因又为另一原因所决定，而这个原因同样为别的原因所决定，如此递进，以致无穷"②。

相对地斯宾诺莎所批判的笛卡儿主义的创始人笛卡儿则从肯定物质和精神两个实体的思想出发，认为物质世界是受客观必然性所统治，另一方面又存在着自由意志，它不受物质世界的客观必然性所支配，它只受理性的指导去进行判断，因此，"只有意志，即那唯一自主的自由，我经验到它是如此伟大，我心中没有比它更伟大更广阔的东西的观念"。这是笛卡儿为自由意志所唱的赞歌，他由此认为："人的主要的完美之点，就在于他能借意志自由行动，他之所以应受赞美，或应受惩责，其原因也在于此。"③ 但这是否说人有着自由意志可以任意去支配客观必然性甚至完全无视客观必然性呢？笛卡儿虽然不是这样去理解自由意志，可是他却肯定有不受客观必然性制约的自由意志的存在，任何力量都无法限制意志的自由判断。至于作出的判断能否实现则又是另外一回事，反正谁也不能制止别人去作出错误的判断，因为蠢事总是有人会去做的，由此也证明意志是自由的。

之后的费希特就走得更远了，他写了下面的一段话："我愿按照一个自由地拟定的目的概念，自由地实现我的意志；这个意志作为绝对终极的、不由任何可能的更高根据规定的根据，首先应当推动和塑造我的身

---

① [荷兰] 斯宾诺莎：《伦理学》，贺麟译，商务印书馆1983年版，第96页、87页。
② [荷兰] 斯宾诺莎：《伦理学》，贺麟译，商务印书馆1983年版，第87页。
③ [法] 笛卡儿：《哲学原理》，商务印书馆1960年版，第14页。

体,然后通过我的身体推动和塑造我周围的世界。我的能动的自然力量应该仅仅服从于意志的支配,除了意志之外,绝没有任何其他东西能使它运动。"①

当笛卡儿提出自由意志就在于可以作出判断同意或不同意而不受必然性所支配之后,洛克就指出了人并没有这种自由意志,因为意志是受外部的必然性所制约的,人的自然需要与习惯就决定着人的意志。但是在外部必然性制约的同时,意志仍然具有能动的作用,他认为:"在许多情节下,人心有一种能力,来暂停动作,不急来满足,不急来实现它的任何欲望,因此,它可以自由来考究那些欲望的对象,自由来考察它们的各个方面,自由来把它们同别的对象互相比较。人之所以有自由,正是由于这一点。"② 因此自由便不是绝对地摆脱外部的必然性,而是认识它并做出行动与否的判断,这样判断便需要以对客观必然性的认识作为前提,然而这并不是对自由的限制。洛克写道:"由我们自己的判断来决定并不是对自由加了限制——这种情形不但不限制自由,减少自由,反而促进了它,加强了它,那不但不缩小自由,而且自由的目的和功用还正在于此。因此我们如果愈不受这种决定的支配,则我们愈会走进苦难和奴役地步。"③ 所以,由于认识了客观必然性而作出的判断,这便是自由,相反地离开了客观必然性所作出的判断,就只能盲目地受欲望所支配,这便是奴役。由此看来主观任意性并不表现自由,它只是表现出智慧的缺点。

当洛克写了下面的一段话(即"脱离了理智的束缚,而且不受考察同判断的限制,只使自己选择最坏的或实行最坏的,那并不是自由"。)时,已十分接近"自由是被认识和应用作为判断根据和指导行动的必然性"这一思想。如果联系到下面一段文字,那就更为清楚了,这段文字是:"如果没有自由,则理解完全无效;如果没有理解,则自由(如果有的话)全无意义。"④

康德曾经宣称过必然与自由不能不同时并存,他认为由此既克服了决

---

① [德]费希特:《人的使命》,梁志学、沈真译,商务印书馆1982年版,第25页。
② [英]洛克:《人类理解论》,关文运译,商务印书馆1959年版,第232-233页。
③ [英]洛克:《人类理解论》,关文运译,商务印书馆1959年版,第232-233页。
④ [英]洛克:《人类理解论》,关文运译,商务印书馆1959年版,第248页。

定论的片面性，又克服了自由意志论的片面性。其实他只是调和这两者的对立，承认自然界是由必然性统治，而在道德领域内则由自由意志所决定。但是这样并没有真正解决必然与自由的矛盾，所以谢林才这样写："我们如何能设想观念依照对象变化，同时对象又依照观念变化呢？关于这个问题的解决，或者对于这个问题的解答，不仅是先验哲学的第一个任务，而且是它的最高任务。"① 他认为这除非在二者之间存在同一，否则就是不可能的。这种同一性的基础，当然就是客观必然性，然而谢林却是从抽象的思维去推论出有一个超越客观必然性与人的自觉活动的第三者，它便是"绝对的同一"。可见谢林提出的问题要比他对问题的解答深刻得多，但是他毕竟指出了必然与自由并不是绝对排斥的，两者之间实际上有着同一性，问题在于发现和阐明这种同一性。

黑格尔正是在这个基础上，进一步去发现和阐明必然与自由的辩证关系。他认为：如果抽象地看这一对矛盾，似乎一方是绝对地排斥另一方的，但是事实上绝不存在形而上学所固执的那种非此即彼的绝对的对立。黑格尔这样写道："由此也可看出，认为自由与必然为彼此互相排斥的看法，是如何的错误了。无疑地，必然作为必然还不是自由；但是自由以必然为前提，包含必然性在自身内，作为被扬弃了的东西。"② 那种抽象的自由，就因为它不包含必然性，换句话说它不是建立在对客观必然性正确认识的基础上的，所以客观必然性相对于抽象的自由，就始终还是一种异己的、盲目的力量。人们对于一种行动判断的自由，只能以对客观必然性的自觉认识作为前提；至于对行动判断的犹豫不决或任意作出决定，就恰恰证明判断者是不自由的，因为所作出的判决不能自觉地与客观必然性相一致。因此，真正的自由就是自觉地建立在必然性基础上的判断，它是包含着必然性的自由；这种自由就必须以对必然性的认识作为前提，或者说，自由就是被认识的必然。

---

① 《18世纪末~19世纪初德国哲学》，第216页。参见［德］谢林《先验唯心论体系》，商务印书馆1977年版，第14页。
② ［德］黑格尔：《小逻辑》，贺麟译，商务印书馆1980年版，第323页。

五

恩格斯在《反杜林论》中曾用了一段比较长的文字阐明并发展了黑格尔关于必然与自由的思想，原文如下："黑格尔第一个正确地陈述了自由和必然之间的关系。在他看来，自由是对于必然的认识。'必然只在其未被了解的时候，才是盲目的'。自由不在于想象中摆脱自然规律而独立，而是在于认识这些规律，并且在这种认识所给予的可能性之上，有计划地使得自然规律为一定目的服务。对于外部自然界的规律，以及对于人们自身的、支配肉体生活和精神生活的规律，都是如此——这两类规律，我们最多只能在思想上，而绝不能在现实中予以分开。所以意志的自由，不是别的，只是由于认识事物而能作出决定的那种能力。"而且，"自由是以对于自然必然性的认识为根据的、对于我们自己和对于外部自然界的支配；所以它必然是历史的产物"①。

恩格斯阐明了自由首先在于认识必然性，这种必然性是物质运动过程中客观存在的，自由并不在于摆脱客观必然性，而是以认识必然性作为前提的。但是自由还不仅限于认识客观必然性，而是在认识客观可能性与必然性的基础上，去利用和支配客观必然性。这种利用和支配客观必然性的能力即自由，它是人类历史的产物，而不是天赋的能力。人类在历史发展的长河中，不断地加深和丰富对客观必然性的认识，由此不断地增强利用和支配客观必然性的能力，于是人类就愈自由。

人类所以能够去利用和支配客观必然性，一个前提，就是必须要认识它，由此才可能将目的与方法放在客观必然性的基础上。对于还不能认识的客观必然性，当然也就谈不上对它的利用和支配。这时它便以外在的、无法控制的力量支配着人，那便是盲目的必然性。当人受制于盲目的必然性时，就标志着人是不自由的。因此，所谓盲目的必然性，就只是指直接

---

① 恩格斯：《反杜林论》，生活·读书·新知三联书店1959年第3版，第121页、122页。

制约着人们,然而人们却还不能认识它,因而无法去控制和加以利用的那种客观必然性。至于在辽阔的空间运行着的彗星,以及千万光年之外的星云运动等等,像这一类的客观必然性,只要它们并不直接制约着人类的生活与活动,纵然人们不能认识它们,但是仍然不会认为它们是支配着人们的盲目的必然性,因而感到自己是不自由的。

但是认识了客观必然性,却只是为进一步利用和支配客观必然性提供了前提,而还不等于就必然能够利用和支配客观必然性,因为要做到这一点,除了认识之外,还需要有相应的利用和支配客观必然性的物质力量,如果没有这种现实存在的物质力量,判断的自由意志便只能表现为不去进行这项主观上还不具有现实的能利用和支配客观必然性的物质力量的活动,由此去避免鲁莽从事而已。因此,即使是认识了客观必然性,意志的判断既可以由此将目的与方法放在客观必然性的基础上去进行一项实践,也可以知难而退放弃一项实践。在后一种情况下,意志只是自觉地顺从于客观必然性,而不是能动地去利用和支配客观必然性,即在行动上表现人的自由。

所以,自由就是以认识客观必然性作为前提,去利用和支配客观必然性,而不是像某些通俗之见所认为的那样,将自由理解为意志与行动丝毫不受客观必然性制约。殊不知离开了客观必然性,正如在失去地心引力的情况下人就被取消了步行的自由一样。而一旦离开了大气压力,便将像离开水的鱼一样,就连生存的自由也将丧失。因此,自由只是相对于必然而言的,没有必然也就无所谓自由。对于自然界的必然性是如此,对于社会运动的必然性也是如此,后者虽然是通过人的有目的的活动去实现的,然而它也像自然界的必然性一样,当它还未能被人所认识时,是以一种异己的力量支配着社会中的个人和集团。恩格斯曾指出过:"社会力量完全像自然力一样,在我们还没有认识和考虑到它们的时候,起着盲目的、强制的和破坏的作用。但是,一旦我们认识了它们,理解了它们的活动、方向和影响,那么,要使它们愈来愈服从我们的意志并利用它们来达到我们的目的,这就完全取决于我们了。"①

---

① 《马克思恩格斯全集》第19卷,人民出版社1963年版,第241页。

17世纪欧洲资产阶级的思想家们开始提出了政治自由的问题，洛克就企图去论证在自然状态中所有人都是自由平等的。之后狄德罗宣称，每个时代都有着自己独特的精神，至于他所生活的时代精神则是自由。而卢梭的《社会契约论》就是从"人是生而自由的，但却无往不在枷锁中"开始的。相对的英国掘地派的著名代表人物温斯坦里认为：真正的自由，是自由地使用土地。上述的自由是相对于暴力、强制而言的，这种政治上的暴力与强制只要是来自一定社会或阶级，以军队或监狱、法庭等形式出现，它实质上就是社会的必然性。

认识了社会运动的必然性，虽然也同认识了自然界的必然性一样，人们就有可能支配它去达到目的。然而社会运动尤其是社会制度的重大变革所需要的条件，就要比一般生产实践或生活实践所需要的条件复杂得无可比拟。人们固然可以促使社会变革所需要的某些条件的出现，可是却不能在社会变革所需要的条件，尤其是基本的条件还未具备时，便去主观地要求制造革命的形势。

社会变革所需要的条件，对于个人来说，往往是无力单独地去促使它出现的，因此就使得一些人认为，个人在历史上根本不可能起任何的作用，人在社会的客观必然性面前，就像漂泊在大海里的孤舟，只能听任命运之浪的摆布。但是从另一方面看，社会变革正如一切历史事件一样，都是人的活动的结果，这又说明了当社会变革所需要的条件成熟时，它推动的不是一个两个人，而是千万个人将变革社会作为自己自觉的要求，去促使一种社会变革的实现。这时，每个人的力量就凝集在集体中，成为推动社会变革实现的巨大物质力量。当人们以不同的方式认识到社会运动的必然性并自觉地去促使社会变革的实现时，人们对于社会运动的必然性也就不再是盲目的了，这时，人的主观能动性与社会或历史的客观必然性便能取得一致。

人们在认识客观必然性的基础上，自觉地去利用和支配它产生效果的同时，也就表现着人的知识、技能、美感、智慧等等。这一切本来是人的内在的因素，但却通过人自觉地改变自然与社会的过程表现出来，而且唯有通过这个过程才得以统一地和完整地表现出来，所以马克思确切地称劳动是人的本质的外化。

人们将自己的知识、技能、美感、智慧等等外化为客观存在，由此排除了对象的自发运动，使它成为契合目的的效果，这便是创造。因此，创造不仅是改变了物质的自发运动，而使它产生目的预期的效果，也不仅是有目的地改变客观存在；创造也包括人的知识、技能、美感、智慧等等的外化。创造的意义并不单纯在于产生效果、实现需要，而直接地表现出人的知识、技能、美感、智慧等等也是创造的目的。创造的这种目的与它改变客观存在以实现人的物质需要的目的，总是相伴而生的，只是在某些实践，譬如艺术等实践中，它就表现得更加强烈。所以，创造就是人类改变外部世界，实现人的物质要求和表现人自身的知识、技能、美感、智慧等等要求的统一，它是通过人的知识、技能、美感、智慧等等的发挥去改变外部世界取得物质效果的活动，或者说通过改变外部世界的活动，去表现人的知识、技能、美感、智慧等等。

实践包含着创造，任何实践都是人有目的地去改变客观存在；人们在改变客观存在之前，都必然在目的中就创造出了改变客观存在的蓝图，这无论对于现代的科学家或艺术巨匠还是笨拙的原始人都是一样的，他们都是按照目的创造的蓝图去行动的，这种创造的蓝图总是在不同程度上异于客观存在以及它自发运动的结果。此外，实践又总是表现出主体的知识、技能、美感、智慧等等内在的因素，并使它外化为效果。在这个过程中，主体的知识、技能、美感、智慧这一切同时也得到了发展。

在实践中主体的活动是受客观必然性所制约的，但是这只是一个方面，另一方面主体在认识客观必然性的前提下，又能动地去利用和支配客观必然性去实现创造。自由就是在认识客观必然性的前提下，利用和支配客观必然性并实现人的创造。人们不仅在认识客观必然性并作出判断的时候，而且是在利用和支配客观必然性进行创造并取得效果的时候，才感到他并不是受制于客观必然性的奴隶，相对于客观必然性，人是自由的。人的自由就表现在他能自觉地利用客观必然性去实现对外部世界的创造活动。换句话说，自由也就包含着创造。

创造是人类改变客观存在去满足需要和表现人类的知识、技能、美感、智慧等等的统一的活动。唯有人类才能自觉地将自己的知识、技能、美感、智慧等等作为尺度，运用到对象上去。唯有人类能按照目的去改变对象，并且将知识、技能、美感、智慧等等铭刻在效果中。相对于人的物质需要来说，实践固然是一种人类改变客观存在并满足物质需要的手段，但是作为人类的创造活动，作为表现人类知识、技能、美感、智慧等等的活动，也就是人的生命活动，它又是人的直接需要，即成为人的一种目的。衡量自由的程度，既取决于人们认识并利用和支配客观必然性的程度，又与人们通过实践及其所产生的效果以及所能自觉地表现知识、技能、美感、智慧等等的程度相联系。

当劳动还仅仅是一种谋生的手段，甚至只作为一种商品而为其他人所占有时，这种雇佣劳动及其产生的效果，虽然同样包含着人的创造，然而谁也不能说它是自由的创造，是人们知识、技能、美感、智慧等等的自觉的表现。所以马克思最初便称雇佣劳动为异化劳动，在异化劳动中，"首先，劳动对工人来说是外在的东西，也就是说，不属于他的本质的东西；因此，他在自己的劳动中不是肯定自己，而是否定自己，不是感到幸福，而是感到不幸，不是自由地发挥自己的体力和智力，而是使自己的肉体受折磨、精神遭摧残"。所以，"异化劳动把自我活动、自由活动贬低为手段，也就把人类生活变成维持人的肉体生存的手段"①。因此，消灭剥削和生产资料的私有制，极大地发展生产，使实践作为谋生手段的比重愈来愈低，便成为人类实现自由的前提。因为"只是由于这些生产力之助，方才有可能去实现这样的社会制度，使在其中将不会再有任何阶级区别，任何对于个人生活资料的忧虑，并能第一次说到真正的人的自由，说到与人所认识的自然规律相协调的那种生活"②。

---

① 《马克思恩格斯全集》第42卷，人民出版社1979年版，第93页、97页。
② 恩格斯：《反杜林论》，生活·读书·新知三联书店1959年第3版，第122页。

七

当物质世界的客观规律尚未被人类发现并且加以利用和控制时，对于人类来说，它们便是必然的王国。人只能消极地去适应客观必然性，而客观必然性则成为统治着人类的自发力量，就像它统治着整个自然界那样。面对着这种既无法认识又不能加以控制的客观必然性，人类当然就无自由可言，于是就只能将它归诸偶然性，或者认为它是天意、是超人的神秘力量等等。所谓天意、超人的神秘力量等等，就是表明那里还是由盲目的客观必然性所支配的，因此也就不存在有自由。

自然界与社会未知的领域，便是实践现实的界限，实践既无法从其中去确定对象，因为物质成为对象是以它的客观可能性与效用性的被认识为前提的，而且更无法去确定任何一种方法，因为方法又是以对物质运动客观必然性的认识为前提的。所以现实的自由总是有限的，它不能超越出人类已知的领域，就是在已知的领域内，也只限于实践对客观可能性与必然性的认识，因而能够有效地利用和支配它的客观必然性的那部分物质世界，才属于自由的范围。

因此，自由的前提同时就是它的限制，它既为认识能力所限制，又为实践能力所限制。自然界与社会未知的领域，便是自由无法达到的领域，人既不能认识它们，当然也就不可能自觉地去利用和支配它们，相对地人却在一定的范围内受这种异己力量的支配。除了认识能力之外，自由还受实践能力的限制，因为纵然认识了某种客观必然性，但还不等于就能够利用和支配这种客观必然性，所以对于这种被认识了的客观必然性，人的自由还是极有限的。认识虽然是以对象的客观存在作为前提，并以实践作为基础，然而在实践基础上通过归纳、推理等等方法所获得的对某种客观必然性的认识，进而到利用和支配它去产生预期的效果，则往往还需要有一个过程，这便是由认识转化为实践的过程。此外，对于一些自然现象，就如天体的运转、地壳的形成等等现象，即便认识了它们的规律，也还不可能将它纳入实践的范围。

人类的认识就其广度及深度而言既然是有限的，因此自由总是相对的。随着人类的认识和实践的发展，自然界和社会原来由盲目的必然性所统治的领域，又不断地为人类所征服，成为人类实践自觉统治的领域，这便是由必然到自由的过程。人类科学技术和文化每前进一步，都为人类的自由奠定了坚实的基础。所以，自由并不是与生俱来的，它并不是人类天然的权利，也不是意志固有的力量；恰恰相反，它只是在实践的发展过程中逐渐形成的，因此自由又是历史的产物。在生产实践的历史中人类才逐渐地形成对于外部自然的客观必然性的自觉利用和支配，又在社会实践的历史中，人类逐渐地形成对于社会运动客观必然性的自觉利用和支配。因此，所谓自由意志，只有与认识的发展和实践能力的发展相联系，才能被正确地理解。

一切事物都处于普遍联系中，而且正是事物的内部与外部制约关系，构成它的运动的必然性。人的认识既不能全部穷尽事物的这种普遍联系，而人的实践也不能充分支配事物普遍联系中的每个因素，因此在实践中即使是认识和支配着客观必然性，也还不能完全避免受盲目的必然性支配的成分，换句话说绝对的自由在现实中是不存在的。近代法国数学家拉普拉斯曾提出过，如果能将事物普遍联系的全部因素，包括必然的和偶然的因素都一一纳入认识中，就可以对事物运动及其结果作出丝毫不爽的预测。按照这一说法，譬如一棵果树所结的果实不多也不少，恰恰是某个数字，或者这个豆荚刚好有着五颗豆而不是四颗，就可以通过对它们普遍联系的全部因素的认识和支配去实现了，然而这一切都只能是一种假设而已。

当然，在人的认识和实践的发展历史中，自由的范围也在不断地扩大着，相对地说来，人受盲目的必然性所支配的领域在不断地为自由所代替。现实的自由虽然是相对而言的，可是随着人的认识和实践的发展所出现的自由范围的不断扩大却是绝对的。在另一方面，随着人的认识和实践能力的发展，客观必然性的领域也在扩大着，马克思指出了这一点："像野蛮人为了满足自己的需要，为了维持和再生产自己的生命，必须与自然进行斗争一样，文明人也必须这样做；而且在一切社会形态中，在一切可能的生产方式中，他都必须这样做。这个自然必然性的王国会随着人的发展而扩大,因为需要会扩大,但是满足这种需要的生产力同时也会扩大。"① 原来与人无关的客观必然性统治的王国,由于人的需要的发展和新的需要与客观存在的矛盾而显露在实践的面前。于是随着人的自由范围的日益扩大,又不断地出现新的必然的领域,需要人去认识它,并且最终去利用和支配它,这便是必然与自由的互相转化。

---

① 马克思:《资本论》第3卷,人民出版社1975年版,第926页。

第一篇

近代西欧必然与自由学说的前奏

必然与自由或客观必然与人的能动性的关系，长时期以来都是欧洲哲学史上讨论的一个重要问题。远在古代希腊，被称为"晦涩的哲人"的赫拉克利特就曾用"逻各斯"一词，来表达他对必然性的认识。在他留下的著作残篇里就曾提出："这个'逻各斯'虽然永恒地存在着，但是人们在听见人说到它之前，以及在初次听见人说到它之后，都不能了解它。""万物都根据这个'逻各斯'而产生。""因此应当遵守那人人共有的东西。可是'逻各斯'虽是人人共有的，多数人却不加理会地生活着，好像他们有一种独特的智慧似的。"① 继赫拉克利特之后，古代原子论的先驱者留基波也肯定说："没有任何事情是随便发生的，每一件事都有理由，并且是遵循必然性的。"② 之后，古代原子论的奠基人德谟克利特又说："一切都由必然性而产生。"③ 他的后继者伊壁鸠鲁与古罗马的卢克莱修更主张用必然性的说法去克服宗教的迷信与愚昧。

欧洲中世纪关于必然与自由问题的论战，是古代希腊罗马哲学对这一问题论战的延续，然而却是在神学的帷幕下进行着，它在欧洲中世纪哲学中占据着特殊重要的位置，并且成为近代西欧必然与自由学说的前奏。所以，对近代西欧必然与自由学说史的探讨，就需要先对中世纪欧洲关于必然与自由问题的论战作一个概述。

---

① 北京大学哲学系外国哲学史教研室编译：《古希腊罗马哲学》，商务印书馆1961年版，第18页。
② 转引自汪子嵩等《希腊哲学史》第1卷，人民出版社1988年版，第1006页。
③ 北京大学哲学系外国哲学史教研室编译：《古希腊罗马哲学》，商务印书馆1961年版，第67页。

第一章　欧洲中世纪前期
　　　　必然与自由的学说

一

　　统治着中世纪欧洲整个精神领域的是基督教会与神学，而圣经则是神学的理论根据。按照神学的理论，尘世间所发生的一切，都无一例外地来自上帝的旨意。在这种情况下，必然与自由的关系，也就理所当然地由古代希腊和罗马的人与命运或人与"逻各斯"的关系，转而盖上了中世纪神学的烙印，即被人与上帝的关系所代替。

　　基督教会与神学肯定万物是由上帝所创造的，它们的运动变化又是为上帝所主宰，随之而来的问题便是：人是否还有自由意志，人是否能按照自己的意志支配行动？既然人们根据自己的目的去支配行动是一个不容置疑的事实，那么，这是否就肯定了人的自由意志的存在？如果说人的有目的的行动不过是秉承上帝旨意的结果，丝毫也谈不上什么自由意志，人又怎么可能对自己的行为负责呢？而且对人的行为的善或恶去作出任何判断，岂不成为多余之举了吗？对这一问题的不同回答，构成了欧洲中世纪对必然与自由的关系上"预定论"与"自由意志论"之间的对立。

　　欧洲中世纪前期"预定论"的代表是基督教神学家、北非希波城的主教奥古斯丁。他被称为西方教会的博士，此外还由于他积极参与对基督教异端思想的激烈论战，而被认为是"真理的台柱"。奥古斯丁从柏拉图的"理念说"出发，即认为理念是超自然的独立存在，又是万物的原型；万物不过是理念在尘世上的不完全的摹本，它们不能自身成形，而是因有了理念才成为现实的存在。他进一步将这种神秘的理念归诸为天命，因此，万物最后都受天命所管辖，如果不是由于天命，万物就不可能成为它所以存在的那种状态。但是天命无非就是上帝的旨意，所以上帝不仅从无中创造万物，而且上帝的旨意又绝对地统治着这个世界。世上不论何时何地发生什么变化，以及将会发生的任何变化，都只能是来自上帝的旨意。如果不经过上帝的意志作出决定，即使是一根头发也不会从人的头上脱落下来，这便是奥古斯丁的"预定论"。

按照奥古斯丁的论点，不仅是必然性，而且还包括偶然性，全是来自上帝旨意的预定。由此必然性与偶然性、恒常与机遇的界限也都不存在了，人除了匍匐于上帝的意志绝对支配之下，确实是别无他途。

奥古斯丁关于天命决定一切的论点，不同于那种将人的一切行为与结果以及历史上发生的一切事件都归于无意识的天命、命运支配的决定论。因为根据奥古斯丁的论点，凡是发生的都是由唯一的、上帝的旨意所决定。这里可以看出两者的区别，对于决定论来说，一切都出于必然，不存在有偶然，事物的运动变化都由于必然；而必然性则是无法加以违抗的。对于奥古斯丁来说，意志不仅可以改变必然，而且可以根本不用理会必然性，事物的运动变化，一切都出于唯一的意志所决定。对于决定论来说，任何事物都有着它存在与变化的原因，并且严格地实现着必然性；对于奥古斯丁来说，意志不仅是最后的原因，而且还是唯一的原因，其他的原因则不过是意志赖以实现的某种手段而已。但是奥古斯丁所谓的唯一的意志，却不同于人的意志，而是在世界之上君临一切的上帝的意志。至于个人的意志却只能无条件地服从于这个唯一的意志。所以奥古斯丁所谓的上帝意志，既排斥了必然性，也否定了人的自由意志。这种论点其实也是一种唯意志论，即用唯一的上帝的意志去代替个人的意志创造世界的一切。

然而，如果世间的一切都已由一个唯一的意志，即按照上帝的旨意作出了安排，而将要发生的一切，也已经由上帝的意志预先作出了决定，那么，必然的结论便是：人们的活动就只能服从于上帝所决定的内容，遵循着现有的社会秩序，丝毫不允许出现越轨之举。奥古斯丁就是这样写的："君王有权在所统治的城邑中颁布前人或本人从前未曾制定的新法，凡是服从新法就不违犯本城的旧章，而不服从就是违反本城的制度，因为服从君王是人类社会共同的准则,那么对万有的国王、天主的命令更应该毫不犹豫地服从。人类社会中权力有尊卑上下之序,下级服从上级,天主则凌驾一切之上。"① 奥古斯丁甚至还为奴隶制度的存在提出了根据,他认为是上帝将奴隶安置到世上来,目的是对罪恶的惩罚,因此任何消灭奴隶制的企图以及奴隶的反抗都是违抗上帝的意志。奥古斯丁的论点,既是为已经摇摇欲坠的奴隶制国家抛下救命的稻草,更适用于当时正在欧洲开始建立起的罗马教廷的教权制度。所以他就理所当然地成为正统神学的代表人物,并被冠以圣者的尊号了。

二

按照奥古斯丁的论点,上帝的旨意既然是世上发生的一切以及将要发生的一切唯一的和最终的原因,那么,在上帝的意志君临一切的前提下,个人是否还存在着自由意志呢?如果个人的意志唯一的作用仅仅在于顺服那个高高在上的客观意志,而不能稍有违抗,下述理论上的矛盾便将无法解决。假如人根本不具有自由意志,他对个人所作所为的一切后果,就不应再负有任何责任,因为一个人之所以为善或为恶,都不是由个人的自由意志所决定,而是上帝旨意的结果,他还有什么理由要为自己的行为及其后果负责呢?而且依此类推,社会上一切道德标准的确立、法律的制定,以及宗教的末日裁判等等,也就显得毫无意义了。

但奥古斯丁是怎样来解决这一理论上的矛盾呢?他认为人并不具有自由意志,唯有人类的始祖亚当才具有过真正的自由。奥古斯丁坚持基督教的"原罪说",即亚当最初还没有堕落时曾经拥有自由意志,那时他也没有罪恶。自从夏娃听了来自魔鬼化身的蛇的唆使,吞吃了禁食之果以后,人类的始祖获得智慧便开始走上堕落的道路。因为他滥用了自由意志,因此也就丧失了自由意志;亚当的罪恶遗传给了后代子孙,使整个人类都蒙受其害,从此人类就失去了自由意志,这便是人并不具有自由意志的原

---

① [古罗马]奥古斯丁:《忏悔录》,周士良译,商务印书馆1963年版,第46页。

因。奥古斯丁的说法，无疑是确认祖先的原罪就像麻风病病菌那样，潜藏在后代人的血液里面，并且经过一代又一代地遗传下去，以致无人能够幸免。即使是遵循道德教诲立志行善的人，也并不因此便可以免脱原罪，因为人的意志对此是毫无作为的。奥古斯丁更直截了当地说："他能靠意志自决行什么善吗？我再说不能。"① 话已经说得那么绝了，至于唯一可行的途径便是信仰。只有崇拜上帝，再不妄想个人有自由意志，才能最后赎罪。可见奥古斯丁发挥"原罪说"的意图，就在于根本排斥自由意志与道德行为可以赎罪的可能。

但是即使是如此，自由意志的问题也仍然会在顺从上帝的旨意或违反神旨上表现出来。如果连这一点也不作肯定，那就无异于将传教、布道的必要性，信徒与异端的区分，以及末日裁判、天堂与地狱等等全都加以一笔勾销了。而且说某人的恶行，只是由于上帝的旨意使然，那么，对于尘世的法律、审判、定罪等等，又作何解释呢？奥古斯丁最后是这样来调和上帝旨意的决定作用与人的自由意志之间的矛盾的：他认为人们在决定自己的行为时，虽然表现出意志是自由的，其实当人们认为是自由地决定着自己的行为时，他们并不知道实际上却是受着上帝的旨意这种内在的力量所支配。所以人的自由意志不过是一种表面的现象，而真正的动力则是无所不在的神旨。人们在世间的各种活动，并不表现他们的意志就是自由的；因为当他们自认为是自由活动时，其结果最后总是逃脱不了上帝旨意的支配。根据奥古斯丁的观点，可以说人的自由意志归根到底无非就是上帝的意志的幻影，上帝是通过人的意志去折射并实现自己的意志。但是既然人们在决定自己的行动时表现出意志的自由，便应该为这种自由的存在而担负起由此产生的后果的全部责任。于是人们便负有双重的责任，既要为亚当所留下的原罪付出代价，又要为虚幻的自由意志付出代价。

但是人的行动既然是受其意志所支配，那么意志的作用究竟何在，奥古斯丁肯定人的意志的作用就在于作出选择，努力摆脱今世的罪孽生活，以追求来世的幸福。奥古斯丁用假想的、所谓永恒极乐的"彼岸生活"来

---

① ［古罗马］奥古斯丁：《教义手册》，转引自北京大学哲学系外国哲学史教研室编译《西方哲学原著选读》上卷，商务印书馆1981年版，第220页。

和罪孽沉重的、暂时的今生（即现实的尘世生活）相对立。在他看来，现实的尘世生活仅仅是为死后的彼岸生活做准备，因此死亡并不是结束，相反却恰恰是开始；人生在世不过是一名匆匆的过客，对于这种过眼云烟的尘世生活，应越早摆脱越好。奥古斯丁还叙述了此岸世界与彼岸世界，即尘世之城与上帝之城的区别——上帝之城是为上帝选定的得救者所居，而尘世之城则将受永劫的磨难。这种说教对于挣扎在死亡线上的奴隶或者对于以后中世纪的农奴来说，无疑是一服麻醉剂，因为压在他们身上的剥削与压迫，都被解释为人类的原罪；而唯一能摆脱原罪的方法，则是忍受一切并等待死亡的到来；至于反抗现存的剥削制度，则完全成为非分之想或徒劳之举了。

三

在奥古斯丁之后的半个多世纪，欧洲中世纪著名神学家与哲学家波依提乌斯提出关于必然与自由的理论。波依提乌斯是罗马人，曾担任过罗马的执政官，后被哥特国王狄奥多利克囚禁并杀害。① 他虽然是以注释亚里士多德的逻辑著作与注释波尔菲留关于亚里士多德《范畴篇》的导言而著名，但是在他因于狱中时所写的《哲学的慰藉》一书则以对话的方式阐述了他的哲学思想，其中就包括有关必然与自由的理论。波依提乌斯在哲学上也是崇尚新柏拉图主义，他认为万物根源于上帝，上帝以其神圣的理性统治着宇宙，并使宇宙间的一切事物的运动变化，都按上帝规定的秩序有条不紊地进行着。波依提乌斯指出，所谓天道就是上帝对宇宙万物运动变化的规定与安排，古人称之为命运；宇宙间万物正是由于上帝的规定与安排而各得其所。他由此否认偶然性的存在，因为如果有谁为偶然性下定义，承认偶然性是由于混乱的运动所造成的结果，而不同任何原因有着联

---

① 波依提乌斯又译为波爱修（Anicius Manilius Severinus Boethius，480—525），古罗马人，西哥特王国大臣。著有《哲学的慰藉》（Consolation philosophiae），亚里士多德著作若干种的译注，《波尔菲留〈引论〉注释》（In Isagogen Porphyrii Commenta）。——整理者注。

系，这就绝不是真实的。既然上帝使宇宙间万物各得其所，又何必要产生紊乱呢？所以偶然性只能是指一个人为了一个目的去做一件事所发生的结果，却不是出自他的目的，而是由于其他的原因使然。波依提乌斯在肯定"预定论"的同时，又认为人仍然有着自由意志，人作为在自身中具有理性的生物，应该具有判断力并有表示愿意或不愿意的自由，但是自由的程度却有区别。当人们默默祈祷上帝，他的心灵与上帝的心灵相应时，思想上就有着更多的自由；在受到世俗的羁绊而顺应世俗时，就会减少自由；一旦人们用自由意志陷入罪恶中时，就是失去自由的理智。在波依提乌斯的这些阐述中，似乎包含着人的意志与天道相符合时，也就是与上帝心灵相应时，他才具有自由的思想。波依提乌斯还认为，人虽然具有自由意志而有所作为，然而上帝无疑预知人将要决定的和行动的一切内容。

与奥古斯丁的"预定论"相对立的，是公元4世纪时修道僧威尔士人斐拉鸠斯关于必然与自由的理论。斐拉鸠斯针对奥古斯丁的"原罪说"提出了承认人具有自由意志的思想，他对"原罪说"提出怀疑，认为上帝创造人类时便赋予人以自由意志，使人具有在善与恶之间作出选择的能力；人的自由意志并不会因为始祖亚当的堕落就随之丧失。正因为人具有自由意志，所以人们的道德行为才可以归结为是每个人努力的结果。只要人们能依循道德规范行事并服从教会，最后，作为对德行的嘉奖，死后便能升入天堂。按照斐拉鸠斯的观点，人们进入天堂的凭证就不再是单靠信仰，而且也包括个人的德行与努力了。这种论点显然是与奥古斯丁所主张的人类不可能凭借个人的德行与努力去摆脱原罪的说法相对立的；奥古斯丁是将异端看作是魔鬼，而信仰与传播异端就是魔鬼的信徒，所以他力斥斐拉鸠斯的观点并视之为异端。奥古斯丁在《论自然与天恩驳斐拉鸠斯》上写道："他们给予意志这样大的威力，以致削弱了祈祷的力量。"

斐拉鸠斯曾到北非与罗马等地宣传其教义，他的观点甚至影响到近东，这可从奥古斯丁给耶路撒冷教会长老的信中看出。在信中，奥古斯丁告诫长老们要警惕这个诡计多端的、曾劝诱许多东方神学者相信其见解的异端创始人。

这场论战虽然都是从人的原罪出发，然而其实质却在于：如果肯定原罪剥夺了人的自由意志，那么，人就无法凭着自由意志来按照道德行事，并通过自己的德行去赎罪,于是信仰便成为人们所能做的和必须做的唯一活动了。至于打开信仰之门的钥匙既然是掌握在教会的手掌里,那么赎罪只能通过教会来实现。相反,如果肯定德行与个人的努力也是升入天堂的条件,那就必然要以承认人的自由意志的选择和理性的判断为前提,这样事实上便削弱了信仰,也就是直接地削弱了教会的权力与控制。

斐拉鸠斯的论点在公元418年迦太基召开的宗教会议上被宣布为异端;之后,他的信徒以一种比较温和的形式继续宣传斐拉鸠斯的思想,而这些半斐拉鸠斯派最后也在529年的奥兰治宗教会议上被定为异端。

四

斐拉鸠斯的思想虽然被宗教会议宣布为异端,然而由于当时爱尔兰教会对罗马教廷所持的相对独立的态度,使斐拉鸠斯的思想在爱尔兰仍有可能传播着。欧洲中世纪早期的经院哲学家,9世纪的爱尔兰人约翰·斯各脱·厄里根纳就接受了斐拉鸠斯的思想影响,形成了他关于必然与自由的理论。①

厄里根纳在思想体系上,也是属于新柏拉图主义,他肯定上帝是唯一的实体,宇宙间万物都是内在于上帝的理念的外化,因而万物流出于上帝,又复归于上帝。根据厄里根纳的看法,上帝是超越一切属性的实体,所以人们不可能用任何一种确定的语词去表达上帝。一旦用确定的语词去表达上帝时,譬如说上帝是全能的、完整的,诸如此类,就将使上帝范围限于某个或某些有限的属性之内,而这是不符合上帝本性的。既然以奥古斯丁为代表的正统神学,确认上帝是唯一的意志的表达者,具有智慧、至善、全能等等性格,那么相对说来,在厄里根纳的思想中,就明确地否定上帝具有这种种确定的属性。因此,他的体系就被称为"否定神学"。

厄里根纳曾说过,当我们说上帝创造万物时,只应该理解为上帝是在

---

① 约翰·斯各脱·厄里根纳又译为约翰·司各脱·爱留根纳(John Scotus Eriugenna, 800/815—877),爱尔兰人。主要活动在巴黎。著有《论自然的区分》(De Divisione Naturae)。——整理者注。

万物之中，是万物的本质。只有上帝自在地是真实的，上帝才是万物之中真实存在的本身。厄里根纳的这种思想，无疑地有着浓厚的泛神论的色彩，将上帝归结为是万物的本质。而泛神论一般有可能在理论上摆脱上帝的意志所加给自然界的束缚，并仅用上帝来表达物质的本质与物质运动的客观规律性。恩格斯指出，厄里根纳的学说"在当时来说是特别大胆的；他否认'永恒的诅咒'，甚至对魔鬼也如此主张，因而十分接近于泛神论；因此，当时正统思想的代表人物对他就不乏恶意的攻击"①。

厄里根纳坚决反对"原罪说"，他提出的根据是：人的灵魂是上帝按照自己的形象创造的，因此，在人的灵魂与上帝二者之间便有着相通，这是人的真实本质。世间所有的人，包括作恶的人以至魔鬼在内，其本质也必然是善的；相反上帝的创造物不能是恶的，因为恶不能是上帝的形象。根据厄里根纳的观点，作恶之人所以为恶，原因在于他们的意志违反了人的善的本性，由此厄里根纳也就承认人的意志具有决定为善或者为恶这种选择的自由，换句话说，人是有着意志的自由的。既然人类并没有从祖先那里遗下的原罪，人的为恶为善就只能取决于人自己的选择与努力。

厄里根纳进一步反对教会关于永恒的惩罚之类的说法，在他看来，上帝所创造的一切，最后都将复归于上帝。所谓人的本性便是人向上帝复归的过程；在复归的过程中，即便是作恶的人与魔鬼，所具有的善的本性，也将被蕴含于上帝之中，由此恶就将最后消失。

厄里根纳的思想虽然是以神学的形式表现出来，然而与当时的正统神学相比较，其中所包含的异端色彩却极为鲜明。因为按照基督教会的正统思想，所谓魔鬼与作恶的人就是指被教会与封建势力看作是敌对的和破坏的力量。无论是魔鬼或作恶的人都根本没有赎罪的可能，而且代表这种力量的人物最后是注定要被打入地狱去接受永恒的惩罚。可是在厄里根纳的学说中，无论是为善或为恶，都是取决于人的自由意志的选择和所作所为，而不存在来源于人类始祖的原罪，并需要去赎罪。这种学说肯定人性中有上帝的善，所以任何人都可以为善。在厄里根纳关于必然与自由的学说中，最主要的一点便是用人的自由意志去代替上帝意志的预定，说明人

---

① 《马克思恩格斯全集》第 16 卷，人民出版社 1965 年版，第 563 页。

的自由意志有力量选择走向上帝的道路；所以他的学说就自然地为那些力图摆脱教会与正统神学控制的异端思想所采纳。

与这一思想相联系的，便是厄里根纳对于理性的推崇。他写道："权威产生于真正的理性，而不是理性产生于权威。因为没有被真正的理性所确证的权威是软弱的。相反，真正的理性，因为它是可靠的、恒常的、以其自有威力为基础的，所以它不需要用某种权威妥协来确证自己。"[①] 在厄里根纳看来，真正称得上是权威的，只能是"由理性所发现的真理"而不是其他，这就明显是将教会的权威排斥在外了。总的说来，西欧中世纪哲学中强调人的自由意志的思想，一般是与肯定理性的作用相联系的；崇尚理性，就是强调人的自觉，贬低信仰的地位，动摇教会的权威。理性与信仰以及权威的对立，是贯穿于欧洲中世纪思想斗争的一项重要的内容。这场思想斗争的一个方面是坚持信仰与权威，二者构成教会所以存在的基础，这是正统神学一贯强调的内容。相对的另一方面是反对教会与正统神学的力量，它们往往通过不同的形式强调理性的作用，并且倾向于承认人有凭借理性作出判断的自由意志，因而被教会与正统神学视为异端。

从政治上看，厄里根纳的学说在当时是有利于新兴的封建君主去对抗罗马教廷的。欧洲中世纪前期的封建君主从自身利益出发，一方面需要有基督教来充当整个封建制度的精神支柱，以之为统治王国与居民的精神武器，但是另一方面，他们又不愿意有一个强大的、自命为基督教会唯一首脑的罗马教廷凌驾于国家与君王之上，致使君王要受制于教廷。因此，为了与教廷相抗衡，封建君主曾怂恿某些异端思想与罗马教廷公开对抗。所以，尽管查理大帝的孙子国王秃头查理在公元855年和公元859年的宗教会议上，曾两度谴责厄里根纳的异端思想，并且斥责他的著作为"斯各脱杂粥"，然而他却成为厄里根纳的保护人，这至少是当时的君主与异端思想有影响的人物共同结成联盟并与罗马教廷相对抗的一个明证。1225年，教皇霍诺雷斯下令禁止阅读厄里根纳的著作并且加以焚毁，就作为杜绝他的思想影响的最后措施。

---

① 转引自［苏］特拉赫坦贝尔《西欧中世纪哲学史纲》，于汤山译，上海人民出版社1960年版，第17页。

第二章　欧洲中世纪后期
必然与自由的学说

欧洲中世纪后期有关必然与自由问题的争论，在公元 13 世纪又以新的形式出现，这时争论的一方是经院哲学的著名代表人物托马斯·阿奎那，另一方是代表阿威罗伊主义的布拉班特的西格尔。这场争论以后又继续延续到中世纪末期而告终。

一

11 世纪后期已臻完备的西欧封建制度为了巩固封建统治，需要基督教会起着精神支柱的作用，而以罗马教廷为首的教会组织则趁机加强了教权的统治。当时基督教会扩张其势力去控制世俗权力，并与各种异端进行斗争，需要建立起一套相应的理论去论证教会的权力并驳斥各种异端思想，由此便促进了经院哲学的产生。

当时，经院哲学的著名代表人物托马斯·阿奎那在《异教徒驳议辑要》中，将经院哲学论证的问题综合为四个部分。第一部分论证上帝的存在；第二部分论证灵魂不死；第三部分论证有关伦理的问题；第四部分论证"三位一体""教权至上"以及圣礼与肉身复活之类。之后，有关上帝的存在、灵魂不死与意志的作用，便成为经院哲学论证的重大问题。

在这些问题中，关于上帝的存在与上帝创造万物，则是阿奎那体系的重心。他认为上帝创造万物是不需要任何材料的，世界就是从无中被创造出来，没有什么力量能抗拒上帝的旨意。上帝不仅使事物以必然的形式实现它们的变化，而且还使事物以偶然的形式来完成它们的变化。阿奎那和奥古斯丁一样，都用上帝从无中创造万物包括人类在内的臆造，以否定古希腊自然哲学家们提出的无中不能生有的正确命题。

在阿奎那的著作里，创造万物的上帝被确定为是具有意志的，而且上帝的意志便是他的本质。上帝的每个具体行为虽然是可以说明的，然而却不能用任何原因去说明上帝的意志，因为它是不受任何原因所支配。所以只有上帝的意志才是自由的。

但是承认上帝的意志是一切存在与运动事物的原因，而它本身又是终极的原因，在逻辑上就会出现一个明显的矛盾。如果这个意志是任意的，就像一个反复无常和任性的人一样，既可以使太阳东升，也可以使它西升，如此等等，这就不仅与事实相违背，而且也将排除必然性。但是绝对排除必然性，以致整个宇宙只是由偶然性所统治，那也就否定了上帝的智慧与完美。很难设想一个将宇宙为所欲为地搅得毫无章法的意志，同时又是智慧与完美的表现。神学家们肯定在上帝的创造物中就表现着智慧、完美与和谐的本性，否则便无从说明这种种本性属于上帝。因此就必须阐明：在上帝意志的支配下，万物的运动变化有着它们的和谐与规律性。对此阿奎那是这样解释的：虽然上帝的意志是终极原因，然而他却不会使违反和谐与规律性的事情成为真实。由此，阿奎那承认必然性的存在，更从必然性的存在进而论证上帝的存在。阿奎那在《神学大全》中关于上帝存在的证明就认为：一切存在的不仅是可能的，而且有些事物还必然作为必然的事物而存在；不过事物的必然性有的是由其他事物所引起，有的则由自身引起；由其他事物引起的必然性其原因不可能无限地上溯，因此必有一个极限是他物的终极原因，而自身则不再依赖他物为原因，这便是上帝的意志。

这种受上帝支配的必然性在人世的实现便是天命。阿奎那用天命解释人世的必然。按照他的说法，世间发生的一切都是根据统驭世间的上帝的旨意而发生，而封建制度由此也被证明是合理的和永恒的。宇宙就是由自下至上递相依属的不同等级结构组成，其中每一阶梯都是较低阶梯的"形式"，同时又是较高阶梯的"质料"。阿奎那根据亚里士多德的论点说明"形式"决定"质料"，在国家中君王就起着"形式"的作用。他认为：

"一般说来,上帝在世间的工作有两个方面。第一方面是创造的行为;第二方面是在创造以后随即对创造物的统治。同样地灵魂对肉体的作用也表现两个方面。首先,使肉体赋有形式的是灵魂;其次,肉体是为灵魂所控制和推动的。特别与君王职务有关的,正是这两种作用中的第二种;因为所有的君王都必须治理国政,君王这一名称正是从这种管理政府的过程中产生的。"① 亚里士多德关于"形式"与"质料"的观点,被阿奎那用来说明在封建等级制度中,每一种低等级的存在都以高等级的存在作为目的;上帝则处于等级结构的顶端,又是万物最后的目的,在尘世间罗马教廷则是上帝的代表。在各等级之间,下级绝不能向上级逾越一步,因为妄自提高等级是违反天命与秩序的,因此也是有罪的,而等级的划分则全出自上帝的旨意。可见天命就是固定封建秩序的铁钉,它将社会中每一个人都牢牢地钉在封建秩序中,谁妄图去改变它,谁就是叛逆与罪人。

二

阿奎那既然坚持上帝的旨意君临一切,而且也决定着人的行为,他也就将不可避免地碰到奥古斯丁所面临的矛盾,即如果人的行为都是听命于上帝的旨意,那么,人就没有什么理由要对自己的行为负责,于是法律的惩罚也就失去依据。而且一个异教徒所以不信奉基督教,归根到底是由于上帝的旨意,那么,谴责异教徒又有什么意义呢?为了避免这些矛盾,阿奎那除了坚持上帝的旨意的说法外,同时又承认人有着自由意志。他认为这种自由意志和上帝旨意与必然性并不是绝对相悖的,因为人的意志是直接由理性来指导的,而理性就高于意志。人按其本性是渴望追求幸福的,然而幸福并不是指感性欲望的满足,它是符合理性要求的幸福,而最高的幸福则是对上帝的直观;追求这个最高目的便决定着人的意志的动向。所以阿奎那所承认的人的自由意志,就是决定追求上帝的自由。此外,阿奎那还承认,人在服从上帝旨意的前提下,可以利用自然,这比较起奥古

---

① 《托马斯·阿奎那政治著作选》,商务印书馆1982年版,第81页。

斯丁的"决定论"就有着一定的差异。他认为："有形的东西可以从两方面来考虑，首先是关于它们的本性；这并不在人的权力的范围之内，而是在一切事物都服从其意愿的神的权力的范围之内。其次是关于这样一些东西的用途。在这方面，人对有形的东西具有自然支配权。"① 换句话说，人的理性与意志可以在自然本性的范围之内去利用自然，然而自然的本性则是取决于上帝，因此属于上帝权力的范围。

阿奎那还从上帝是万物的终极原因这一命题出发，论证上帝也是人的自由意志的原因。人可以决定做这样或那样的事，由此表达人的自由意志，但是上帝所预见的则必然要降临。按照阿奎那的观点，必然与自由的关系是从人有意识地追求幸福开始的，但是追求最高的幸福便是对上帝的追求。为了说明这点，他认为人类保持有最初未被原罪所沾染的本性的残余，这种残余的本性有助于人去选择崇敬上帝这一正确方向。既然承认人有通过理性选择的自由，相应地也就要承认有理性选择的标准，这种标准就是善与恶。至于什么是善与恶，阿奎那所下的定义是："善"即适应于人的理性的本性，"恶"是与理性相对立的欲望，而至高的善或人的理性的本性则是对上帝的追求。这种用神学改造过的罗马斯多葛派的思想，在欧洲中世纪的伦理领域内却有着重要的影响。而且肯定人经过理性对善的选择最后导向对上帝的追求，也就使理性最后服从于宗教信仰了。

阿奎那进一步认为，哲学评价善与恶以是否符合或违反理性而定，但神学评价善与恶则是以是否信奉上帝而定；崇敬上帝便是善，相反不信上帝则为恶。按照这个标准，一切异端与异教徒就无一例外地属于恶的范围。为此，阿奎那便将消灭异端保卫正统神学作为己任，他将异端比喻为是伪造金币者，如果这些人顽固不化，就必须通过死刑将他们从世间消灭掉。他还宣称，假如对所有的异教徒都根据上述办法加以消灭，这并不违反上帝的吩咐。这些思想一方面反映出当时正统神学与异端、基督教与异教之间斗争的激烈程度。另一方面又为以后成立宗教裁判所处理异端提供了理论根据。

阿奎那步着奥古斯丁的后尘，肯定精神实体是不朽的，他认为作为

---

① 《托马斯·阿奎那政治著作选》，商务印书馆1982年版，第141页。

"质料"的肉体是会消灭的，然而灵魂却是纯"形式"的，它不同于肉体，所以是不死的。由于灵魂不朽，所以人才有对来世幸福的企求。他主张人应蔑视现世的欲望，蔑视眼前的荣华富贵、世俗权力等等，去求得永生。于是来世的幸福便成为理性判断与自由意志的诱饵；人的能动性的范围，便是在宗教上帝的前提下去求得永生。而人对现世的一切需要的追求，这种意志自由却被剥夺殆尽，所剩下的不过是一个空壳。

三

公元13世纪后期，托马斯·阿奎那的学说在经院哲学中占统治地位；被阿奎那视为主要敌人的，便是当时流行的阿威罗伊主义。阿威罗伊主义由13世纪伊斯兰哲学家伊本·鲁世德（即阿威罗伊）所创立，这一体系的基础是亚里士多德的思想，但是整个体系更倾向于唯物主义。伊本·鲁世德主张物质世界以及推动物质世界的诸精神是永恒的，物质世界按照必然的因果关系而变化着，并不存在着天佑或奇迹；一切个体都是要灭亡的，按照此说灵魂不朽则是不可能的。①

如果将这些包括物质世界是永恒存在，并且按照严格的必然性而运动着；上帝的意志并不直接干预世界等等命题联系起来，结论就应该是：自然界的运动变化有着自身的必然性，并不是上帝意志的结果。又如讲灵魂与肉体是统一而不分离的；既然一切个体的生命都不免要毁灭，那么说灵魂不朽是荒谬的。这些命题联系起来，则结论又应该是：灵魂的死亡证明永生是不可能的，有关来世永生不过是无稽之谈；至于末日裁判以及炼狱等等，也是一派胡说。人们所要追求的绝非是这些不可能的和胡诌的东西，唯有现实世界才是真实的存在；幸福只能从今世去寻求，离开了现实的世界去寻找虚幻的彼岸，是不可能获得什么的；因此，人们的追求，便应该从对来世的幻想转移到对今世的现实生活的关注。不难看出，前一个

---

① ［荷兰］第·博尔：《伊斯兰教哲学史》，马坚译，中华书局1958年版，第190页。

结论正打击了正统神学关于上帝意志君临一切的思想;后一结论又铲除了正统神学关于禁欲、企求来世永生而忍受今生的痛苦等说法的理论基础,唤起了人们对现实生活的追求。

伊本·鲁世德继承了伊斯兰哲学家伊本·西那(即阿维森那)关于双重真理的思想。这种思想认为,需要肯定并区别两种真理的存在,即宗教或信仰的真理与理性或科学的真理。从理性的观点看来是真理的内容,从神学的观点看来,却可能是一种谬误,反之亦然。譬如从理性的观点看,灵魂不死是不可能的,但根据信仰却可以承认这是真理。双重真理说在当时的现实意义,在于力图使哲学与科学能摆脱宗教的束缚,以获得自身的发展与独立的权利。按照双重真理说,就将得出承认自然界有着自身存在与运动的必然性而不是受制于上帝的意志,虽然不被宗教肯定为真理,但却可以为哲学与科学肯定为真理的结论。

与此相联系的便是伊本·鲁世德关于哲学有着自己道路的思想。他认为哲学应考察宇宙间的森罗万象,循此去推论造物主的实有;所以对万物的规律认识愈精,对造物主的认识则愈确切。他的这一论点为科学地认识自然界的必然性留有广阔的余地,不难看出这里论证造物主的实有是虚的,而认识自然运动的规律则是实的。

伊本·鲁世德的主要思想是通过诠释亚里士多德的著作而发挥出来,但是他又不囿于前人的学说,其所接触的是现实的理论问题。这些思想包括他对客观必然性的认识在内,不久便从西班牙流传到西欧的一些国家,并为反对正统神学的思想家们所汲取,它给西欧中世纪关于必然与自由学说灌入了新的内容。

13世纪的巴黎大学是代表市民意识的带有阿威罗伊主义色彩的学者与正统经院哲学家斗争的场所;巴黎大学当时既是经院哲学的讲坛,又是阿威罗伊主义在西欧传播的中心,它形成了拉丁阿威罗伊主义。拉丁阿威罗伊主义的著名代表人物是巴黎大学艺术(哲学)系教授,荷兰布拉班特的西格尔。

拉丁阿威罗伊主义有着浓厚的反对正统神学的经院哲学的色彩;某些在伊本·鲁世德本人思想中还不是十分鲜明的论点,在拉丁阿威罗伊主义中,却已成为由此推演出的明确结论。而且矛头是指向托马斯·阿奎那的体系；更值得注意的是，斗争的双方举的都是亚里士多德的旗号。西格尔指责阿奎那歪曲了亚里士多德的思想，而阿奎那则骂西格尔是"伪善的预言家""虚伪的博士"。

西格尔发挥伊本·鲁世德的思想，坚持世界是永恒的，世界的真实存在是物质。他提出上帝只是对宇宙的总过程起着作用，但并不对其具体过程起作用；上帝并不干预和支配每个人的活动与每个物体的运动。无论是人的意志或物体的活动，都只受自身内在必然性所制约，所以不存在什么天命和奇迹等等。人们应当相信的是"能根据事物和自然理性的规律去证实"的东西。按照西格尔的这些观点，上帝的旨意对于自然界来说，就纯粹是一种赘物了；于是结论就将是：必须从自然界的必然性，而不是从自然界以外的任何力量，去理解自然的存在与运动的原因。这种思想无疑是对托马斯·阿奎那的经院哲学的一股猛烈冲击波；近代科学的孕育，如果没有这种思想作为先导，就不可能在宗教与神学的重重束缚中取得自身诞生的权利。其重要性是不言自明的。

西格尔和阿奎那还围绕着灵魂不朽的问题，展开了激烈的争辩。西格尔认为灵魂有两种，即感性灵魂与理性灵魂。感性灵魂使每个人的肉体获得生命力，它随同肉体一起衰老与死亡；理性灵魂是在个体之外的人类理性。感性灵魂既然是随着肉体的死亡而死亡，因此它就不可能不朽，唯有理性灵魂才永恒存在。西格尔反对与肉体并存的灵魂是不朽的，也就否认来世幸福与永生，于是企求来世幸福、赎罪说等等也就毫无意义了。西格尔的另一个观点是，具有道义上和理性上的美德的人，便有足够理由去获得幸福。这一观点告诉人们，幸福不是信仰的结果，但却是自觉地选择与执行德行的结果。按照西格尔的观点，人的意志便不像阿奎那认为的那样，仅以信仰与追求来世为目的，而是根据理性的判断，去努力追求今生的幸福。

西格尔虽然从自然界是由必然性所支配这一观点出发，得出了否定自由意志存在的结论，即人的意志只能按照必然性作出决定，而不能违反必然性。可是他并不反对按照理性去选择并指导行动的自由意志，他只是反对有绝对脱离必然性支配的自由意志。

后来，巴黎主教丹匹叶谴责了十三篇阿威罗伊主义的论题，包括承认世界的永恒性、人的理性的统一性、灵魂与肉体一同死亡等内容，其中有的就是直接针对西格尔的思想。西格尔虽然被革除教籍并最后因迫害致死，但是阿威罗伊主义对于近代哲学有关自然界有着自身存在与运动的必然性，以及推动人去行动的是企求幸福的本性等思想，却起着重要的影响。

四

欧洲中世纪哲学史上，除了贯穿着神学、经院哲学与异端思想的斗争之外，在经院哲学内部还存在着唯名论与实在论的斗争。这场斗争的一方是唯名论，主张个别才是真实的，而一般、共相不过是思维构成的名词；相对的一方是实在论，主张一般、共相是独立于个体之外的实在。在后期的唯名论与实在论的斗争中，更涉及除了上帝意志的统治，个别的物质是否还保持有存在与运动的必然性；相对于上帝的意志君临一切，是否还存在着人的自由意志等问题。这些问题又与共相与个别孰是真实的存在的问题相互交织着。

托马斯·阿奎那是实在论者，他关于必然与自由的学说是与他的实在论立场直接联系的；在理论上实在论是适宜于解释上帝作为万物的共相而存在的，在政治上也适合于论证罗马教廷之作为各国之上的组织，而当时罗马教廷也自命为教会的代表和上帝的代言人，以控制欧洲各国。相对地根据唯名论的观点，既然承认实际存在的只是个体，此外不存在有独立于个体之外的一般或共相，那么，凌驾于个体之上的、独立的上帝意志的存在，岂不是值得怀疑吗？从实际存在的只是个体出发，除了肉体之外，怎么可能有离开肉体而单独存在的灵魂呢？如果是这样，灵魂不朽岂不就成为一句空话了吗？既然只有感性事物才是真实的存在，结论就必然是：人的目的就不在于去追求彼岸生活，而在于追求现世的幸福。这些观点在后期唯名论者约翰·邓·司各脱和威廉·奥卡姆的思想中得到了表现。

约翰·邓·司各脱是苏格兰人，生活在13世纪后期，曾在巴黎大学任教，他的思想与经院哲学中占统治地位的托马斯·阿奎那的学说相对立。司各脱站在唯名论立场，强调个体是真实存在的，现实中并不存在独立于个体之外的共相。但是他认为，同类的个别事物之间却有着它们的共性，共性与物质的个别性并无实在的区别。如果用经院哲学的术语来表达，就是说它们不是两种不同的实体，而只有形式的区别。他认为物质或"质料"先于"形式"而存在，前者自身便是独立的存在，然而又是与"形式"相结合。

在有关信仰与理性的争论中，司各脱竭力主张知识应该同信仰分开，哲学不应从属于神学。哲学有着自己的原则，而神学则属于信仰，不属于知识。由此不难导出，对信仰的内容虽然不容许有丝毫的怀疑，但是理性却需要有独立思考，并且需要有自由意志。

邓·司各脱提出了人有着自由意志的观点，他认为人并不是某种惰性和消极的存在，换句话说，人不能单纯地依赖天命的摆布。人不是一个徒然"容纳上帝恩赐的空罐子"，相反，人应该按照自由意志的决定去追求最高的幸福，而且是通过个人的努力去获得自己的幸福。不过对此他却附加了一项条件，即人为了获得幸福，需要有上帝的帮助，然而人的意志的决定作用仍旧占据主要的位置。人的自由意志就表现在对最高幸福的追求；至于什么才是最高的幸福，在邓·司各脱与阿奎那的拥护者们之间也存在着分歧。起先，阿奎那认为，人的最高幸福在于对上帝的直观，而邓·司各脱则强调这种最高幸福表现为爱上帝的行动。后者的观点虽然没有超越神学的范围，然而作为行动也就相应地肯定了对行动的选择与自由意志的存在。

除此之外，邓·司各脱还将自由意志应用到政治理论上去。他提出政治权力应该以人们作出同意为基础，并且确认"只有根据普遍同意和社会自己的选择，政治权力才能成为正当的"。这种同意就以意志的自由判断作为前提。

出生在伦敦的威廉·奥卡姆是邓·司各脱思想的继承者，他反对实在论，肯定共相只存在于人的思想中，但却又不是思维的虚构，而是物的记号。奥卡姆在《思维第一书注》中写道："共相并不是一种实在的东西，并且既不在灵魂中，亦不在事物中，而单纯有其主观存在的东西。共相是一个设想出来的东西,但它却在灵魂中有其客观存在。"① 因此他认为:"运动着的东西与运动完全没有区别。"这句话应作如下的解释:运动并不是离开个体而独立的共相或"形式",它是为物质个体自身所具有的。换句话说,不能将共相说成是在个体外部的某种超越物质个体的力量,这就将必然性归于物质自身了。

奥卡姆也主张人有着自由意志,他认为在精神的全部能力中意志占有最高的地位,它甚至支配着认识活动。奥卡姆写道:"我确信这样的原因就是意志;它只能形成真实的而不能形成虚假的、假定的,只能形成肯定的、而不能形成否定的,因为意志力求形成一个东西,而不能形成另外的东西。"②

肯定自由意志也就是肯定人应对自己的决定与行为负责;可是奥卡姆关于自由意志的观点并不彻底,最后他还是对人的自由意志加了一重限制,即人的意志归根到底则是导源于上帝的意志,只有上帝才具有绝对自由这一本质。奥卡姆是企图通过这一途径去统一上帝意志的绝对自由与人的自由意志的相对性,然而人的自由意志终究在一定范围内被承认了;人已不再是连迈开一步路,或者从事任何一项活动都无力自主,只有听凭上帝意志摆布的可怜虫了。

同邓·司各脱一样,奥卡姆也将有关自由意志的观点,运用在政治理论方面。他一方面承认世俗政权的最初根据来源于上帝,这是奥卡姆的基本立场。而另一方面他又认为政权需要经过人们的选择和决定,一旦君王背弃诺言和滥用权力时,便有权可以加以废黜。奥卡姆称这是人的自然权利;这些思想从其产生的时代来看,是写于英王约翰在封建贵族与市民阶级的上层力量逼迫下,签署了大宪章后的一百年。而在内容上则肯定人们在政治上的自由意志是人们行使自然权利的前提。

奥卡姆还认为,在人的自然权利中最重要的莫过于保护私有财产的权利,这种权利来自上帝的意志,任何人不得加以剥夺。这一观点如果稍加

---

① [英]奥卡姆:《思维第一书注》第二篇问题四,转引自[苏]特拉赫坦贝尔《西欧中世纪哲学史纲》,于汤山译,上海人民出版社1960年版,第225页。

② [苏]特拉赫坦贝尔:《西欧中世纪哲学史纲》,于汤山译,上海人民出版社1960年版,第226页。

引申，便可以得出如下结论：既然世俗政权来自上帝，因此就需要去实现上帝的旨意，而其中就包括实现人的自然权利以及保护私有财产等等在内。如果侵犯私有财产，那就是滥用权力。这一结论对于以后霍布斯与洛克的影响是很明显的，但是却不能因此便将奥卡姆看作是一个具有近代思想的人物。无论是奥卡姆或者是邓·司各脱，他们都是经院哲学家，都是站在基督教的立场上论证上帝的存在。奥卡姆甚至还表示过，任何考验、威胁与危险，都不能使他们放弃维护基督教；而且为了基督教，已经习惯于去担负任何痛苦与灾难。然而正是在他们的思想中，却又反映着时代的特征，尤其是当时英国社会发展的趋势。固然，他们自己认为提出的论点就其神学的纯洁性而言是无懈可击的。可是在正统的神学家眼里，这些思想却仍被认为是带有异端色彩的，而且直接危及罗马教廷的统治。奥卡姆就曾经提出过教会的权力与世俗的权力应该是平行的，因此不存在谁服从谁的问题；教皇不得干涉世俗政权，否则便是越权。在教廷与世俗君主的斗争中，奥卡姆是站在君王一边反抗教廷干涉君王的权力。他曾被教廷置于监狱中，后来又越狱逃跑，依附于当时对抗教皇的神圣罗马帝国皇帝路德维希·巴伐利亚。相传他曾对路德维希·巴伐利亚说过："你若用剑来保护我，我将用笔来保护你！"当时与教皇对立的国王们，往往与城市结成同盟以壮大力量，奥卡姆在一定程度上反映了新兴市民阶级对保护私有制和反抗罗马教廷的要求。

15世纪以后，由于东西方贸易交往的出现并愈来愈频繁，推动着西欧一些地区手工业、商业与航海业的发展，乃至相应的工艺技术的发展，使得原来还以十分抽象并且还是以神学的形式表现的，中世纪关于必然与自由的问题由于同现实的生产力与技术发展的要求结合起来，逐渐地又以近代的形式在哲学上被提出来。于是原来与正统神学相对立的阿威罗伊主义以及后来以邓·司各脱与威廉·奥卡姆为代表的后期唯名论的思想，便自然地以先行者的姿态，而被那些为建立适合于生产技术的发展和新兴的市民阶级要求的近代哲学的思想家们所继承和发展。

第三章　罗吉尔·培根关于必然与自由的学说

欧洲中世纪有关必然与自由的学说主要是通过神学与经院哲学的形式表现出来的，并且是围绕着上帝的意志与人的理性的关系而展开它的内容。唯有罗吉尔·培根在这方面独树一帜。

在漫长的中世纪的岁月里，欧洲的经济几乎处于停滞的状态。封建农奴制和广大农村存在的自然经济以及城市手工业的行会制度，既抑制着生产力的发展和商品经济的扩展，也由此严重地窒息着科学技术的发展。所以，就缺乏现实的基础提出如何认识自然界的必然性以及人如何掌握科学技术去改变自然等这一类问题。关于必然与自由的学说也就只能在神学的范围内徘徊。中世纪后期，欧洲开始接受从东方传入的养蚕、磨镜、制造火药与指南针等技术，这些技术的传入在一定程度上推动着当时欧洲的思想界对技术与自然规律的探求。然而由于教会与神学的重重压制与阻挠，使这些对技术与自然规律的探求，在其初生时就遭到扼杀。而流行的炼金术与占星术却对自然作出了种种神秘的和歪曲的理解，人们循此只能走入歧途。因此，当时出现在某些思想家中的倾向于科学的思想，或者按照自然界本来的面目去理解客观规律的企图，既要同炼金术与占星术的神秘思想作斗争，最后还要经受教会的重重迫害和折磨，这就使这些思想家们多少带有传奇的色彩。

13世纪英国的罗吉尔·培根就是一个传奇式的人物，这不仅由于他那两次共长达20余年的监禁和饱受迫害的生涯，也不仅由于他对哲学、数学、天文学、光学等都有研究，在当时确实是一个全面的人才，而且更由于他富有科学的设想，以致后人根据他曾经提出的设想，将现代轮船、飞机、潜水艇等的最初设计师这一荣誉归之于他。

罗吉尔·培根出生在英国德尔谢特郡的一个贵族家庭，比较起欧洲大陆，当时英国城市中的手工业和商品经济都有相对的发展，并且逐渐形成了城市的市民阶层。罗吉尔就读的牛津大学是英国的教育中心，并对那时英国的政治生活起着一定的作用，在教师中就有当时思想革新的著名人物，这一切对他日后的思想发展有着重要的影响。

罗吉尔在牛津大学获得艺术硕士的学位，以后在该校担任教学工作。13世纪40年代他去巴黎进行学术研究，然后又回到牛津大学任教，在这期间，罗吉尔潜心于科学研究与实验，被人们称为"奇异的博士"。但是他却因此不幸被剥夺了在大学任教的资格并离开英国，到巴黎后根据法兰西僧团首领波那维士拉的提议，被监禁在修道院内达10年之久，以后又因有巫术的嫌疑被法兰西僧团首领即后来任教皇尼古拉四世的耶罗尼姆·阿斯果里下令关入监狱。在狱中经过14年的囚禁生活，才被释放出来回到故乡英国，那时他已78岁，不久便在英国去世。

在思想上，罗吉尔强调神学与科学的统一，他认为两者不应分离，而哲学的真谛或任务，就在于通过认识创造物去认识造物主，或者说就是通过对物质及其属性的认识，以证明上帝的万能与智慧。罗吉尔的这一观点是与正统的经院哲学相违背的，但却接近于阿威罗伊主义的思想。按照正统的经院哲学的主张，哲学的任务则在于论证上帝的存在，而不要求直接去认识创造物，并且也不需要通过认识创造物去证明上帝的万能与智慧。在经院哲学看来，创造物的秘密并不存在于它们自身中，因为一切取决于上帝的意志，所以，只有通过对上帝的理解，才能求得对创造物的理解。从罗吉尔的上述思想，不用付出多少智慧便可以推论出哲学研究的目的首先便是理解创造物即自然这一结论；至于通过对创造物的理解去证明上帝的万能与智慧，那不过是给这一结论披上一件神学的外衣而已。可见他的这一观点是以神学的形式作为掩护，其目的不过是想在神学的禁锢中去取得一些研究自然界的权利。然而即便是如此，这种企图使哲学通过对自然界的认识以达到对上帝的理解，在正统的神学与经院哲学家们看来，就已经是带有异端色彩的思想了。

为了正确地认识自然，除了需要有冲破神学的禁锢这种勇气之外，另一方面还需要揭开炼金术士们给自然界罩上的神秘帷幕，只有如此，才可能按照自然界的本来面目去探索它的运动规律性。而这又需要建立一种认识自然的科学方法，从罗吉尔·培根毕生的努力，可以看到他在这些方面所开辟出的蹊径。

中世纪欧洲的炼金术士曾虚构一种所谓"第一性物质"的存在，并将它说成是万物相互转化所凭借的不变的底层，万物就是由这种"第一性物质"转变而成的。炼金术士的这种说法又是以经院哲学有关"质料"与"形式"的学说作为根据的，这种学说创自亚里士多德。亚里士多德提出了四因论，即质料因、形式因、动力因与目的因，他认为质料与形式是构成实物的原因，而质料则是每一实物的"最终基质"，每一实物都是形式化了的质料，由于形式才使质料成为实物。炼金术士企图将经院哲学有关"质料"与"形式"的学说引进到炼金术的实用方面，他们认为如果能将铜、锡或汞这一类金属，经过提炼最终还原成为"第一性物质"，就可以利用它作为底物，并使它变为黄金。罗吉尔竭力反对炼金术士这种荒诞无稽的说法，他强调物质的多样性以及它们变化而成的不同特性只可能从物质基质的多样性来求得正确的解释。正因为物质具有质的多样性，所以物质变化所产生的多种特性，就只能由物质自身的多样性加以说明，而不可能从它自身的质之外的所谓"形式"去加以说明。罗吉尔的这种思想是与他的唯名论的立场相联系的，从唯名论看来，存在的是个体，而共相只存在于个别之中。所以罗吉尔肯定，一个个存在的个体，比所有的一般结合在一起更为实在，并且"共相只存在于个别之中，无论如何也不依赖于心灵"。他认为既然不存在离开个体的一般，那么也就不存在离开具体存在的物质的所谓"第一性物质"。

罗吉尔强调理性、科学与幸福生活是相互联系的，它们联系着并共同与愚昧相对立。所以最有价值的事莫过于研究如何消除愚昧，全世界的幸福就取决于如何建立消除愚昧的学问。罗吉尔认为知识有三个来源，即权威、理性与经验。至于这三者之间的关系，他这样写道："如无理性作基础，权威是不完全的，没有这个基础，它会引起误解，而只是根据信仰接受（真理）——我们相信权威，但只是通过权威来了解事物。而理性（或抽象的推论）不能单独区别诡辩与真正的论证，如果它不能以经验证明自己的结论是正确的话。"① 罗吉尔之所以要说明知识不是绝对排斥权威，那是因为绝对排斥权威就无异于公开声明否认教会与神学的权威，而这种情形在当时却是不可能的。可是罗吉尔随后就强调，即便是权威也还需要理性作为基础，由此就排斥了盲目的崇拜。对于理性他又强调必须通过经验才能证明它的正确性，罗吉尔甚至认为，没有经验便不可能认识任何事物。相应的他还认为认识有两种方法，即经验和推理，但是最后只有通过经验才能证实推理的结果。所以他一再强调："凡是希望对于在现象背后的真理得到毫无怀疑的欢乐的人，就必须知道如何使自己献身于实验。"

在罗吉尔以前以及和他同时代的中世纪学者们，当涉及对自然的研究时，一般使用的方法是依靠古代流传下来的文献材料作为根据，至于他们的工作则主要限于去注释文献材料，由此便将古代文献奉为解释自然的权威而不能有丝毫怀疑。用这样的研究方法当然无从去深入探索到自然界的奥秘。而要获得关于自然界及其运动规律的知识，就需要改变那种死抱住文献而不愿去接触实际的态度，转而以自然为师。罗吉尔强调直接经验在认识过程中的重要性，它在当时的现实意义正在于此。

古代希腊的自然哲学家们像泰勒斯、赫拉克里特等，对自然界的考察就是以经验为基础，然而他们的方法往往只限于对自然的朴素的直观。至于中世纪的炼金术士虽然曾对物质做过各种实验，然而其目的是在寻求所谓"第一性物质"，所以他们所做的实验是以虚幻的理论作为指导的，由此这种种实验也就注定只能以失败告终。罗吉尔在强调经验的重要性的基础上，提出了他的实验方法，他不仅肯定对自然的直观方法，而且提倡在一定目的的指导下，通过观察者的直接干预，控制物质运动的某些外部条件，以观察物质如何实现其变化过程的实验方法。罗吉尔确信聪明人就是能通过实验去认识自然界与事物的原因，离开了实验则什么东西也不能令人满意地获得对自然界的了解，因此，只有通过实验才能真正走向认识自然的道路。但是罗吉尔所理解的实验方法与近代自然科学对实验的理解却不尽相同。他认为有两种存在，一是上帝即造物主的存在，另一是自然即创造物的存在。所以对应于这两种存在，便有两种形式的实验，内部的实

---

① 《世界通史资料选辑》（中古部分），商务印书馆1974年版，第220－221页。

验与外部的实验，以分别认识两种不同的存在。所谓内部的实验是指"人通过内在启发的经验从上帝那里得到了一种理解能力来认识恩赐和荣誉的神圣真理"；所谓外部的实验是指"被感性经验所唤醒的人找到了自然和艺术的秘密原因（因果的解释）"①。后者就是通过直观和实验的方法去寻求自然界的因果联系，而前者则是一种内省的方法。换句话说，就是通过外部的实验所获得的对自然界的认识，再经过神秘的启示式的内省，得出关于上帝的存在、全能与智慧等等。罗吉尔的这一认识是与他关于神学与科学相统一的观点相一致的。对于外部的实验，他还指出，科学家的理解不应是消极的，而应是积极地用"艺术帮助自然"。当时所指的艺术主要是对工艺而言，因此用"艺术帮助自然"，也就是说利用适当的工具与技术去进行实验，从自然界的运动变化中去揭示出其中的因果联系，以达到认识自然或创造物的目的。因此，在实验中就必然要涉及必然与自由的关系，这是由于对象是按照自身的必然性而变化的物质，而人用"艺术帮助自然"也就表达了人的意志的作用与支配自然的力量。

罗吉尔还指出："自然的经验是有用的，但这是不完善的经验，这种经验……在方法上也没有弄清楚；运用它的只是工匠，而不是科学家。善于进行实验的本领则高于它，高于一切思辨知识和艺术，这种科学就是科学之王。"② 罗吉尔区别了单纯由生产经验获得的技术与通过实验而获得的科学知识，并且强调科学知识的重要性。而他所理解的实验，已不仅是通过工艺去改变自然由此获得某种新的经验，而是以揭示自然界运动的客观规律为目的，并通过对某些外部条件的控制，去观察自然对象的运动变化，由此获得对客观规律的认识。罗吉尔提出的实验方法，是以主体对利用自然界的因果规律和能动地支配对象变化的外部条件的自觉性为前提的，它还明显地表达出人们认识自然界的客观必然性和控制、驾驭这种客观必然性之间的关系。罗吉尔还进一步指出："当科学的力量已足够使自然界产生确定的效果时，就没有必要再去求助于魔术的幻想，而中世纪的

---

① ［苏］特拉赫坦贝尔：《西欧中世纪哲学史纲》，于汤山译，上海人民出版社 1960 年版，第 170－171 页。

② ［苏］特拉赫坦贝尔：《西欧中世纪哲学史纲》，于汤山译，上海人民出版社 1960 年版，第 173 页。

炼金术就恰恰是建立在这种魔术的幻想基础上的。"要摆脱炼金术的幻想，就只有通过科学实验去如实地认识自然界的因果关系，这便是罗吉尔所指出的道路。从他的这些观点看来，已是十分接近于只有依赖于对自然界的客观必然性的认识才能利用这种必然性去产生确定效果这一认识了。而要认识自然界的客观必然性，就需要通过实验去获得关于自然运动的因果联系。罗吉尔直率地说："上帝给自然界一种不变的规律，而你们这些愚蠢的人则既看不起它，也不会仿效它。"透过这些字句，表达着他一再强调的人只能仿效自然，而不是去违背自然的规律为所欲为的思想。

中世纪欧洲关于必然与自由的学说，严格地讲，是从罗吉尔开始，才越过了神学的樊篱和纯粹伦理的范围，去涉及人与自然的关系这个更为广阔的领域。这一进展是与他对实验方法的建立紧密地联系在一起的，罗吉尔深信，真正的学者应该通过实验去认识大自然，包括医学与其他学问都是如此。他举例说，如果一个常人或老妪具有关于土壤的知识，而学者反倒不懂，那就应当感到惭愧。而当时建议监禁罗吉尔的法兰西僧团首领波那维士拉则宣称"科学之树欺骗了许多生命之树"，或者"使它们受到涤罪的剧烈痛苦"。而研究科学正是被罚入地狱的一项条件。两者相比之下，正说明了这是一场理性与信仰、科学与愚昧的斗争。罗吉尔所力争的是在浓厚的宗教与神学的气氛中为对自然界客观必然性的科学认识取得一席之地，他要求通过科学的认识去控制并利用这种客观必然性，然而仅此使他在罗马教会愚昧的迫害与折磨中度过其不幸的一生。

所以罗吉尔一再呼吁"危险莫大于愚昧"，他强调理性应该对意志起着主导的作用，并且写道："理性正是正当意志的领导者；他使意志得救。为了行善，必须熟悉善；为了避免恶，必须识别恶。当愚昧继续存在，人类就找不到反对罪恶的方法。"① 他理解到哪里有愚昧的存在，哪里就不可能有真正的意志自由，因为愚昧无力分辨善与恶，所以也就不会有理性的选择，换句话说，就不存在主导意志的理性。罗吉尔因此将一切罪恶都导源于愚昧，并且立志为消除愚昧而奋斗，所以他才将世上最有价值的工作

---

① ［苏］特拉赫坦贝尔：《西欧中世纪哲学史纲》，于汤山译，上海人民出版社1960年版，第189页。

归诸研究消除愚昧黑暗的学问,那就是科学。罗吉尔指出,人类对科学研究的深度决定着人类生活的幸福,科学是人类幸福生活所系。他将哲学与科学的研究同人类生活的丰富和幸福联系起来,在当时不能不说是一种卓见,因为按照一般见解,所谓幸福生活就只能通过信奉上帝并在虔诚的祈祷中去获得。

但是当罗吉尔谴责愚昧是万恶之源时,他却没有去剖析产生愚昧的社会原因。他所指的研究消除愚昧黑暗的学问,并不是对当时压制知识、产生愚昧的中世纪社会的研究,而仅限于对自然科学的研究。当时提出用实验的方法而不是单纯注释古籍去研究自然,并且通过自然界因果联系的研究,进而消灭愚昧无知,这固然是罗吉尔的一项不可磨灭的功绩,然而这种主张在当时却是无法实现的。因为要消除人们的愚昧无知,提倡理性与科学,就不能不首先改变造成愚昧无知的现实的社会制度,那便是中世纪的封建制度与它的精神支柱,即教会与神学。教会与神学正需要利用愚昧无知去欺骗人民与统治人民,因此,任何有关消除愚昧无知和提倡理性与科学的要求,就必然会与教会以及整个封建制度的利益相冲突,并受到它们的坚决反对。罗吉尔是意识到这一点的,他曾说过,新的思想总是会遭到人们的反对,甚至会遭到来自"圣徒、好人、在许多方面是聪明人的反对",并且他也清楚地理解到,最有力的反对来自于教会权威,而事实也正是如此。

罗吉尔是中世纪科学思想的先驱者,他的关于必然与自由的学说在中世纪独树一帜。至于他的悲剧性的一生,有人认为是始于他那致命的错误,即参加了法兰西僧团的小兄弟会,因为这个僧团是与当时在教会中有势力的多明尼各派相对立;而且就对科学的态度而言,在倾向上法兰西僧团更趋于反动,迫害罗吉尔的两个著名人物都是这一僧团的首领。也有人认为这是由于他的思想远远地走到那个错误的时代的前面,因此便无法去取得时人的理解。其实罗吉尔之长期遭受囚禁,直到78岁才从监狱中被释放出来,最后死于故土这样悲剧的一生,不过是他毕生去寻求一条认识自然并利用自然运动的必然性的新途径所作的活动与封建制度与宗教迷信相冲突的必然结果。虽然罗吉尔本人曾提出通过认识创造物去认识造物主的全能与智慧,可是他所要求得到的东西终将动摇教会乃至封建制度的基础。罗吉尔从当时的生产技术情况，敏锐地察觉到它一旦得到发展将会对人类生活产生巨大意义，并且还从他所提倡的实验方法预见到认识自然和利用自然界的客观规律为人类服务的可能性。可是真正要求发展生产和科学技术力量的新时代还没有诞生，当然也就缺乏支持这种要求的社会力量的客观存在。罗吉尔作为一名新时代的预言者，就只可能孤军作战。从他在著作中写下的一段话便不难理解："有多少次我被不公正的人诽谤，被摒弃，我失望，惶恐不安——我没有办法说这些。甚至朋友们都不信任我，因为我不能够向他们解释这些事情……在我困难的境遇下，我请求过最亲近的穷人帮助搜集点什么。很多东西都卖了，另外一些甚至也抵押给高利贷者……"① 罗吉尔就是这样来坚持他的科学实验，并且最后在监禁中度过他悲剧的一生。然而真理终究经历过种种苦难，并在火刑的洗礼中去夺得自身的生存权利。

---

① ［苏］特拉赫坦贝尔：《西欧中世纪哲学史纲》，于汤山译，上海人民出版社1960年版，第191页。

第四章 文艺复兴时期的必然与自由学说

一

14~15世纪以意大利为中心并影响及法国、西班牙等地的人文主义思潮,对近代西欧必然与自由学说的产生有着极为重要的意义。在意大利出现的人文主义思潮,有其深刻的历史背景。在欧洲通往东方与印度的新航线被发现之前,欧洲与东方的贸易经由地中海通往土耳其再转到东方各地,处于地中海之湾的意大利一些城市,便成为当时东西方贸易的枢纽,由此促进了这些城市商业与手工业的繁荣。随着手工工场的出现以及商业与国外贸易的发展,一个由商人、银行家和手工场主等人构成的富有阶层,就出现于意大利的一些城市中。这个新兴的富有阶层便是近代资产阶级的前身,他们最初是依靠商业、海外贸易与高利贷发家的。所以,当时出现于意大利的人文主义思潮,其产生就不是偶然的,而是与这一新兴的富有阶层密切联系着。

人文主义以要求用俗世的文化代替中世纪宗教文化为特征,它企图通过对人性的推崇和对人的认识唤起长时期沉睡在宗教世界里的人们的觉醒。当时著名的人文主义者弗朗西斯科·佩脱拉克就提出"人应当认识自己"的口号,直接针对神学与经院哲学只热衷于论证上帝与神性,相反地对人本身却抱着轻蔑的态度。他坚决主张人以及人的问题,应该是思想与哲学的主要对象和所关心的问题,然而当时的经院哲学却只顾埋头于解释亚里士多德的著作,提出一些毫无价值的问题,却偏偏忽略了现实中最重要的问题，即有关人的问题。

佩脱拉克进一步认为，如果人不先认识自己，就绝不能认识上帝；于是他便将对人的认识提到了首位，使得原来只是匍匐于上帝的足下、完全托庇于神旨而没有自己独立人格的人，终于发现了自己在尘世中应该占有的独立地位。这无疑是一个伟大的发现，可以说是继从猿到人之后学会的第二次直立。按照人文主义的观点，认识人就是要认识人的实质或本质，也就是认识人性。所以这里所谓的认识人，就不像古希腊德尔斐神殿的那句铭文——"认识你自己"所包含的意思，它不是要求人通过认识自己的个性与能力，因而产生应有的自知之明。而是要求将还其本来面目，作为生活在尘世间的人去加以考察；或者说肯定俗世的人应该成为文学、哲学、历史等等的对象。

当人文主义对人性作出解释时，便将追求幸福作为人性的主要特征，这种幸福当然不能来自闪烁在尘世彼岸的天堂，它被确认只存在于今世。人文主义者据此提出"凡人首先要关心凡间的事""我是凡人，我只要求凡人的幸福"等等。这些思想与中世纪基督教和神学所宣传的禁欲主义、企求来生等恰好相反，隐藏在后者中真正的秘密是：这种关于禁欲、企求来生等思想，是与那个时代落后的生产力和自然经济相适应的。教会所以热衷于宣讲欲望是人的原罪的表现，其目的不过是要衣不蔽体、食不果腹的农奴遏制其对生活的最低要求，以便将他们身上仅存的一张皮，去供奉给王公与主教们挥霍。在人文主义看来，禁欲就是对人性的禁锢，人性追求的是现世的幸福，而不是放弃现世的幸福去祈求来世。如果深入剖析，就不难理解发展商业与海外贸易，对于新兴的富有阶层绝不是意味着禁欲，恰恰相反，这一切都是为了追逐现实的财富，而且谁一旦获得财富，他就被认为获得了幸福。可是教会所宣传的禁欲主义，则是要求人们遏制住对俗世幸福的追求，可见这两者正是背道而驰的。当时在地中海沿岸商业城中出现的追求现世幸福的思想，还与下述的状况相关联，即随着商业与海外贸易以及银行业的发展，财富迅速集中到一批商人、银行家与航海的船主等人的手里，然而伴随着商业上可能遭受的失败、航海的风险与海盗的掠夺、有势力的债务人拒绝还债等等情况的发生，一瞬间可能倾家荡产。既然尘世多坎坷，未来又难以预卜，于是最现实的莫过于抓住当前的享乐。当富豪们竞相过着奢侈生活时，追求现世幸福的思想自然便十分适合于这班人即新兴富有阶层的胃口了。

因此，个性的被推崇与追求尘世的幸福，两者就紧紧地扭在一起，它意味着每个人都有权利去获得他认为是幸福的东西。为了保证人们能去选择幸福，当然便需要承认在一定范围内的意志自由。从认识人这一命题的提出，它本身就表达着人们地位以及人的活动的自主性受到重视，实际上也就是承认人已经不纯粹是由神的旨意任意摆布的棋子，而是有着他的意志自由了。然而，当时提出的有关人的意志问题还不能完全摆脱神学的形式，著名的人文主义者洛伦佐·瓦拉在《论自由意志》中从古代罗马哲学家波依修斯的观点出发，论证了上帝的预见与人的自由意志两者能否并存的问题，他认为一种可能性并不必然地能成为现实；因此，对事件的任何预见，即使是上帝的预见也不应该成为该事件的原因。所以，预见事件的发生并不就成为事件发生的原因，由此可以证明，上帝的预见是可以与构成事件的人的自由意志相容不悖的。但如果再深入一步思考，既然上帝预见一切，也包括人的意志在内，那么，人的意志又有多少自由可言呢？瓦拉回避了这个问题，他只是说上帝的意志是看不到的神秘东西，我们应该在信仰的基础上去加以接受，而不应追求哲学的傲慢狂妄对此穷根究底。①

另一位著名的人文主义者米朗多拉·皮科在《关于人的尊严的演讲》中则强调：一个人应当达到他所企求的奇妙与高尚的境地，也就是说人有塑造自己的能力与意志，他既不为原罪所束缚，也不纯粹受上帝的意志所拨弄。皮科确认人按照自己意志的选择，能够在宇宙的体系中占据从最低到最高的任何一层生活等级。对此皮科是这样描述的："上帝对亚当说，你既没有固定的处所，也没有自己独有的形式，我们也没有给你唯你独有的功能，亚当，你最终按照自己的判断便能具有和占有你自己希望要的处所、形式和功能，按照你自己的自由意志，不受任何强迫，我已把你放在自由意志的手里，你注定要受自己本性的限制。你有力量堕落到生命的更低形式，像野兽一般。由于灵魂的判别，你也有力量获得再生，进入更高

---

① ［美］克利斯特勒：《意大利文艺复兴时期的八个哲学家》，姚鹏、陶建平译，上海译文出版社1987年版，第31－32页。

形式，即神的形式。"① 从皮科的这段话表明，以人的始祖亚当为代表，人就被承认能依凭自己的能力生活于世间，并且通过意志的选择为自己确定所占的位置。

在人文主义者的笔下，人虽然主要还是作为俗世的一个感性的形象表现着自己，然而人终究成为文学、哲学、历史的对象。用对人性的探索去代替对神的存在的论证，用追求今生的幸福去代替禁欲，用把握现实去代替憧憬来世永生这个新时代的前奏，毕竟吹响起来了。

突出人的地位，追求现世的幸福，既然是针对教会关于禁欲与企求来世永生的说教，而这类说教又以灵魂不朽作为前提，所以，要从理论上否认炼狱、末日审判以及来世永生等等，就必然要将批判的矛头去触及灵魂不朽的说法。但是，承认灵魂不朽却是教会信仰的一块基石，批判灵魂不朽说，无疑是动摇教会信仰的基础。

早先由阿威罗伊主义提出的，有关人不应该放弃现世的幸福而去追求渺茫的来世的观点，以及对灵魂不朽说的批判，连同阿威罗伊主义的其他理论，在意大利北部特别是帕多瓦的知识界有着较大的影响。当时著名的帕多瓦大学就传播着这些理论，阿威罗伊主义中的两派，包括反对基督教义的极端派和承认阿威罗伊本人是亚里士多德的解释者的温和派，都在那里占有牢固的基础。15世纪帕多瓦大学的哲学教授、著名的人文主义者皮埃特洛·彭波那齐便是当时亚里士多德学派中的代表人物，他在《论灵魂不死》中不同意阿威罗伊关于个人的灵魂是会湮灭的，然而人类共有的灵魂却是不死的观点。彭波那齐从理论上论证了灵魂不死是不可能的，因为灵魂一旦离开肉体就不仅不能发生任何作用，而且根本无法存在。既然植物的灵魂与生物的感觉灵魂都将随着植物与生物的死亡而消灭，那么，又怎么可以说人的灵魂是不死的呢？他还进一步指出问题的实质在于：如果承认灵魂不死，就应该放弃世俗生活而专心一意去企求来世永恒的幸福。但是灵魂如果将随肉体的死亡而消失，当然也就不可能有来世的永生，这便需要改变方向，即从现实的生活中去寻找幸福了。

---

① ［美］克利斯特勒：《意大利文艺复兴时期的八个哲学家》，姚鹏、陶建平译，上海译文出版社1987年版，第80－81页。

由于彭波那齐正生活在一个伟大的转变时期，他终究还不能完全摆脱旧时代的印记，在灵魂不死的问题上，他还是作了一定的保留。彭波那齐认为，虽然根据自然的理由或亚里士多德的观点，都不可能证明灵魂不死，然而却需要将灵魂不死作为一种信条接受下来，换句话说，虽然无法从理论上对灵魂不死加以证明，但却可以将此作为一种信仰。有人认为他的这种观点不过是二重真理说的另一种表现形式，目的还在于肯定从理论上是无法证明灵魂能离开肉体而不朽。但尽管如此，他的《论灵魂不死》这部论著还是在威尼斯被当众焚毁。

彭波那齐承认上帝的存在，但他认为高居于自然界与人世之上的上帝，并不直接干预自然的行程与人世生活。他同时否认自然界或人类生活中会有奇迹，而要求用自然行程的本来原因去解释自然界所发生的事件，彭波那齐的这一思想已十分接近承认自然界有其自身运动的原因，而这正标志着中世纪与近代思想的分野。

彭波那齐还写了《论命运》一书，其中讨论了命运、自由意志和预定论等问题。他鉴于人的智慧容易指导人去犯错误，所以宁愿要人们服从教会的教诲，接受上帝的旨意与预见，而且认为它同人的自由意志可以并存。

当人文主义者用对人性的探索去代替中世纪神学与经院哲学对上帝的神性的阐述时，也就开始使必然与自由的问题摆脱中世纪关于人与上帝意志的关系的神学形式。一旦人在理论上开始改变昔日只是紧随上帝的旨意亦步亦趋的卑微形象，而以全心全意追逐自身幸福那种昂首阔步的形象出现时，人便被确认是根据自己意志的选择而行动的生物。然而，随之便带来了一系列的新问题：既然人是根据自己的意志判断而行动，那么，是否就足以证明人具有自由意志，人的自由意志与自然界的必然性有什么关系？意志的判断是取决于理性还是任意的？如果是取决于理性，理性又是根据什么标准去作出各种判断与选择？况且，推动人去行动的力量已不再是唯一的上帝旨意，那又是何种力量呢？人文主义者在那个时代里虽然还不可能系统地提出这些问题来，但认识的重心既然开始从对神的论证，转到对世俗的人的论证，那么，后来的哲学便有责任提出这类问题，并思索对此的回答。

二

影响近代西欧必然与自由学说的另一个重要东西，便是当时意大利出现的对自然科学的探索，它为近代自然科学的形成提供了一定的基础。意大利沿地中海的一些城市在与东方的贸易中，发展了商业与手工业，同时也推动着航海以及造船业等的繁荣，此外，在钟表制造、磨镜、建筑等工艺方面都有长足的进步。由于在战争中火炮等武器的使用，军事技术也出现了重大的改革。凡此种种都为近代自然科学的产生积累了宝贵的经验资料，同时也推动着新的科学研究方法的出现。

在当时的科学研究领域中，突出的是对力学与天文学的研究，因为前者是同造船、营建以及对火炮弹道的研究直接关联着，而后者又直接与航海关联着。但当时的科学研究与实践密切相关，因此，无论是力学或天文学的研究，便都必须以自然现象作为唯一的观察对象，而不能再步神学与经院哲学的后尘，以上帝或神性这类虚构物作为对象。所以那时的力学或天文学的研究，无论是自觉与否，就只能够按照自然界本来的面目，去解释自然现象及其运动规律。在科学上只有符合于客观实在的认识，才能经受实践的检验并最终被承认为真理。此外，科学还需要解决如何获得正确认识自然的方法的问题，而不是再去依靠经院哲学那种以某个虚幻的前提出发的、繁琐的三段论证，对此罗吉尔·培根已经作了最初的表述，后来则由15世纪意大利的绘画巨匠与科学家奥多纳·达·芬奇来解答这一问题。

达·芬奇一再强调，要认识自然的真理，就必然拜大自然为师，这一观点的实质是要求撇开上帝与奇迹，转而以自然为对象，并直接从自然而不是从自然之外的什么东西去探索自然界的奥秘。他指责经院哲学离开这条正确的途径，而宁可去讨论奇迹，阐述那些人类心灵所不能及，并且用任何事例都无法证明的东西。因此要认真研究自然，就必须摒弃经院哲学的方法，重新开辟一条通向自然的正确途径。

达·芬奇深信自然界的运动有其必然性，并且确认自然界的各种现象最后都服从于必然性。他还指出：必然性是自然界的教师和哺育者，是自然界的主题和发明者，它永恒地支配着自然。相对地如果按照中世纪宗教的观点，无论是冥冥中支配世间一切的命运，又或是表达上帝意志的天命，都属于超自然的力量，这种超自然的力量既支配着自然，又统治着人类社会；人若企图去窥探命运或天命，就是一种非分的妄想。当命运、天命这类幻想一旦被驱除之后，便不难发现，真正支配着自然界的却是它自身的必然性，而自然运动的必然性并不是神秘莫测的，它实际上是可以被人认识的。这一思想在达·芬奇的观点中占有重要位置；这是一次伟大的思想解放，对近代科学的建立起着十分重要的作用。如果不确认自然界有着自身的必然性，不确认人通过科学的方法就可以认识自然运动的必然性，就不会有近代自然科学的产生。

达·芬奇进一步将自然现象间的因果联系看作是必然性的表现形式，他认为自然界的各种现象都有其原因，没有一种现象是没有原因的，因此，自然界的一切结果都可以从自然界本身去追溯其原因而无需他求。自然界的因果联系既为人们提供了预见一种变化及其结果的可能性，也为人们提供了依凭预见去改变自然，使它们产生预期效果的可能性。达·芬奇的思想明显是与神学关于上帝从无中生有和奇迹的说法相对立，而且也异于经院哲学所坚持的存在着在"质料"之外并决定着"质料"变化的所谓"形式"归因的观点。

达·芬奇在通过科学方法去获得真理的问题上，还迈出了至关重要的一步，他拒绝了阿威罗伊主义的双重真理说，即承认信仰真理与认识真理的并存。而肯定真理只有一个，它并不存在于信仰中，而只是存在于认识中，只有通过科学才能认识真理。达·芬奇因此称科学的认识是"自然与人类之间的翻译"；与此相联系，他还认为自然界及其运动的必然性是可知的，它们不存在永恒的秘密，因为太阳底下根本藏不住什么秘密，问题只在于时间，而真理是需要时间来作证的，可以说："真理是时间的女儿。"

当时在生产技术发展基础上进行的科学考察工作，其主要目的还限于解决各种技术性的问题。人们一般是通过所掌握的生产技术，去控制并利用自然运动的某种必然性，使它产生符合于目的的效果，然后总结经验，并不断去深入认识客观必然性，以及控制并利用某种必然性去产生一定效果的技术，由此便从实践中得出了人类不但可以认识自然现象的起因及其运动的规律，并且还能控制和利用客观必然性去产生一定效果的结论；然而在往昔，这种能力却被认为是人所无法具有的。达·芬奇有关知识应该用去帮助人们控制并利用自然的思想，就是在这种条件下产生的，所以他十分重视利用自然运动的必然性去实现人的目的，并且认为只有当理论给人们带来实际的效果时，才值得为之欢呼。

这些思想在达·芬奇提出的新方法中就进一步得到具体化，这种方法是：从自然运动及其变化所获得的经验材料里，有意识地排除掉各种偶然成分去发现事物之间的必然联系，又从自然现象的普遍联系中抽象得出其中单纯的因果联系环节，由此得出对自然界必然性的认识。运用这种方法，便于人们从各种复杂的和偶然的联系中概括总结出其中包含的恒常出现的因果联系环节，并且通过把握事物间通常出现的因果联系去认识客观必然性。这种方法与当时生产实践的要求是相一致的，因为农业与手工业生产都是在一定的自然条件下，要求人们控制其中某个或某些主要原因（如种植、施肥、纺织、冶炼等等），去产生预期的效果。所以，首先便需要认识对象运动的因果联系，才能确定方法与预期的效果。这种方法在实践中又以肯定人对改造自然的能动性作为前提，它承认通过人们对某些条件的控制，便有可能去驾驭事物运动的过程并获得预期的效果。

认识并把握对象的因果联系去实现一定的目的，这是人们进行一项实践的前提。古代人主要是通过直观的方法，即对自然界自发运动的直接观察或是对实践活动的观察，去获得对事物因果联系的认识。但是直观的方法有其局限性，因为它只能提供自然界自发运动的材料；即使是对实践的观察，也不可避免包含某些偶然的成分。除了直观的方法外，达·芬奇还探索到另外一种方法，那就是由罗吉尔·培根创导的实验方法。这种方法可以克服纯粹由自然界的自发运动所带来的局限性，而且实验是在人有目的地控制对象化的情况下进行的，它还可以排除掉可能渗入到过程中来的一些偶然因素，根据实验者控制的条件，更能显露出对象不同变化的多种可能性。所以实验的内容，不仅是对自然的模仿，其主要方面还在表达着人的创造。这种实验的方法经过达·芬奇的总结，就更为系统化并成为自然科学的方法。

达·芬奇提出"一切知识都来源于经验"的命题,并且由此出发进而去探寻以经验材料为基础的认识方法。他强调认识首先应向经验征询,然后经过推论理解这一结果为什么必然地按照这种方式产生,这是在分析自然界所产生的各种结果时所必须遵循的规则。经验只是在最后才表现为某种结果,这就决定了方法所应该遵循的途径,即必须按照相反的方向,从经验最后表现的结果开始,进而去追溯其原因。当人们从经验追溯到原因之后,就可以通过控制原因去获得预期的结果。

这种实验方法的哲学根据,便是承认自然界有着自身的必然性;自然界的必然性既能被人所认识,也可以在此前提下被人们所控制与应用,最后在实践中产生出预期的效果。达·芬奇的方法论具有一种特征,他肯定自然运动的规律都可以用一定的数字公式表达出来,而且只有从量上对自然现象加以精确的规定,然后才谈得上对自然的理解。反之"凡是数学上用不上去,和哲学有关的科学也用不上去的那些领域,都没有确定的知识"。他认为"自然规律是受数学的比例关系所支配,这不仅在数和度量中,而且在声音、重力、时间和地点,以及无论什么力中,都找得到比例关系"。因此,达·芬奇要求将那些经过实验与分析所获得的有关自然规律的知识与数学联系起来,或者说要尽量以数字、公式表达出人们对自然规律的认识。他的这一观点明显是与他所从事的对机械力学的研究直接相关的。在力学与机械学的范围内,自然规律固然可能用一定的数学公式来表示,但如果由此认为自然界不同领域以及不同形式的运动规律最后都只能通过数的关系来说明,其结果就将会导出只承认事物量的变化而无视于事物同时具有质变的多样性的结论。不仅如此,它还能将人的能动性全部限制在控制对象的量变和机械运动这一待定的范围内。但实际上人对自然规律的控制与利用,绝不限于这有限的范围。

近代自然科学在其奠基的过程中,同时也用哲学理论武装着自己。它用承认自然运动有其自身的必然性的论点对抗神旨与奇迹;它强调人通过正确的方法,不仅能够认识自然的奥秘,而且更能控制和利用自然。这些积极的内容,在近代西欧关于必然与自由的学说中,得到了充分的反映。

第五章 文艺复兴时期自然哲学中关于必然与自由的学说

代替欧洲中世纪的神学与经院哲学对上帝以及上帝与人的关系的论证，除了人文主义提出的对人性的论证之外，还出现了另一种趋向，那就是文艺复兴时期在意大利兴起的自然哲学。它们提出以自然作为论证的对象，或者说要求从自然本身去理解自然运动及其必然性；文艺复兴时期的自然哲学关于必然与自由的理论，对行将诞生的近代西欧必然与自由学说有着重要的影响。

16世纪意大利的自然哲学的兴起，可以追溯到15世纪库萨的尼古拉，他出生于德国，在意大利的帕多瓦大学求学，之后担任过罗马教廷的红衣主教。库萨的尼古拉曾研究过希腊文，还熟悉数学、天文与地理，做过自然科学的实验。他既是主张教会统一最著名的神学家，又和人文主义相接近。在学术上他否认亚里士多德自然理论方面的权威，转而注意包括毕达哥拉斯派在内的古代希腊自然哲学家以及他们的思想。

尼古拉将自然或"可见的宇宙"理解为是不可见的神圣之物的忠实反映，因此，他认为通过被造之物出发，便可以最后提高到对造物主的认识。换句话说，就是从直接认识自然开始，去认识自然的本性，而这同时就是认识上帝，这是在神学范围内去直接认识自然的唯一可能的途径。

尼古拉承认自然界存在着必然性，它便是上帝旨意的实现，因此，"无论我们做这件事，或者做与这件事相反的事，或者什么事也不做——这一切都内涵地包罗在上帝的旨意中。除按照上帝的旨意外，什么也不会发生"。可见不仅是自然界，而且人的行为也都是必然的。至于自然界的必然性则可以通过数学来解释，除了数学之外，便再也没有其他办法能探索到有关神圣事物的认识。所以他肯定自然界的必然性是可以被认识的，而毕达哥拉斯则被他说成是"第一位哲学家"。

尼古拉虽然肯定凡是发生的一切都是必然的，然而他又认为，必然只是通过偶然而实现。这正如共相不可能存在于事物之外那样，必然性也只能通过事物的特殊性或偶然性而存在，并为它们的特殊性或偶然性所限定。他指出："一切共相只有在缩影化了的时候才是现实的。"

尼古拉将存在区分为三种形态，即"可能性"的形态，"必然性"的形态和"现实决定性"的形态。他力图从中去探索由可能性通向现实性的途径，这条通道便是必然性，他又称之为"世界灵魂"。尼古拉认为："事实上世界灵魂必须被看成是一个把一切形式都包含在它自身之中的普遍形式；可是它在诸事物中只有一个缩影化了的现实存在，它在每一个事物中都是那个事物的缩影化形式……"① 他似乎又回到亚里士多德关于质料与形式的思想，即当质料趋向于现实时，譬如铁之趋向于铁斧或铁环，形式便在其中起着动因的作用；而推动整个宇宙时，则是世界灵魂或普遍的形式。库萨的尼古拉关于世界灵魂的思想与后来黑格尔的"理念"如出一辙，所不同的只是多了一层神学的帷幕而已，但是他毕竟指出了必须直接从自然而不是从神性，去理解自然的本性及其运动规律。

16 世纪意大利自然哲学著名的代表人物是培尔那狄诺·特勒肖和乔尔丹·布鲁诺。特勒肖曾求学于帕多瓦大学，他对经院哲学与亚里士多德主义进行了批判，并提出了自然哲学的原理，其主要矛头则是指出亚里士多德主义关于形式与质料的学说。形式与质料的关系本来是亚里士多德解释物质运动的重要理论根据，它将形式理解为是与质料相对立，但又决定着质料运动变化的力量；正是形式的力量，才使得铜这种质料成为铜块、铜像或铜盘等的现实存在。这一理论也成为中世纪炼金术士寻求"第一物质"的根据，即掌握了一般质料，便可以通过形式的力量使它变为黄金。它实际上是将物质运动的必然性，抽象地与物质本身对立起来，然后设想这种抽象的形式具有支配物质的力量。根据这种理论当然不可能从自然本

---

① ［德］库萨的尼古拉：《论有学问的无知》，尹大贻、朱新民译，商务印书馆 1988 年版，第 45 页、98 页。

身去正确认识物质运动变化的原因,也不可能去正确概括出物质运动内在的规律性。但是这一理论却是以亚里士多德的名义为正统的经院哲学所崇奉,而形式最后则被归结为是上帝的力量。从罗吉尔·培根以来,一些哲学家便已注意到要正确认识自然及其运动,就必须要扫除掉理论上的这一障碍。在达·芬奇的自然观中,便已明显地排斥了这一说法,特勒肖则进一步从哲学上对它加以批判,这就为人们从自然本身去认识它运动的规律性提供了理论依据。

特勒肖强调物质的运动变化,不是依凭形式这种外在的力量,而是依凭自身的必然性,因此,认识只能从物质本身,而不是从外在的形式,去理解其运动变化的原因。但是由于那个时代还无法提供足够的科学材料对此做出论证,这便使特勒肖不得不回到古代希腊自然哲学那里,通过朴素的直观与推论的形式去阐明这一问题。他认为物质中包含有热与冷两种对立的力量,通过这两种对立力量的斗争与不同程度的结合,便产生出千殊万态的不同物质。这似乎又退回去了遥远的古希腊的伊奥尼亚学派的思想,然而特勒肖却是借此去阐明物质运动变化的原因是包含于它本身对立的力量。

他还认为无论是天宇或地面的物质,都是属于同一个物质世界,其中大地是收缩的中心,而天体则是热或扩展的中心,这便是宇宙所包含的冷与热这两种对立的力量。特勒肖可能是根据太阳是炽热体而大地是冷凝体这种直观的结果去设定的,这种设定也可以说是对天体与地壳形成原理的合理猜测。此外他还确信大地是宇宙的中心,这比起库萨的尼古拉却是后退了一步,因为尼古拉认为地球并不是宇宙的中心,而且不能说宇宙是有限的。但是特勒肖却排斥了天体神秘的性质,承认天体也有自身运动的必然性,从这一点说天体与地面的物质并没有什么区别。

特勒肖的这些思想是直接与神学和正统经院哲学相悖的,但是由于当时的科学与哲学还没有成熟到有力量足以完全脱离神学的统治,而且罗马教会的正统思想仍是西欧和南欧社会的精神支柱,在人们的生活与意识中还保持着巨大的影响。虽然当时的人文主义对旧文化的最初冲击和自然科学与技术的兴起,正为近代哲学的诞生作准备,然而那些先驱者们则还难免在肩上担负着旧时代沉重的包袱。在处理哲学问题上,还总是要给上帝安排一定的位置。如果在哲学上脱离开上帝，那简直是不可想象，于是如何使自然界的必然性与上帝并存，就成为特勒肖在理论上所面临的一项工作。而他是这样来安置两者关系的，即认为神的智慧赋予万物以自然本性与规律，使万物各按必然性而运动，这就是说上帝的旨意与自然界的规律性恰恰是相一致的，由此上帝就被保存下来了；另一方面自然界也被承认有着它运动的自身规律性，并且上帝一旦将必然性赋予自然之后，它便属于自然的本性而不再受在自然之外的力量所干涉了。

特勒肖还认为物质之间存在着相互作用，物质各自对不同的作用做出不同的反应；这种对必然性的理解，无疑是从对单纯的因果联系的认识又跨前了一步。他称物质对他物作用做出的不同反应，是由于一切物质都具有特殊的感觉能力，并企图由此去说明物质的自身运动，并且将感觉与意识的产生最后归结于肉体，换句话说，就是证明灵魂不能脱离开肉体而存在。

特勒肖区分了人本身具有的两种不同的灵魂，一种是"从种子中产生的灵魂"，另一种是"上帝注入的灵魂"。前者在运动中甚至在植物中也都具有，这种灵魂位于大脑内并扩展至全身，它表现为感觉与记忆，又是理性认识的基础；至于上帝注入的灵魂则表现为人特有的思维的能力。所以人便具有两重灵魂——世俗会死的灵魂与神圣不朽的灵魂，由此人就具有其他动物所不具有的自由意志。

从15世纪以来，人文主义者便确信追求现世的幸福才是人生的目的，特勒肖则进一步用人的自然本性去为这一观点提供理论基础。他提出了自我保存的原则，肯定自我保存是人的本性，所谓善与恶的标准就取决于是否符合自我保存的原则，凡是符合于自我保存原则的便是善，反之凡妨碍人的自我保存原则的就是恶。所以人的行为以及对行为的选择，便必然表现为趋善而避恶。特勒肖更将人性的自我保存与宇宙间万物之按必然性而运动，理解为是同一原则的实现。他认为万物之所以按必然性结成和谐的关系，就是自我保存的实现。因此，它既是人性的原则，也是宇宙的原则。由于人性倾向于自我保存，人才去追求幸福，而幸福就不外乎是人实现自我保存的具体内容。所以幸福不仅是一种应该去追求的目标，不仅是一种伦理的要求；对于人性来说，它已经是一种必然了。换句话说，追求幸福必然支配着人的意志与行为。

关于自我保存的原则在人类思想史上的出现，可以追溯到古代希腊斯多葛派的观点。据记载，斯多葛派说"动物所具有的首要欲向就是保卫其自身，它最初的本性即是致力于自己，克利西帕斯在他的《论目的》卷一就是这样主张的，他在这本书中说，每一动物的首要的和最关切的事情是它自己的生存及其生存的自觉。因为任何动物对自己疏远，甚或在某种情形下对自己漠不相关，以至既不对自己疏远也不自己爱护，这都是不自然的。……但是若有些人说动物的主要欲向是求快乐，他们这种说法是错误的"①。斯多葛派是以自我保存的原则，去反对伊壁鸠鲁的快乐说；后者认为意志的选择取决于追求快乐。斯多葛派以动物自我保存的本性作为根据，去解释人的行为与决定意志的原因，由此得出循自然而生活就是适应自然以达到自我保存的结论。可是在16世纪后被哲学广泛使用的自我保存的原则，其涵义却远远超过于此，比如发展商业、保护私有财产等等都被纳入为自我保存的内容。但是相对地说来，土地的封建占有制、封建的人身依附关系以及宗教与神学等，又何尝不是封建制度自我保存所必需的呢？如果按照自我保存的原则，它们不是也有存在的理由吗？然而这一切却毋宁被认作是妨碍自我保存的。可见自我保存的原则一旦与现实的社会相联系，又有它确定的内容，至于什么是属于自我保存的范围，什么构成自我保存的阻碍，这全都以社会的现实要求作为唯一标准。

不过在特勒肖的体系中，自我保存所包含的矛盾还没有被揭开，这种抽象的自我保存原则还被肯定是一般的人性，甚至还是一般的物性，它存在于人与人以及物与物的和谐联系中。人是受自我保存这种人性所驱使才去从事各种活动的，自我保存就成为决定意志的动力，因此，自由意志所实现的便是自我保存这种自然本性，它也就是必然性。人追求幸福的意志与他的自然本性或必然性又是相一致的。

特勒肖的思想明显是与神学和正统的经院哲学相背离的，这就导致了他所办的学院被教廷下令关闭，学院的部分成员则成为宗教裁判所的逮捕

---

① 周辅成编：《西方伦理学名著选辑》上卷，商务印书馆1964年版，第214-216页。

对象，至于特勒肖本人最后则被迫逃亡。

16 世纪自然哲学的著名代表人物乔尔丹·布鲁诺有着坎坷而不平凡的一生，在他的哲学体系中，关于必然与自由的学说，占有一定的位置。他确认自然界有着自身的必然性，并从"自然是万物之神"这一思想出发，强调哲学的任务，就是认识自然界一切现象的原因和统一的实体。他加给哲学的这项任务，无异就是向世人宣告，哲学不是去论证上帝，而是要直接从自然界去认识隐藏于其中的奥秘。

但是布鲁诺对自然界的认识，则还是依循着亚里士多德主义的观点，即用质料与形式的关系，去阐明自然界运动变化的原因。他以树木为例，说明其生长过程先是成为树干，然后成为圆木，经过人的制作便成为木板、椅子、桌子等等。但是树木这一质料尽管变化无穷，彼此相继，却仍然保持同一质料，而且"就自然而论，情形也是这样。尽管各种形式变化无穷，更迭不已，但物质依然是那个物质"①。在布鲁诺看来，物质的变化必得有一个共同的底层来承担，它便是质料，而决定质料变化的则是形式。

与亚里士多德不同之处是，他并不认为质料与形式是两种可分的实体，它们只是同一物质的两个方面；质料与形式又统一地构成物质。不过其中的形式则被认为是变化的原因，由此使物质产生千差万别的形态。但既然形式是统一地内含于物质中，这就必然要得出事物变化的原因不是由于超自然的力量，而是存在于事物自身的结论。换句话说，必须从事物本身，去获得关于它运动变化原因的知识。布鲁诺写道："关于物质，我已经确信不疑地认定：它的任何一个部分实际上都不能避开形式，只要你不像亚里士多德那样把它加以纯逻辑的规定。亚里士多德一直是不知厌倦地凭借智力把那种按照本性和真理来说不可分离的东西加以分离。"②

从质料与形式的统一出发，布鲁诺问道：最初的普遍形式和普遍质料是如何结合一致而不可分的呢？这两者又是如何既有区别而又统一地存在呢？这是一个典型的经院哲学的问题，他的回答是：物质应当视为潜能，

---

① ［意］布鲁诺：《论原因、本原与太一》，汤侠声译，商务印书馆 1984 年版，第 72 页。

② ［意］布鲁诺：《论原因、本原与太一》，汤侠声译，商务印书馆 1984 年版，第 56 – 57 页。

于是一切可能的形式，在某种意义上说，便都包含在物质中了；形式是以可能性或潜能而存在于物质之中的，由此确定着物质的变化。布鲁诺是将决定着物质变化的形式，同时理解为它变化的可能性，可能性通过变化而成为现实性。任何物质的形式或可能性都是有限的，因此它转化为现实性时，也就具有了必然性。

布鲁诺指出，形式不能离开物质，是"在物质中产生，在物质中消灭，来自物质和归于物质"。形式又是实现由可能性转化为现实性这一过程的动力，或者说就是物质"作用、产生、创造"的性能。这种性能被柏拉图主义归结为是在现象世界之上的理念世界的本质；在奥古斯丁的著作里，则被称为上帝的旨意。布鲁诺没有离开物质世界去寻求一种超自然的力量，他竭力从自然界自身去解释这种力量；然而他终究还是受时代的限制，没有能够对物质运动变化的必然性作进一步的考察，而是去设想一种"宇宙灵魂"，最后实现着物质世界的作用、产生与创造的性能。他写道："所以，世界灵魂——这乃是宇宙以及宇宙万物的起源形成作用的形式本原。我认为，既然生命处在万物之中，那么，灵魂必然是万物的形式；它在一切之中操纵着物质，并在一切复合物中占支配地位，它造成诸部分的组合与一致。"①

所以，像库萨的尼古拉那样，布鲁诺也确认宇宙灵魂就是统摄一切形式的形式，是内含在宇宙中的动力。实际上所谓宇宙灵魂不过是对物质运动变化原因的一种猜测；如果将宇宙灵魂和古代希腊阿那克萨戈拉的"努斯"即心灵作一番比较，就可以看出它不过又回复到古代希腊的自然哲学，它们都是对物质运动内部原因的一种假设。假设宇宙灵魂在布鲁诺的体系中，又明显地是为了排斥统治万物的上帝旨意而提出的，它又是阿那克萨戈拉的"努斯"与亚里士多德的"形式"的综合。

布鲁诺的宇宙灵魂引起了黑格尔的兴趣，因为它与黑格尔的理念有着相通的性质。在黑格尔的《哲学史讲演录》里论及布鲁诺的思想时，便不厌其烦地谈宇宙灵魂或普遍理性，并将宇宙灵魂作为是理念发展的一个环

---

① ［意］布鲁诺：《论原因、本原与太一》，汤侠声译，商务印书馆1984年版，第54页。

节。他写道：就在宇宙灵魂的概念里，"自然和精神不是分开的；形式的理性中包含的概念不是作为人心中的主观概念，而是作为纯然自由的概念，这种理性乃是统一性，乃是在自己里面一贯继续存在的理性，但同时也是起作用的一向外表露出来的理性"①。这段话如果真的包含有什么教益的话，那便是对物质运动内部必然性所附加的任何一种虚幻的色彩，都会被理念、普遍理性或精神引为同道。

不过布鲁诺在解释宇宙灵魂时，却并不认为它在宇宙形成之前便已实现着自身的运动，因为宇宙灵魂与物质世界是统一的，正如每一个形式与物质是统一的那样。按此类推，如果有构成物质的最小的、不可再分的单位，它们是否也在自身中包含着运动变化的原因呢？这原是古代希腊原子论提出的问题。虽然伊壁鸠鲁假设原子由于自身的下坠与偏斜，以及彼此的相撞所产生的聚散，形成了万物的生灭。可是原子只具有重量、形状这种物理性，用这种物理性却不足以说明原子自身运动的原因。布鲁诺提出作为万物原始的单子的假设，便是针对原子论理论上的这一缺陷；他假设单子在质上是无限多的，每个单子都是质料与形式的统一，它就是一个具体而微的宇宙的缩影，而且又都包含着自身运动变化的原因。

尼古拉·哥白尼在临终前即 1543 年发表的《天体运行》一书，明显地曾对布鲁诺起着一定的影响，布鲁诺则用宇宙的无限性的观点补充哥白尼的"日心说"。他认为无限的宇宙是由至小的单子所构成，这种至小的基质在数学中被称为点，在物理学中被称为原子，而在哲学中则是包含着自身运动的单子。无限宇宙既然不可能有与它相反或在它之外的他物使它运动与变化，因此，从至小的单子到至大的宇宙，都包含有自身存在与运动的原因。虽然自然界运动的内部原因，在布鲁诺的体系中还披着宇宙精神的神秘袈裟，可是事实上他却是以此去同肯定宇宙之外的上帝意志的神学相对抗的。

布鲁诺从承认事物包含着自身存在与运动原因的观点出发，确认理性努力的目标，就是认识物质中质料与形式的统一。他还认为："谁要认识自然的最大秘密，那就请他去研究和观察矛盾和对立面的最大和最小吧。

---

① ［德］黑格尔：《哲学史讲演录》第 3 卷，商务印书馆 1960 年版，第 351 页。

深奥的魔法就在于：能够先找出结合点，再引出对立。"① 所以他坚持世界是可知的，因为理性具有无限能力，如果将人的认识仅仅看成是有限的活动，就无异于剥夺掉理性的无限能力。但如果将人的理性活动正确地理解为是无限的，那么，理性活动的无限能力就具有一种实在的完善性，人凭借它便足以去认识无限的宇宙。可见布鲁诺是将理性的能动作用看作是与它的无限能力相统一的。他的这一观点与阿威罗伊主义是一致的，但却以更确切的思想表达了出来。布鲁诺推崇理性还表现在他对双重真理说的批判，他否认有超越理性和感觉的信仰真理，肯定自然是认识的唯一对象，并且唯有通过理性才能认识自然。布鲁诺还强调理性必须同自然相符合；至于最佳的哲学，就是最符合于自然的真理的哲学。

在肯定自然在自身中包含有存在与变化的原因的同时，布鲁诺相对地肯定人可以改变自然，他按照形式与质料的关系，说明技艺无非就是人赋予物质以一种形式。差别只在于自然界的活动是自发地实现的，是自然的本原活动；在人则是通过技艺或生产去完成的。他指出："所有这些技艺，都是在自己特定的物质上，产生出不同的造型、配置和形状，其中没有一种是物质自身所固有的。"②

布鲁诺真诚地相信，理性能够指导人们去认识自然并改变自然，甚至改变社会。他认为理性是与现在的老朽衰落的东西相对立的，如果世上没有变化，没有盛衰，就不会出现适宜的和良好的东西，这便是布鲁诺精神。在他看来，理性既是对自然的认识，又是代替社会中一切老朽、衰落事物的力量，它实际上就是模糊地被意识到的时代要求。

如果承认自然界存在有自身运动的客观规律的同时又肯定上帝意志的力量，这类思想在当时还可能为教会与正统神学所容许的话，那么，像布鲁诺那样肯定自然界有着不由上帝意志决定的必然性，肯定通过理性可以洞悉事物运动的原因，由此否认有超越理性与感觉的"信仰真理"等等，就是教会与正统神学所绝对不能容忍的。布鲁诺是从经院哲学内部打起叛

---

① ［意］布鲁诺：《论原因、本原与太一》，汤侠声译，商务印书馆1984年版，第133页。

② ［意］布鲁诺：《论原因、本原与太一》，汤侠声译，商务印书馆1984年版，第70页。

逆的旗帜的，在神学家为主体的经院哲学家看来，这种异端比异教更为可怕，因为它更准确地击中神学的要害。最后布鲁诺终于遭到宗教裁判所的迫害，在历经审讯与监禁后被处死在火刑柱上。据说布鲁诺在临刑前曾面对凶手们说："你们对我宣读判词，比我听起判词还要感到恐惧。"又据当时目击者的描述，他是以极度安详镇定的气概去迎接死亡的；这是对真理与未来的充分自信，一切为真理而斗争的战士们，无疑地都会意识到这种无畏的力量。

当罗马百花广场焚烧布鲁诺的火焰熄灭时，真理的火焰却不会随之熄灭，新时代的曙光已开始出现于欧洲。为了适应新的生产力和与之相联系的新的科学技术产生的理论要求，中世纪的阿威罗伊主义、罗吉尔·培根以及由邓·司各脱和威廉·奥卡姆为代表的后期唯名论，14~16世纪意大利的人文主义、科学技术和自然哲学中关于自然有着自身必然性的思想，关于理性有力量认识自然界的必然性的思想，关于人的意志有根据理性作出判断的自由等思想，就以新的形式表现在近代西欧哲学中。近代西欧必然与自由的学说正是踏着这些先行者们的足迹，一步一步地冲破神学和经院哲学的重重障碍，在宗教裁判所的迫害与火刑的洗礼中，宣告它不平凡的诞生。

第二篇

16—18世纪英国的必然与自由学说

第一章　弗兰西斯·培根

一

近代西欧必然与自由学说形成于 16 世纪，它和近代西欧，尤其是英国当时的生产力与技术的发展有着密切的联系，弗兰西斯·培根则是这一学说的奠基人。

英国是欧洲最早走上资本主义道路的几个国家之一，14 世纪以来，英国国内的农民战争对封建制度的冲击，就已动摇了这个制度的基础。15 世纪末由欧洲到东方新航线的开辟，欧洲商业与海外贸易的中心便由意大利沿地中海的诸城市移到了葡萄牙的里斯本和英国的伦敦，由此推动着英国国内手工工场的发展。当时英国的采煤与冶金业也相应地繁荣起来，生产力的发展提出了建立近代科学技术的任务。到了 16 世纪，这一任务就显得尤为迫切。它首先出于资本发展的要求，因此便成为新兴的资产阶级的利益需求，其中也包括那些正处于资本主义萌芽时期的封建贵族的利益。当时数学的发展就是与航海和商业密切联系的，而实用科学则受到商人和贸易公司的大力提倡。1667 年托马斯·斯普拉特在《皇家学会史》中就提到：“我国商人的高尚和求知品质在促进科学发展和成立皇家学会上作了不少贡献，学会会员主要谋划了航海术的进步。”此外还十分确切地肯定：“贵族对科学的兴趣要看他们的商业化程度而定。”资本主义生产与海外贸易的发展推动着各行各业的繁荣，而这一切又与社会多数阶层的物质生活利益联系着，于是对新的技术和科学的要求同时也就以社会各阶层共同利益的形式表达出来。

新的科学技术的建立，需要有它的理论基础以及正确的方法。培根就代表着这一发展趋势，他明确宣布近代科学的目的，不是去追求各式各样的思辨空想和教条，也不在于去阐明那些早已被发现的有关事物的原则，科学的真正目的是"给人类生活提供新的发现和力量"。根据这一目的，科学就需要"正确地和成功地在事物本身中来研究事物的性质"。培根要求近代科学避免再走单纯注释古代著作的老路，也不能像经院哲学那样，只在思辨的词句中去兜圈子，而要走出一条新路。科学要从自然界去汲取生命之水，至于作为"科学的伟大母亲"的哲学，它的原则是不能与各种特殊科学相脱离，相反需要能适用于各种特殊的科学。

　　培根提出的从自然本身去探索事物的原则，是建立近代科学的重要理论前提，也是对中世纪阿威罗伊主义以来的进步思想的概括。根据这一原则，就不是从人们的头脑去构想出事物的性质，而需要按照自然的本来面目去阐明事物的性质。培根认为自然界存在的东西是依照一定规律进行个体活动的物体，此外就别无他物了。因此，对这种规律以及对它的研究、发现和解释，就构成知识与活动的基础。培根是继承着以邓·司各脱与威廉·奥卡姆为代表的后期唯名论的思想，肯定存在的是个体和依照一定规律进行着的个体的运动，它便是认识的对象与活动或实践的基础。

　　培根关于具有自身运动的必然性的自然是由物质的分子所构成的思想，可以上溯到古代希腊的原子论。培根主张要按照德谟克利特的范例去分析自然，因为原子论比较起其他学派更能深入到自然本身。他更从当时通过实验所获得的关于物质属性的认识作为基础，概括出具有一定的物质属性的分子的概念，去代替德谟克利特的原子，并且排斥关于虚空的假设。

　　对于物质的动源问题，培根认为像"命运""第一推动力"这类范畴，都是虚妄的假设。对于经院哲学的"形式因"这一范畴，培根也指出："我们所应当注意的对象不是形式，而是物质，是物质的结构，结构的变化以及简单的作用和作用或运动的规律；因为形式乃是人心的虚构，除非你打算把那些作用的规律称为形式。"① 他认为所谓形式，不外就是"那些纯粹活动的规律"，它产生了例如热、光以及重量等性质，因此，培根所理解的形式也就是规律或必然性。他认为必然性是由物质间的作用所形成的，他虽然没有进一步去说明作用本身，可是肯定了事物间的作用构成运动的必然趋向，毕竟是朝着从自然本身去理解它的运动与必然性这一方面迈进了一大步。

培根认识到无论是肯定必须从自然本身才能获得对它的真实知识，或是承认自然有着自身的必然性，都是与神学和正统的经院哲学相冲突的，而他对经院哲学的批判也是相当尖锐的。培根提出的人类认识的错误根源的"四个假象"中，除了"种族假象"是指人的认识的有限性之外，所谓"洞穴假象"就包含有极端崇拜古代所形成好古的癖性，然而真理却不能求之于对任何时代的喜爱与否。至于所谓"市场假象"和"剧场假象"，更是直接针对经院哲学而言的。前者指的是经院哲学的范畴所表现的虚幻性，经院哲学用一些含义不清的范畴去假充真理，犹如市场上的赝品以假充真一样；后者指的是经院哲学对权威的盲目崇拜，它是由各种哲学体系的剧本与荒谬的证明规则印入人心而来的，其中也包括亚里士多德的体系在内。培根不仅是从经院哲学的某些论点，而且将它的范畴与方法作为人的认识错误的根源去加以批判，这也就为建立科学的方法论扫除了障碍。

与年代稍后的笛卡儿相比较，培根很少对自然界的运动变化及其必然性等加上类似笛卡儿的"上帝预定命令"之类的神学辫子。虽然培根也讲过上帝是规律的创造者这类的话，表现出他对经院哲学的批判，还不能完全抹去时代留下的印记，可是他又明确地表示过，要把属于信仰的东西归诸信仰。这两者的区别如果仅就他们不同的性格与所受教育的差异这些因素去寻找答案，确实是很困难。（据一些著作的描述，笛卡儿为人怯懦胆小，培根则阅历颇深又老谋深算；笛卡儿的青年生活动荡不定，曾在耶稣教会受过教育，而培根接受的则是剑桥的正规教育。但凡此种种却都不足

---

① 北京大学哲学系外国哲学史教研室编译：《十六—十八世纪西欧各国哲学》，生活·读书·新知三联书店1958年版，第18页。

以说明两者上述的区别。）而唯一可寻的原因还是他们所生活社会的相异。培根是生活在已经进入早期资本主义的英国，笛卡儿虽然有半生是居住在尼德兰，并且在那里写出他的著作，然而与他生活密切联系的却是处于专制王权极盛时期的法国。经过宗教改革之后，英国教会已开始脱离罗马教廷的直接控制，但是在法国罗马教会的势力仍异常强大，它对意识领域的控制程度要远胜于英国。虽然如此，在培根力求冲破经院哲学的束缚，并为自然科学提供坚实的哲学基础与方法的同时，仍然不能不表现出对教会与神学妥协的一面。培根除了保留上帝是自然规律的创造者的一面之外，还肯定了双重真理说，即主张宗教与科学互不相涉，而这实际上是不可能的。如果中世纪的阿威罗伊主义曾为了在宗教信仰之外去为理性获得一席之地，而不得不采用双重真理说。那么，当正在诞生的近代科学需要冲破宗教与神学的束缚之际，再去采用双重真理说以求得对教会的妥协，那只能产生不良的后果。培根曾叙述过："在学校中、校园中、大学中以及类似的为集中学人和培植学术而设的各种团体中，一切习惯、制度都是与科学的进步背道而驰的。……若有一两人竟有勇气来使用一点判断的自由，那他们须是全由自己独任其事，不能得到有人相伴之益，而如果他们对此也能忍受下去，他们又会觉得自己的这种努力和气魄对于自己的前程都是不小的障碍。因为在这些地方，一般人的研究只是局限于也可说是禁锢于某些作家的著作，而任何人如对他们稍持异议，就会径直被指控为倡乱者和革新家。"① 革新家在那个时代是和异端、叛逆、好乱成性属于同一类词条，所以为了避免被安上"革新家"或"倡乱者"之类的称号，培根宁可在承认自然界有着自身的必然性的同时，又为它寻来了一个创造者即上帝。培根表现的这种妥协性，也表明当时英国新兴的市民阶级还没有强大到能够提出自身的理论需要并与教会和神学抗衡。但即使如此，培根关于自然界有着自身运动变化的必然性的思想，终究是为了创立近代哲学而向着摆脱上帝的意志对自然的绝对统治迈出了决定性的一步。

---

① ［英］培根：《新工具》，许宝骙译，商务印书馆1984年版，第71页。

二

　　近代科学与哲学的建立，开始都是与工业、航海等实践需要直接联系的。近代科学尤其是实用科学的建立，一方面固然需要继承以往的自然知识、技术留下的遗产，另一方面又由于中世纪遗下的自然知识、技术既然是如此贫乏，就更需要面对自然、面对实践，向它们直接去索取丰富的资料。然而用什么方法去索取，在当时却是一个十分重要的问题。至于从中世纪以来沿用的推论方式，则是亚里士多德的三段论式，它经过经院哲学的添改，并且提出了各种虚妄的前提，已经弄得神学化和模式化，以致成为一具没有生命的僵尸。如果再去依靠这种方法，当然是无法去理解自然界的必然性，从而建立起近代自然科学。因此，从达·芬奇以来，人们已经感到建立新的方法对于自然科学的突出意义了。

　　培根也明确地认识到这一点，他的《新工具》就是为此而写的，在书中他提出："沿用经院哲学的三段论式，是不可能获得对自然的认识的，而要钻入自然的内部和深处，必须使概念和原理都是通过一条更为确实和更有保障的道路从事物引申而得；必须替智力的动作引进一个更好和更准确的方法。"① 从罗吉尔·培根以来，西欧的一些研究自然的人，已在断续地摸索一条认识自然的有效方法，那便是从自然界的运动变化中，而不是从对现成的概念、命题的推论中，去寻求对自然界及其运动变化的必然性的认识，可是这条途径却被教会和神学设置了重重障碍。培根对此是深有感触的，他认为："就现在情况而论，由于有了经院哲学学者们的总结和体系，就使得关于自然的谈论更为困难和具有更多危险，因为那些经院学者们已经尽其所能把神学归纳成极有规则的一套，已经把神学规划成一种方术，结局还把亚里士多德好事而多刺的哲学很不相称地和宗教的体系糅合在一起了。"② 至于经院哲学的方法，即培根称之为亚里士多德方法的方

---

① ［英］培根：《新工具》，许宝骙译，商务印书馆1984年版，第12页。
② ［英］培根：《新工具》，许宝骙译，商务印书馆1984年版，第69页。

法，在他看来其缺点在于脱离了经验，它并不是在经验的基础上去概括出结论，而是主观地得出的结论，然后再去应用于经验，并且要求经验屈从于这种主观结论。这是一种主观主义的方法，这种方法将论证用来作为证明主观决定的手段，而经验则是备用的，当它有利于论证时，便不妨选用这个或那个经验作为例证。譬如为了证明上帝这一虚构前提的存在，就可以提出：为什么蝴蝶有着一双对称的翅膀，而不是单个的翅膀？这就证明了上帝的智慧与圆满性等等，经院哲学的论证，不是依凭经验去作出概括，而是从头脑里构想出来之后，再去硬塞给经验。所以培根正确地指出，经院哲学的方法并不能从自然界取得什么有价值的东西，它正如不会生育的修女一样。而且他肯定，正确的方法恰恰应当从经验开始。以邓·司各脱和威廉·奥卡姆为代表的唯名论的传统，就是确认存在的是个别的事物，因而认识需要从经验开始，唯名论的传统当时在英国有着一定的影响。培根继承着这一传统，他同时又强调，不能依循着中世纪炼金术士的方法，即只根据通过熔炉的实验与少数事实，便靠着凭空的构思去建立一种荒诞的体系。而正确的途径则是："从感觉与特殊事物把公理引出来，然后不断地逐渐上升，最后才达到最普遍的公理。"① 因此，公理并不是自明的，可以用作为推论的前提，而是通过对经验的归纳最后上升的结果。

  关于新的方法问题，就是如何从自然界获得对必然性的认识，去提供给人类以新的发现和支配自然界的新的力量的问题。它要求的不仅是如何去认识世界，而且更重要的还在于如何去指导实践。所以方法在培根的体系中就占有重要的位置，可以说他的哲学思想就是为方法立论的，因而也就是与实践直接相联系的。

  古代的人们是通过直接的观察去认识自然，即将观察的结果一一记载下来，但是这样获得的知识，不仅有着很大的局限性，而且往往又不可能直接用以指导实践。培根从实践的角度出发，认为自然既是行动的对象，又是科学与哲学的对象。人们固然可以通过对自然的观察去描述对象，然而正如在社会中个人的能力往往当社会生活处于动荡变化的情况下，而不

---

① ［英］培根：《新工具》，许宝骙译，商务印书馆1984年版，第12页（译文有改动）。

是在静止的情况下，最容易发挥出来那样，自然界的奥秘也总是在技术的干预下，才更容易显露出来。因此，科学的认识就需要在确定的条件下，通过人的干预，迫使自然界袒露其奥秘，由此才能概括出物质的特性与运动规律，这便是培根提出的认识自然及其必然性的新方法，也就是建立在实验基础上的归纳方法。这个方法的理论基础，就包含着必然与自由的关系。

早在12世纪，罗吉尔·培根就曾提出真正的哲学应该重视经验知识与实验，因此必须抛弃经院哲学的方法。16世纪英国的科学家威廉·吉尔伯特对磁石的引力进行过实验，并于1600年发表了《磁石论》。吉尔伯特运用了实验方法与归纳法，但是培根认为这一著作的方法只是建立在"少数狭隘与暧昧的实验上"。此外，在西欧大陆，达·芬奇也阐述了实验方法的重要意义。培根的贡献则在于进一步将实验方法系统化与理论化，并且将实验方法与归纳法结合起来，使它成为一种科学的方法。所以，马克思称培根是近代实验科学的创始人，正是培根为新的方法奠定了哲学基础。

但是培根的实验方法主要是从客观对象可知的性质方面，而不是从可测量的方面去归纳出自然的特性以及它的运动规律。譬如为了阐明热的性质，他认为就需要从各种具有热度的物质，诸如日光、电流等等，归纳出它们的相似之点，并且将它与月光等作比较，由此去得出有关热的现象的说明。对于与他同时代的科学家，例如伽利略所主张的研究现象的可测量方面，根据研究结果用数学公式作出表达，并在研究过程中运用推理的方法，他是不赞成的。培根对于演绎法也始终没有给予适当的重视。

培根在他的著作里曾多次阐明，用实验方法与归纳法便可以有助于建立真正为生产和技术服务的科学与哲学。他对于人类的理智有能力去洞悉自然的奥秘这一点是深信不疑的，他还批评了那些认为人类的理智是无法认识自然的说法，认为"有些人主张确实性是绝对不能获致的……主张这种学说的人们只是简单地断言，一切事物都是不可解的；而我由此亦断言，若用现所通用的方法，则对自然中的事物确实不能了解多少。但是由此，他们却进至根本破除感官和理解力的权威；而我呢，则进而筹划要供给它们以帮助"①。他并且确认，若用实验方法与归纳法这把钥匙，定能打开自然界的奥秘之门，那时人们不仅可以认识自然界的必然性，而且也可以使客观必然性成为人们可以利用的力量。

三

16世纪以来英国的生产和技术的迅速发展，推动着科学界去深入探索自然及其运动变化的规律，而这一探索的目的，又在于如何去驾驭自然界的必然性，利用它为生产服务。正是在这一基础上，培根提出了必然与自由的关系问题。

至于那些曾被经院哲学家们所重视的有关必然与自由、上帝的旨意与人的理性判断这一类问题，在培根的著作中似乎没有被提及，却不是偶然的。这是由于必然与自由的关系在中世纪被经院哲学家们涂上了一层浓厚的神学色彩，并且就其内容而言，又没有越过伦理的范围，所以培根认为，在那时哲学家的思考和工作主要是消耗在道德哲学上面。至于培根则是从一个全新的领域，即从人们的生产活动与科学实验方面，提出了必然与自由或客观必然性与人的能动性问题，由此创立了近代西欧必然与自由的学说。

培根在肯定人有能力认识自然界的必然性和利用客观必然性的同时，更进而考察人如何才能去驾驭和利用自然，并且从理论上去解决客观必然性与人的能动性的关系问题，这是紧随着近代生产力与技术迅速发展而出现的新课题。培根确认科学的任务在于推动生产和技术的发展，而哲学则需要为科学提供理论与方法，因此，认识自然与驾驭自然的理论与方法就应该是哲学所关注的问题。在培根的体系中，认识自然与驾驭自然两者事实上是占有同样重要的地位。在近代西欧哲学史上，培根第一次突出地提出了在实践中人与自然的关系问题，以及认识世界与改变世界的关系问题。

---

① ［英］培根：《新工具》，许宝骙译，商务印书馆1984年版，第17页。

培根将认识世界与改变世界作为一个统一的问题来考察,他不仅去说明自然,而且力图去发现认识自然与改变自然的方法。在培根看来,自然并不是人之外的异在,而是人利用去服务于自身的对象。自然在古代自然哲学家的面前,曾是一个被人静观着的自在的世界,而在中世纪神学家的眼里,它不过是上帝意志的产物和这个意志赖以表现的材料。至于人呢?他虽然曾被肯定为认识的主体与道德的主体,但却未曾以实践的主体的资格出现在哲学中。

当培根提出人如何去认识自然和利用自然时,他是将自然既看作是人的认识对象,又看作是人的实践对象,因此人的活动不仅限于去认识自然,而且更在于利用自然去为人们谋福利,培根称人利用自然的能动性为"人的力量"。人由于认识了自然,便具有了驾驭客观必然性的力量,从这个意义说,认识自然便是驾驭自然的前提。关于"知识就是力量"这句话,虽然在培根之前就曾有人提出过,但一般都认为它是出自于培根。而肯定自然界有着自身的必然性,肯定人们一旦掌握了正确的方法,就能够认识自然和它的运动的必然性,在这一基础上,人又可以利用客观必然性去改变自然,这就是培根为近代科学技术所奠定的坚实信念。

人的能动性或人的力量的被发现,这是人类实践,尤其是16世纪以来工业生产蓬勃发展所结出的一项伟大成果。然而就在这之前的几个世纪,神学家们还在不厌其烦地论证人的活动及其结果,并非出自人的力量与努力,恰恰相反,它只是证明了上帝的力量和对人的恩惠。如果发生了一场旱灾,那是上帝对人的惩罚,而一次丰收则是上帝的恩赐,人除了在灾难前自责和在丰收前感恩之外,丝毫也不能去设想自身还有什么力量可以去干预这一切事务。培根所表达的与此截然相反的观点,正是反映了新时代人们开始摆脱中世纪神学束缚之后的觉醒,他用人的力量去代替神的恩赐,说明了值得依靠的不是信仰,而是人的理性与能力。人是通过对自然界的认识,而不是凭借对神的祈祷去掌握这种力量的。人不需要假神之手而只需要通过自己的双手去操纵工具,就能改变自然。这些思想在当今的人们听起来,不过是一些极平凡的常识,可是在当时却不能不说是伟大的发现。在人类思想史上,能这样宣告人有力量去驾驭和利用自然,则是近代唯物主义思想战胜神学的唯心主义的结果。

至于人如何去利用客观必然性以发挥人的力量这一问题，培根认为人的力量所从事的工作与目的，就是在一个物体上产生和加上一种新的性质或几种新的性质。但是发挥人的力量却不等于可以任意地使物质具有某种新的性质，培根总结了中世纪炼金术士失败的教训，他认为："绝无人能够对一个所予物体赋给一个新的性质，或者能够成功地和恰当地把它转变成为一个新的物体，除非他已经获得关于所要这样加以改变和加以转化的物体的充分知识。"① 这种知识便是对自然界及其必然性的正确认识。无论什么人如果违背客观必然性，就都不可能从改变自然中去获得预期的结果，反之，如果具有关于自然的属性及其规律性的知识，便有可能去利用它并使它为人服务。这一思想在培根的著作中，表现得异常鲜明。

在一般的生产活动中，人们所注意的是对象在人的控制与干预下经过一定的运动变化所可能产生的结果。由此就需要从自然界的普遍联系中，抽出有关的因果联系环节，以便通过掌握某个或某些确定的原因，最后使对象产生预期的效果。所以驾驭或利用客观必然性，也就自然地被理解为控制物质变化的因果联系，按照目的的预期并且通过人的活动去支配能使对象产生确定变化的原因，最后使它产生预期的效果。培根用下面的一段话来说明这种方法："人类知识和人类权力归于一；因为凡不知原因时即不能产生结果。要支配自然就须服从自然；而凡在思辨中为原因者在动作中则为法则。"② 培根正确地指出了思维方法与行动方法的一致性，知识与人的能动作用的一致性。而实践或行动的规律，就是在认识客观对象的性质及其因果必然性的前提下，去控制原因以产生效果。人并不能貌视客观必然性和事物的因果联系去独逞其能，相反都需要承认它们的客观存在。如果人们认识了事物的因果联系或它们运动变化的必然性，在这前提下，便能够利用它为人们服务。所以近代唯物主义在它诞生之际，便已向人们宣布，人的力量能够驾驭自然，因此在客观必然性面前，人就不是一头无力的羔羊。人之服从自然，不是为了称赞上帝，而是为了命令自然。也不是去屈从于盲目的必然性，而是为了去做自然的主人。

---

① ［英］培根：《新工具》，许宝骙译，商务印书馆1984年版，第113页。
② ［英］培根：《新工具》，许宝骙译，商务印书馆1984年版，第8页。

"要命令自然，就必须服从自然。"① 这便是培根留下的箴言。当然这种服从已不再是对人的能动性或力量的否定，不是去屈服于盲目的自然力量。它包含着服从自然与命令自然的辩证关系，也就是承认客观必然性与控制客观必然性的辩证关系。命令自然或充分发挥人对自然的支配力量，只可能以服从自然或按照客观必然性行事为前提。培根认为一旦人们认识了事物运动变化的客观规律，也就是接触到"事物更深的边界"，他写道："由此可见，形式的发现能使人在思辨方面获得真理，在动作方面获得自由。"② "形式"按照培根的理解，也就是必然性、规律，发现"形式"便是发现客观必然性。这种认识的真理性与行动上的自由是联系一致的，而且只有在正确认识客观必然性的前提下，才能保证在实践中利用客观必然性的自由。培根并没有将自由理解为是不受客观必然性所制约的行动，因为不顾客观必然性的行动只是愚蠢的任性。他也没有将自由理解为是对自然的静观以洞悉其奥秘的内心宁静。培根强调人有利用客观必然性的自由，而这种自由是以对客观必然性的正确认识作为前提的，这是培根对自由的内容的发展。

四

中世纪经院哲学在必然与自由的问题上，一直被下述的难题所困惑着——人的意志究竟是受上帝意志、天命或必然所支配，抑或是存在着意志自由？这一问题伴随着无数繁琐的论证与形而上学的争辩，一直延续到了近代。可是培根在考察必然与自由的关系时，却并没有使自己陷入这类争论之中，他从生产活动与科学实验出发，考察了必然与自由以及客观必然性与人的力量或人的能动性的关系。他既然认为人驾驭自然的力量是与对客观必然性的正确认识相一致的，它是以客观必然性作为基础，又是以

---

① ［英］培根：《新工具》，许宝骙译，商务印书馆1984年版，第8页（译文有改动）。

② ［英］培根：《新工具》，许宝骙译，商务印书馆1984年版，第108页（译文有改动）。

对自然的正确认识作为前提,那么,人改造自然的力量或能动性便受到双重的限制。它首先受制于自然,即必须服从客观必然性;而另一方面它又为人对自然的认识范围所限。在自然界中凡是不具有某种变化根据的物质,就不可能使它发生某种变化,但是当物质具有某种变化的根据时,人如果还不能认识这种根据和使它实现变化的各种条件时,则仍然谈不到对它的驾驭与利用。培根从认识自然与改变自然的一致性出发,肯定了最有效的操作同最真实的认识是统一的,他写道:"现在我们可以看出,上述的两条指示——一是属于行动方面的,一是属于思辨方面的——乃是同一回事;凡是在动作方面是最有用的,在知识方面就是最真的。"① 这里指出了知识的真理性,就是实践的有效性的保证,而无知与谬误则决定着行动的无效。他还力图去阐明人有获得真理的可能性,相应的人又有改变自然的力量,如果缺乏对自然的知识,就不可能有行动的自由。

随着人们对自然及其客观必然性的认识不断地扩大与加深,人控制自然和驾驭客观必然性的能力也就在不断地加强。近代工业生产与技术的发展,即使当它还处于开端的状态,却已鼓舞着人们有根据去设想,人类具有征服自然的无穷潜力。这种乐观的设想既不是盲目的,也不是空想,而是深深扎根在人有获得真理的可能性,以及认识自然与控制自然的一致性这种信念里。培根严厉地批判那种认为凡是未被人们认识的东西,以后也永远不可能被人们所认识的错误思想,他指出,这种错误思想会使人的力量受到不合理的限制,由此使人陷于一种有意造成的失望之中,严重地挫伤人的勤劳与奋发的精神。可惜的是,培根的这种精神在一个半世纪后的英国思想界里,却被休谟的不可知论所代替。

培根关于必然与自由的学说,是根据当时生产与科学的发展所要求解决的科学方法问题和人与自然的关系问题而提出的。他一再强调自然有着自身的必然性以及在认识自然规律的基础上,发挥人的力量或人的能动作用的可能性。但是就在这个范围内,培根仍然保留着上帝这个与教会的妥协物,他最后将上帝说成是自然规律的主宰。在《论无神论》这篇论文的开端,培根就写道:"我宁愿相信……《可兰经》中的一切寓言,而不愿

---

① [英]培根:《新工具》,许宝骙译,商务印书馆1984年版,第109页。

相信这宇宙的体构是没有一个主宰的精神的。"① 这就是说，即使是相信异教的教义，也要比否认一切神灵的东西存在的无神论要好。在 16 世纪的西欧，即使是具有先进思想的代表人物，他们也可以在内心深处否认教会所宣扬的教义和神学散布的谬说，但是公开地还要保持着上帝的地位，这除了表现他们与教会和当时的社会习俗保持妥协的一面外，还因为要填充人们对宇宙万物的认识界限之外的空白之处，需要利用上帝这种虚构。在他们看来，未知的领域与信仰和上帝是一体的，因此与其对宇宙留下一个未知的领域，还不如安置一个上帝为好。可是在社会领域里，当培根批判迷信并指出它会导致君主的绝对专制时，他又认为宁可要无神论，也比迷信要好。这一切看来似乎是矛盾的，但在培根的体系中，它们却又是统一的。

五

　　培根虽然指出中世纪西欧必然与自由学说只是局限在伦理的范围内，而他本人则是从一个全新的领域，即生产与科学实验的领域，发展了必然与自由的学说，但是随着资产阶级逐渐在西欧一些国家形成之后，如何否定封建的伦理观，形成适应新兴的资产阶级所需要的伦理观的任务，也就随之被提出来。15 世纪人文主义所倡导的要关心人，用对人的认识来代替对上帝的认识的口号，以及它对人性的探索，事实上是在酝酿着与封建的伦理观相对立的新的伦理观。从 16 世纪以来，自我保存在近代的哲学与伦理学中，已被肯定为是道德标准的根据，也是决定意志与行动的动力。它甚至被称为是人性中最本质的东西，是人的自然权利。从自我保存的实际内容来看，它正表达着当时反对封建制度的各个阶层对自身利益的一致要求，包括私有财产、人身自由等等，凡此都是以自我保存作为它的自然与人性的最后根据。

　　自我保存的原则肯定人都有要求保存自己的欲望，对于每个人来说，

---

① ［英］培根：《培根论说文集》，商务印书馆 1958 年版，第 51 页。

它如同磁石引铁或物体下坠那样有着必然性，这种欲望牢牢地支配着人的意志并决定着意志的取舍。培根分析了这种自我保存的欲望，他认为包含有两个因素，一种是保存或延续自己的欲望，另一种是膨胀或繁殖自己的欲望。乍一看来似乎同那种宣扬人的目的是自我保存和种族的生存的说法如出一辙，其实培根却不是那样去理解，他所谓的膨胀或繁殖自己的欲望，是指繁殖以及事业心、荣誉、立功与立言等等，而这些却并不是纯粹的生物本能。它实际上是包括工业的创建、科学上的进取、商业航路的开拓以至海外殖民等等，举凡资本主义初期的种种活动，都被用人性、自我保存这一原则来证明它们的合理性。在这两种欲望中，培根认为保存或延续自己的欲望是消极的，而膨胀或繁殖自己的欲望则是积极的。他指斥一生无所作为但求保命的消极态度，确认后一种欲望是支配人的意志与行动的主要动力。

　　培根肯定这两种欲望同样都是根植于人性中，可是他又认为欲望的内容不是永恒不变的，因为全部天性皆可通过勤苦锻炼而改变，由此他强调了教育的作用，认为教育可以改变人的性格，从而改变人的行为。另一方面培根又认为教育的力量或作用有着它的界限，这也和生产一样，有的是人力所能及的，有的则是人力所不能及的。而在教育方面，就有两个内容是人力所不能及的，那就是"自然的特点"与"幸运的特点"。他所指的自然特点，便是人的智力的高低以及其他的生理素质等等，它是只可尽力而为但难以期望必成的。至于所谓"幸运的特点"则是指社会中的偶然因素，譬如生而为国王或为农奴等等，培根认为这也与人的生理素质一样，是无法加以改变的。

　　比较起前人的思想，培根对自我保存的原则还作了如下的发展，他除了承认自我保存是人的自然本性之外，还提出社会的自我保存的思想。于是作为行为标准的善，就可分为个人的善与社会的善。培根不仅从抽象的人性中，而且企图从抽象的物性中，去得出这两类自我保存与善的根据。他认为每种物性都包含有双重性，一种是就其本身之为一全体或实体而言；另一种是就其为较大的整体的一部分而言。后一种情况构成的善比起前一种情况则有着更高的价值，因为它所保存的不仅是个别而是全体。这犹如铁之出于本性而为磁石所吸引，但是超过一定范围，它又会离开磁石的引力而落在地面上，因为地是沉重物体的归宿，它比磁石有着更强的引力，而全体也就比个体有着更强的引力。所以在培根看来，无论是个人或社会的自我保存，都是由于必然性的支配。

培根认为在哲学史上，伊壁鸠鲁的快乐说与斯多葛派的德性说之间的对立，都是由于他们只从个人意志的动因和行为标准出发，如果改而从社会的角度着眼，那么，这种对立就不会存在了。而且不论快乐说或德性说，都只追求个人的怡然自得，却不关心整个社会，但是更重要的是关心整个社会。此外，培根并不掩饰个人的自我保存与社会的自我保存之间的矛盾，但是他又提出应将国家的利益放到首位，认为推动人们行动的首先应该是整体的自我保存。培根在考察社会中决定意志的力量所提出的观点，正符合于当时英王詹姆士一世提出的君主集权的要求与建立民族国家的时代潮流。

培根还提出社会的善构成社会中人们的职责，他认为：“这一部分职责分为两个部分：一种是每一个人作为一个人或国民所应尽的共同职责，另一种是每个人在其行业、职业和地位中应尽的相对的或特殊的职责。”① 国民的职责这是出现统一的民族国家后所产生的新概念，在此之前却只有作为上帝的羔羊或对封建领主效忠这类概念。后一种职责相对于前者，则被认为是特殊的职责，但它实际上却包含着不同的阶级或阶层的职责，这类职责如果被看成是社会的强制力量，它就与外在的必然性有着同一意义了。

但是总的说来，培根还不可能去考察社会的必然性。当时人们正集中全力为正确理解自然及其必然性而与神学和经院哲学作搏斗，他们的革新精神也主要表现在排除上帝的意志，力图从自然本身去理解它的必然性，从而去控制和利用客观必然性。至于对社会领域，他们不论对政府、法律或是王权，往往表现得比较谨慎。培根便是一个典型，他宁可将社会上这种种现象看成是天意，并且歌颂了这样的境界：“一个人的心若能以仁爱为动机，以天意为归宿，并且以真理为地轴而旋转，那这个人的生活可真是地上的天堂了。”② 培根的思想，反映了当时英国新兴的资产阶级和正在

---

① 周辅成编：《西方伦理学名著选辑》上卷，商务印书馆1964年版，第564页。
② ［英］培根：《培根论说文集》，商务印书馆1958年版，第3页。

向资产阶级转化的一批从事采矿、经商直到从事啤酒酿造的中小贵族的要求。他们一方面争取科学技术的发展,另一方面在政治上又需要有统一的强有力的王权,以便保障工商业的发展和取得源源不断的劳动力和新的海外市场。他们在这两个方面的要求,都在培根的体系中得到表现。

第二章 霍布斯

17世纪英国唯物主义哲学家霍布斯继弗兰西斯·培根之后，在新的历史条件下，又继续发展了必然与自由的学说。并且他将必然与自由这对范畴具体应用到国家理论中，创立了关于国家起源的契约论。

一

1543年哥白尼发表《天体运行论》，建立了日心说，这一学说发表后不仅在天文学上掀起了一场革命，而且在思想界也产生着巨大的影响。哥白尼的新学说否定了长期以来在欧洲天文界占统治地位的托勒密的地心说，证明了古代权威并不是绝对正确的，可是在这之前研究自然的学者，却一贯奉古代权威的著作为圭臬，对之不敢有丝毫的怀疑，更不敢离开权威的著作，直接去向自然界汲取活的生命泉水。另一个影响是：哥白尼的学说事实上否定了圣经中关于地球是宇宙中心的说法，这就证明了圣经也不是绝对真理。相反，在科学面前圣经所叙述的内容，越来越显得荒诞无稽。对圣经的怀疑更直接动摇着教会信仰的基础。

继哥白尼的《天体运行说》出版后五十余年，开普勒发表了行星运动的三大定律，这些天文学上的发现与伽利略所发现的物理运动的原理，都是近代自然科学研究取得的伟大成就。它使人们对外部世界有了全新的看法，从眼前的物体运动直到头顶上的天体运动，都有其运动的规律性，这些规律都可以用准确的数学公式来表达。尤其是天体运动，以往在人们的头脑中天体无疑占有崇高的地位，它在神话中被描述为是天神们聚居之所，然而近代科学却发现崇高的天体与山丘上的石块一样，都有着自身运动的必然性，而且人们可以通过数学公式来表达其运动的必然性，这对于宗教与神学的冲击可想而知。自然科学的新成就有力地促进了人们对客观必然性的认识，这可以从托马斯·霍布斯的哲学体系中理解到这一事实。

霍布斯是培根的唯物主义思想的继承者，他在青年时代便曾获悉开普勒与伽利略在科学上的成就，在世界观上，霍布斯认为存在的是具有广延属性的物体，但是与培根不同，霍布斯根本否认在物质实体外还另有一个创造并支配万物的上帝这个实体。这在当时可以说是十分大胆的思想，姑且不论布鲁诺遭火刑的往事，就是1616年和1632年宗教裁判所相继秘密审判伽利略的事件，霍布斯是不会不知道的。

霍布斯既肯定物质是唯一的实体，又确认作为实体的物质有着生灭与变化，如果物质没有生灭变化，人们就不可能去改变它，换句话说一切实践也就失去了意义。他指出自然的生灭变化是哲学与科学研究的前提，哲学与科学需要认识物质的产生与变化，目的在于借此指导人们去利用物质的生灭变化，这个原则无论是对工业、手工业或是医学等等都能适用。霍布斯由此得出结论，如果没有物质的生灭与特性，也就没有哲学。

霍布斯统称生灭变化为物质的运动，他认为物质的形状所以呈现出千差万异，都是由于构成这些形状的运动不同，除了运动为其唯一的原因之外，再也不可能找到别的原因。因此，经院哲学所谓的四因说也就被否定了。霍布斯进一步认为，每一物体的运动是由于外部的另一物体作用的结果，任何物体的运动，只是由于外部加给它的作用所致。霍布斯的这一观点可以说是对伽利略的力学原理的哲学概括，这实际上是将物质运动归结为单纯的机械运动。即便是人的有目的活动，按照霍布斯的解释，也无非是由各种私利所支配的、个人之间相互冲突的运动，因此，同样不能脱离开力学原理的作用。

将物质多种的运动形式归结为唯一的机械运动，就会得出任何物体的运动只能由外力作用而产生的结论。作用于他方并引起其运动的便是动作者，它的作用构成物体运动的原因，被作用而产生运动的物体，相对地便是被动者，而由此形成的生灭变化则构成物体运动的结果。霍布斯将因果联系与必然性理解为是同一的概念，既然一切事物都处在因果联系中，因此，它们的生灭变化都是必然的。他甚至否认偶然性的客观存在，认为一切已经产生或将要产生的结果，其原因都在它的在先的事物中，所谓偶然性不过表现人们对必然性的无知。霍布斯忽视了事物的因果联系中，每个原因的出现所可能包含的偶然成分，并且他将必然性归结为纯粹由外部的作用，而不是由事物内部的根据与外部条件相互制约的统一过程。所以，霍布斯所描绘的"世界图型"，就是由一系列因果联系所构成的连环，宇宙间每个物体都无例外地在这个连环中占有一个位置，并且在各自的位置上被必然性的绳索牢牢地束缚着，不能出现丝毫的偶然性。

按照霍布斯对实体的理解，无疑要排斥上帝的存在，然而根据他的"世界图型"，如果从任何一个因果环节无限地上溯，最后就不能不导致始因的出现。如果假设始因的存在，那只要稍加修饰，它就会成为神或上帝的代名词。中世纪经院哲学的著名代表托马斯·阿奎那，就是用始因作为证明上帝存在的一个论据。当霍布斯将他"世界图型"中的因果连环无限上溯时，就遭遇到同样的矛盾。他写道："好奇心或对原因的知识的爱好引导人们从考虑效果而去探索原因，接着又去探求这原因的原因；一直到最后就必然会得出一个想法——某一个原因的前面再没有其他原因存在，它是永恒因，也就是人们所谓的上帝。因此，要深入研究自然原因，就不可能不使人相信有一永恒上帝存在；只是他们心中不可能存在符合于神性的任何神的观念。"① 按照霍布斯关于物质是唯一的实体的思想，事实上已排除掉上帝的位置，然而从一系列的原因去追溯始因，逻辑上又会将原来被排除的上帝重新引回来。霍布斯虽然没有明确提出如何从理论上解决这一矛盾，然而他却指出这种与神的观念有着联系的始因。实际上只是人们想象的结果。

霍布斯和培根一样，肯定自然界的生灭变化是出于自然界自身的必然性，他还继承了培根关于自然界可以被人类所认知以及经验是认识的基础等思想。至于人类如何才能认识自然物的特性及其生灭的问题，霍布斯认为：运动变化及其必然性是通过物质之间的作用与因果联系去实现，因

---

① ［英］霍布斯：《利维坦》，黎思复、黎廷弼译，商务印书馆1985年版，第77–78页。

此，要认识自然运动的必然性，就必须根据物质之间的因果联系去逐步探索。他写道："哲学是我们凭借真正的推理，依据我们对于现象或明显的结果的某种可能有的产生或发生所具有的知识，从而获得的关于现象或明显的结果的知识；也是依据我们对于结果所具有的知识，从而获得关于这种已经有的或者可以有的产生的知识。"① 这种方法简单说来，便是由已知结果去追溯原因，或者循着原因去发现结果。使用这种方法就要从物质世界普遍联系的网络中，抽象出单个的因果联系环节，并且又仅就因果联系的开端与结束，而不是从运动的全过程去加以考察。在通常的情况下，这种方法适用于当时那种比较简单的生产实践的需要，包括农业生产与手工业生产等等。

在方法论上，霍布斯与培根的不同之处，在于培根只肯定归纳法而排斥演绎法。霍布斯则认为研究自然科学的人，如果不从几何学开始并应用演绎法，就无异于白费力气。所以考察一种对象，就要依照几何学那样，从原因去推导出结果，或者由结果回溯到原因。唯有通过这种方法，才能够去认识自然界及其必然性。

二

从 16 世纪以来建立起的近代自然科学，通过对生产与技术的指导作用、物质新的效用性的发现利用以及机械的发明与使用这些途径，有力地推动当时的工业、航海等事业的发展，而近代工业、航海等事业的发展，又向科学与哲学提供丰富的材料，从而促进科学与哲学的繁荣。实践、科学与哲学的发展是三位一体的。其中实践既是基础又是目的，这一点无论是在培根或霍布斯的思想中，都表现得极为明显。霍布斯认为："哲学的目的或目标，就在于我们可以利用先前认识的结果来为我们谋福利，或者是可以通过把一些物体应用到另一些物体上，在物质、力量和工业所许可

---

① 北京大学哲学系外国哲学史教研室编译：《十六—十八世纪西欧各国哲学》，生活·读书·新知三联书店 1958 年版，第 65 页。

的限度之内,产生出类似我们心中所设想的那些结果,来为人生谋福利。"① 哲学的目的被明确规定为人谋福利。按照霍布斯的意见,所谓人的福利或最大利益,就是各种技术,它们包括"衡量物质与运动的技术、推动重物的技术、建筑术、航海术、制造各种用途的工具的技术、计算天体运动、星体方位、时间部分的技术,地理学的技术"等等。其中大部分是与工业联系的,而航海术、计算天体运动、星体方位、地理学等,又都与航海和海外贸易有着联系。因此,所谓人的利益,指的正是由工业、海外贸易所产生的财富。霍布斯认为:"有些民族享受到了技术所带来的利益,而有些民族则没有享受到这种利益,就因为前者掌握了技术,而后者则没有掌握技术的缘故。"当时英国的工业与海外贸易的兴起,积累起巨额的财富,使英国社会出现空前的繁荣。黄金耀眼的光泽,掩盖住社会的各种矛盾,利益就成为哲学所要实现的目标,同时也是检验价值的标准,这在霍布斯的体系中表现得十分明显。他认为哲学的价值,不能单纯根据哲学家自己的评价,而只能根据它在现实中能产生什么样的效果来确定。霍布斯还写道:"什么是哲学的效用,特别是自然哲学和几何学的效用,我们总计一下人类所能得到的主要利益,比较一下享受这些利益的人的生活方式与另一些没有这些享受的人的生活方式,就可以得到最好的了解。"② 霍布斯所指的哲学,是包括自然科学在内的知识总体,他终于将哲学从理性的宝座上移到了现实中来。至于那曾经被人们如此推崇的理性,对霍布斯来说,就不再是哲学所追求的最终目的。只有包括工业与贸易创造的物质利益,才是最终的目的。

自从苏格拉底将"爱智者"作为一个专用名词以后,"爱智""满足讶疑""追求真理"等等,便不仅被理解为是最终目的,而且还被肯定唯有这种目的才使哲学显示其崇高。哲学绝不能沾染上丝毫实际利益,否则就将失去其崇高的地位。可是尽管一些哲学家在主观上确信自己的纯理性的活动,旨在追求真理与表现理性的自由。然而哲学所表现的倾向性始终

---

① 北京大学哲学系外国哲学史教研室编译:《十六—十八世纪西欧各国哲学》,生活·读书·新知三联书店1958年版,第63页。
② 北京大学哲学系外国哲学史教研究室编译:《十六—十八世纪西欧各国哲学》,生活·读书·新知三联书店1958年版,第63页。

泄露在纯理性背后的实际秘密。因为思想不可能是与现实脱离而存在于真空里,这对于哲学来说尤其是如此。而且一种哲学如果确以"爱智"为唯一目的,那就理所当然地在哲学家个人解决疑团之后,尽可聊以自慰而不必再求能将它公之于世了。霍布斯就认为,一个人如果觉得获得知识便是他劳动唯一的益处,那也就不用老惦记着将自己知道的东西告诉别人了,所以,霍布斯反对将哲学理论的活动单纯理解为求知的活动,他认为哲学的目标是为谋福利。从霍布斯对哲学的目的、功能等的理解来看,虽然表现着强烈的功利主义的倾向,然而正由于他强调了哲学与实践的关系,所以,他就重视在实践中控制与利用自然运动的必然性问题。

霍布斯继培根之后,将认识自然与利用自然的问题视为是一致的。但他既然肯定应该从自然本身去阐明其特性与规律,并且需要从哲学中排除掉"关于天使以及一切被认为是既非物体又非物体的特性的东西的学说",因此,不可避免地要同宗教与神学作斗争。霍布斯明确宣称:哲学只依赖理性的指导,至于那种凭神的灵感或启示获得的所谓知识,却是与哲学绝对不相容的。他是近代西欧最早从认识论的角度去批判宗教的哲学家,在他的著作里就明确指出:由于人们不了解事物运动的原因,不了解有着巨大力量对人类做出好事或坏事的必然性,所以才会产生对自然力量的恐惧,宗教正是利用人类对自然力量的恐惧,可以说宗教就是恐惧的种子。霍布斯写道:"许多人看到了这种宗教的种子。其中有些人看到了之后便把它加以培植和装饰使之成为法律,同时还根据自己认为怎样最能统治别人并能最大限度地使用他们的权力的方式,对未来事件的自然原因任意加上自己编造的说法。"① 霍布斯事实上已经认识到宗教的社会根源,可是尽管如此,他却肯定了巩固对人民的统治,宗教作为羁绊住人民的"马勒"仍然有其作用。这正反映出霍布斯所持的立场,他一方面代表着工业与贸易以及科学的发展趋向,因而需要批判宗教;另一方面为了巩固新兴资产阶级已获得的利益,他又主张利用宗教。然而在正统的神学家的眼里,他却是个不折不扣的无神论者。虽然霍布斯在对待基督教的态度上,还是力求做到小心谨慎,例如当他揭露神是产生于人们对自然运动的必然性的所

---

① [英]霍布斯:《利维坦》,商务印书馆1985年版,第78页。

抱的恐惧时，却又声明这只是专门指异教徒而言，其实他对宗教的批判，包括揭露宗教的认识根源，同样也适用于基督教及其信奉的上帝。正因为这个缘故，所以他就无法逃脱宗教迫害的厄运，在英国王权复辟时期，由议院所指派检查无神论著作的委员会，就曾提到过霍布斯的著作。教会也扬言当时伦敦流行的瘟疫是霍布斯渎神言论带来的灾祸。可见仅仅为了承认自然界有着自身运动的必然性，这种今天看来只是一般的常识，在当时却不得不付出昂贵的代价，甚至还要做出从焚书直到焚身的牺牲，证明了真理的道路总是不平坦的。

三

霍布斯在肯定自然运动的必然性是客观存在的同时，还指出人们必须遵循自然运动的必然性，才能够控制与利用自然。在他的思想中，包含着对人控制与利用客观必然性这种能动性的肯定，以及对主观意志可以任意去支配自然的否定。他和培根都强调客观必然性是人改变自然的基础，实践的任务就在承认客观必然性的存在这一前提下，通过对客观必然性的认识去控制与利用它为人类谋幸福。所以，人的能动性就表现在认识和利用客观必然性以达到目的，而不是违反客观必然性。

对于如何利用客观必然性的问题，霍布斯认为，只要能够控制物体运动的外部原因，通过一物体对另一物体的作用，就可以促使客观必然性的实现，最后产生确定的效果并满足人的要求。这在事实上就肯定人有控制并利用客观必然性的自由。

但是，根据霍布斯所设想的"世界图型"，宇宙的一切物体都无例外地处于因果联系中，并且为各种必然所支配，那么，同样地处于宇宙无限的因果联系中的人，也就不可避免地要受各种必然性所制约。霍布斯还将人体设想为一架机器，人的心脏是一盘发条，神经犹如游丝，关节就是齿轮，整个构造如同一座钟一样。所以，每个人又都受肌体的机构作用所支配。

霍布斯一方面肯定人的行为与自身的肌体都受客观必然性所制约，另一方面又承认人的自由意志的存在。他为自由做了如下的解说:"自由这一语词,按照其确切的意义说来,就是外界障碍不存在的状况。这种障碍往往会使人们失去一部分做自己所要做的事情的力量,但却不能妨碍按照自己的判断和理性所指出的方式运用剩下的力量。"① 所谓外界的障碍是指客观必然性,无论是人或其他生物都受其制约。但是人却具有自由意志,即按照自己的利益与理性去行事,他为自由意志划定了一个范围,就是"在其力量和智慧所能办到的事物中",可以不受阻碍地做他所愿意做的事情。这可解释为在人能认识和控制客观必然性的范围内,人是具有自由意志的。

在论述自由时,霍布斯认为自由与必然是可以相容的,犹如水之顺着河道往下流,非但有着自由,而且也贯穿着必然性。当人根据自己的意志作出选择时,其情况也是如此。然而就在需要进一步去说明人的自由意志与客观必然性如何相统一时,霍布斯却搬出了上帝:"人们的自愿行为情形也是这样。这种行为由于来自人们意志,所以便是出于自由的行为。但由于人的每一种出于意志的行为,欲望和意向都是出自某种原因,而这种原因又出自一连串原因之链中的另一原因,其第一环存在于一切原因的第一因——上帝的手中,所以便是出自必然的行为。……因此,体察并规定万事万物的上帝也体察人们按自己的意志行事的自由,使之必须带有刚好只做出上帝所愿的行为的必然性。"② 这就是说,当人们各按其自由意志去行事时,他的意志的选择与决定又受到各个因果环节的制约,即有着其所以如此选择与决定的原因,而这一串因果链环的最终一环则是掌握在上帝的手中。因为按照因果链环无限上溯的方法,最后就必须假设有第一因,而上帝无非就是它的代名词。

可是,当涉及人的自由意志所根据的原则,或是推动自由意志去进行选择与决定的动力时,他却抛开了上帝而抬出自然权利来。所谓自然权利,按照霍布斯的解释,"就是每一个人按照自己所愿意的方式运用自己的力量保全自己的天性——也就是保全自己的生命的——自由。因此,这

---

① [英]霍布斯:《利维坦》,黎思复、黎廷弼译,商务印书馆1985年版,第97页。
② [英]霍布斯:《利维坦》,黎思复、黎廷弼译,商务印书馆1985年版,第63-64页。

种自由就是用他自己的判断和理性认为最适合的手段去做任何事情的自由"①。保全自己的生命即自我保存是人的本性，而本性则是必然的。对于每个人来说，凡是有利于自我保存的便是善，凡是不利于自我保存的便是恶。霍布斯认为，人们为了自我保存，就必然要趋善避恶，所以意志不能是任意的，而是为欲望与厌恶所支配的。但是人的意志又能够经过思考与判断，确定如何从各种欲望中选择表现最强烈的欲望，或者从众多厌恶中选择应避免的最强烈的厌恶，所以又是自由的。他进一步将意志的判断与选择所依据的标准归结为是个人利益，凡是符合于个人利益的就被判断为善，反之，凡是违背个人利益的就被判断为恶。于是个人利益和利用一切可能的办法以保卫自己，就被肯定为是人的自然权利，它来源于人的本性，谁都不能加以剥夺。霍布斯的观点为英国新兴的资产阶级及其利益提供了理论根据。资本主义私有制被肯定为人的自然权利，获取利润与占有财富则被确定是推动人的行动的动力。

四

霍布斯从肯定追求个人利益是人的意志与行动的动力这一观点出发，进而阐述了社会领域中必然与自由的关系，并为其政治学说立论。他认为每个人根据各自的利益企图去支配别人，这是自我保存的另一种形式，自然界一物体作用于另一物体的规律，在社会领域内就通过人去支配别人而得到实现。各人之间由于利益不同就不免会发生冲突，而各人又要坚持自我保存，最后便只能诉诸武力，这就是原始社会人群之间发生战争的原因。当人类处于原始状态时，他们的自然权利成为获得自我保存而采取行动的自由是无限的。各人为了求得自我保存就不惜去侵犯他人的利益，在那时一切人的生命都得不到保障，人们相互仇视、互相残杀。

在霍布斯所描述的人类自然状态中，个人犹如游离的单子，其中任何

---

① ［英］霍布斯：《利维坦》，黎思复、黎廷弼译，商务印书馆1985年版，第131页。

个人为了自己的利益,都可以凭暴力去杀害或支配其他人。但是在一个更强有力的人面前他又可能被杀,所以就谈不上对人的生命与自由的保障。为了实现自我保存的原则,唯一的出路便是摆脱这种相互厮杀的无休止的战争状态,以取得和平与生命的保障。这就要求人们放弃无限制的自由,并且通过契约将个人的自然权利交给君主,这便是国家的起源。

霍布斯写道:"如果要建立这样一种能抵御外来侵略和制止相互侵害的共同权力,以便保障大家能通过自己的辛劳和土地的丰产为生并生活得很满意,那就只有一条道路——把大家所有的权力和力量托付给某一个人或一个能通过多数的意见把大家的意志化为一个意志的多人组成的集体。"① 这个唯一的意志不是上帝,而是凡间的君主,国民的意志都必须服从君主。君主的专制权力既不是来源于上帝,也不是来源于强力。如果君主的权力来源于上帝,理所当然地就得接受上帝在尘世的代理人、罗马教皇的管辖。如果来源于强力,那么,谁强有力谁便可以凭力量去夺取王位,这样战争状态不仅不能避免,反而将越演越烈。

霍布斯的契约论是对君权神授说的否定,他强调君主的权力来源于国民的授予。国民为了避免每个人对自由的滥用,便将一部分自然权利交给君主。由此构成君主的权威,君主凭其权威将国民的意志引向国内和平与相互帮助,去对付国外的敌人。所以,君主专制政体是人由自然状态发展的必然结果,又是对每个人的自然权利或自由的限制。国家的目的就在于采用强制的力量,迫使人们遵从它的规定,这种强制的力量是与自由相对立的必然性。它不是来自于自然界,而是来自于社会。

国民将一部分自然权利交给君王后,如果君主不能凭其权威将国民的意志引向国内和平与相互帮助,去对付国外的敌人,国民是否有权推翻这种不称职的君主呢?霍布斯对此表示反对,理由是当人们自愿将权利转让给君主后,便要接受君主的绝对统治不得毁约。由于君主本人并没有参与订约,一切后果就只能由订约的人们自己负责,而且权利一经转让便不能收回,所以,对君主的任何反抗行为都应被视为不义之举,在法律上是不

---

① [英]霍布斯:《利维坦》,黎思复、黎廷弼译,商务印书馆1985年版,第136页。

允许的。霍布斯的国家理论实际上是为英国新兴资产阶级与正在转化为资产阶级的新贵族的联合专政提供了理论根据,按照霍布斯的理论,开始被假设是由国民的自由意志订立契约产生的国家,最后却使自由丧失殆尽,完全接受强力的支配。所以后来洛克便指出,这个理论不过是告诉人们,为了防范狐狸,就应甘心被狮子吞食。

第三章 洛 克

洛克是17世纪英国唯物主义的著名代表人物，他继承着霍布斯的唯物主义思想，同时继承与发展了霍布斯的必然与自由的学说。

一

如果说伽利略发现的惯性定理与落体定理，揭示出了物体机械运动的一般规律，由此为17世纪机械论世界观的产生提供了前提，那么，由牛顿完成的古典力学则为这个世界观奠定了科学基础。在牛顿的古典力学中，物质被认为是具有广延性、坚硬性、不可入性以及惯性等属性的实体。他指出："整个物体的广延性、坚硬性、不可入性、能动性和惯性来源于其各部分的广延性、坚硬性、不可入性、能动性和惯性；因此，我们可以下结论说，一切物体的最小微粒也具有广延性、坚硬性、不可入性、能动性，并且赋有其固有的惯性。这是整个哲学的基础。"① 宇宙中的每个物体，由于惯性而保持着它的存在状态，包括其质、量、位置等等，只是由于外力的作用，才改变它们各自的状态。所以，物体的运动是由于外部作用的结果，而且每一作用总会引起另一个相等的反作用与它相抗衡。物体之间的相互作用永远相等，并且又各自指向其对方，这便是牛顿所描绘的"世界图型"。按照这一"世界图型"，整个宇宙便是由无数单个分散

---

① ［美］H. S. 塞耶编：《牛顿自然哲学著作选》，上海外国自然科学哲学著作编译组译，上海人民出版社1974年版，第4页。

的、相互作用与反作用的物质所构成，其中每个物体的运动都受必然性所支配，大到天体小到尘埃莫不如此。而且物体的运动进程，都可严格地用数值表述的机械运动的公式，即力学公式去加以阐明。人们只要根据已知的某一物体在特定时间内的运动状态，以及作用于它的外力，便不仅可以准确无讹地描述出这一物体过去的运动状态，而且还可以丝毫无爽地预见到它未来将出现的运动状态。所以宇宙内一切物体，都被牢固地拴在必然性的绳索上。

按照牛顿所描述的"世界图型"，就必然会得出自然界有着自身的必然性，它来源于物质之间的相互作用这一结论。牛顿在叙述其提出的"哲学中的推理法则"时，就确认它的第一条法则便是："除那些真实而已足够说明其现象者外，不必去寻求自然界事物的其他原因。"这条法则与中世纪所谓的"奥卡姆剃刀"十分相似，14世纪著名的唯名论者威廉·奥卡姆曾经主张，当时经院哲学所乐道的"形式因""隐蔽的质"等，都是无用的赘词，必须全部加以剃除，除无必要，勿增实体。牛顿提出的这条法则，同样地也是要求摈弃掉人的头脑里虚构出来，并且强加给自然的各种内容。

洛克的世界观与关于客观必然性的思想，同牛顿所创立的古典力学有着紧密的联系，他接受了霍布斯的唯物主义，并且在此基础上建立起他的哲学体系，包括关于必然与自由的学说。他认为物质是一种广延性与凝固性的实体，具有广延、凝固、形状、数量、运动与静止等可用力学和数学加以精确测度的属性。如果将洛克对物质所下的定义与牛顿的定义作比较，它们之间的一致便是显而易见了。洛克称物质的上述属性为物质的第一性质，认为这类属性是物质固有的属性。另外如颜色、声音等性质，洛克称之为物质的第二性质，他认为这类第二性质并非是物质所固有的，它们实际上只是凭借物质的第一性质，在人们心中产生出各种不同感觉的能力，由此洛克提出了颜色、声音等的性质问题，它们究竟是物质所具有的客观属性，还是感觉的主观产物。

一般来说，人们根据日常生活经验，都相信甜是糖具有的特性，地毯本身便是红的，诸如此类。然而古代的怀疑论者同样用生活经验否定了这种信念，他们问道：为什么鸽子颈上的羽毛在不同光线的照耀下，却会呈现出不同的颜色？在患黄疸病的人眼里，为什么一切东西又蒙上黄色？至于近代自然科学则从光学、声学等原理得出：颜色、声音等是一定的物体通过人的各种感官所反映的特性。颜色是物体通过其吸收与排斥某种光谱的特性，作用于人的眼球而产生的不同色的感觉；声音是物体运动所激起的声波，作用于人的耳膜而产生的不同的感觉。这类特性是物质所固有的，它们表现出物质的质的多样性，它们作用于人的感官，便以感觉这种主观形式表现出相应的客观内容。但是洛克却将物质的质的多样性，简单地归结为是物质的第一性质即广延、凝固、形状等所派生的结果。

洛克与牛顿一样，认为惰性是物质固有的属性，因此，动者恒动而静者恒静。物质的运动与静止都出于外部的原因，是其他物质的作用所产生的必然结果，所以，一切物质都受必然性所支配，而各种外部作用则是构成事物运动的必然性的原因。循着这条思路，洛克进一步认为，如果人们能够理解物质运动的全部外力作用，便可以根据外力的总和去准确地计算出物质运动的必然结果。

洛克关于客观必然性的理论，是以当时自然科学在力学上，尤其是天体力学所获得的巨大成就作为根据。由于近代自然科学的发展，宗教与神学加给客观必然性的种种神秘色彩，已开始被科学的认识所澄清。但是形而上学的方法，却使得自然科学家和哲学家们回答在天体运动中是什么力量从外部推动行星沿着确定的轨道运动，或者说使行星沿着轨道切线方向运动的外部动力由何而产生等问题时，又提出了第一因或最初的推动力来。牛顿就回答道："没有神力之助，我不知道自然界中还有什么力量竟能促进这种横向运动。"① 洛克也同被他称为是"盖世无双的牛顿先生"一样，最后保存着这条神学辫子，他认为上帝仍然应该被承认是最高的理性本质，创造了世界和必然规律，可是当上帝完成这番事业后，便不再干涉自然界的事情了。换句话说，创世时宇宙是由上帝所统治，创世后则让位给自然界自身的必然性去统治一切了。洛克的这一思想与牛顿的"上帝最初一击"，同样是为了解释物质世界运动的动力来自何处所作的虚构，

---

① ［美］H. S. 塞耶编：《牛顿自然哲学著作选》，上海外国自然科学哲学著作编译组译，上海人民出版社1974年版，第62页。

他们都企图用这种虚构去解释外因论所产生的理论矛盾，并且借此去安慰人们的宗教良心。

二

关于人的意志究竟是受客观必然性所支配的还是自由的，这一问题在西欧古代与中世纪哲学以及伦理学中，曾经占有重要的地位。洛克继培根与霍布斯之后，又以近代的形式提出了这一问题。近代哲学在否定上帝的旨意是决定人的意志的原动力之后，就企图从人自身即人性中去发现决定意志做出取舍的根据。凡是表现着那个时代的精神与性格的内容，都一概被肯定为是人性所具有的，其中占首要位置的则是自我保存。人的意志作出的判断、取舍，最后便是以是否符合自我保存的原则作为根据，人们为了自我保存便必然要趋善避恶，所谓趋善便是实现自我保存，所谓避恶则是排除对自我保存的障碍。所以，趋善避恶就具体地决定着意志的取舍。至于进一步的问题就是阐明什么是善与恶所包含的内容，这样，关于决定意志选择的动力问题、行为的标准问题以及必然与自由的问题，也就可能相应地迎刃而解。对此洛克认为，事物之所以有善恶之分，源出于我们有苦乐之感，所谓善便是能引起或增加快乐和减少痛苦；相反，所谓恶便是能引起或增加痛苦和减少快乐。他是纯粹根据人的感觉去区分善与恶的，而人之趋善避恶最后就表现为追求快乐与躲避痛苦，于是意志判断的结果，便完全可以放到感觉这架天平秤上去加以衡量。洛克进一步认为，区别善与恶或快乐与痛苦的感觉，是深植于人性中的一种本能。洛克的快乐说给人的印象，就像是穿着17世纪时装的、古代希腊伊壁鸠鲁主义的复活。

洛克还认为，推动人的意志作出判断的依据，虽然是追求快乐，但是却不能因此便说快乐是决定人意志的动力。一个人若是对他当前的处境已感到十分满足，就不可能再去为寻求新的快乐而做出努力。人们所以要去追求快乐，正是由于他们还缺乏这种快乐，因此才驱使他们通过各种活动去获得它，可见不快乐才是推动意志的动力。按照洛克的观点，举凡人的意志的判断以及他们的一切活动,全都围绕着如何消除不快与获得快乐这根主轴而旋转着。不快便是欲望的表现,"而所谓欲望就是人心对一种不存在的好事所感的一种不快",人的欲望自发地支配着人的意志,因而可以说,意志就是受欲望所必然地支配着。洛克的这一观点与霍布斯关于满足最强烈的欲望与排除最强烈的厌恶,决定着人的意志选择的观点,两者是相一致的,不过洛克则是从心理学的角度论证了这一观点。

  从心理学的角度来看,人的最基本的欲望只能是那些出自人的本能的欲望,就如饥思食、渴思饮、寒思暖之类的自然欲望,这类欲望构成人们现实的不快。人们为了满足这类欲望和消除由此产生的不快,便产生了相应的需要,可是当人的欲望一旦转成为需要时,就不再是单纯的本能或心理因素了。需要是从欲望上升到有确定内容的意识,人都有满足饥与渴的欲望,但是为了满足口腹之欲,人们之间的需要就有所不同,就如富豪们绝不会需要糠秕野菜去充口腹之欲,而穷汉们也不敢去妄想珍肴佳味一样。当人的欲望一旦以现实的需要来表现时,它就不能脱离开社会所能提供的物质条件。然而洛克对需要的理解却只是停留在抽象的欲望上,因为唯有如此,这种抽象的需要才可能与抽象的人性连接起来。

  人的需要不论其内容如何,但就人类社会说来,最基本的需要莫过于满足生活的物质需要。但是承认物质生活资料是人的最基本的需要,这并不意味着人除了物质生活资料的需要之外,就没有其他的需要包括精神的需要了。当洛克论证快乐与欲望决定着人的意志时,并没有将需要局限于衣食方面,例如他写道:"有的人所以爱研读、爱知识,有的人所以爱打鹰、爱打猎,有的人所以爱奢华、爱纵欲,有的人所以爱清明、爱财富,那并不是因为这些人所希图的不是幸福,乃是他们幸福的对象是各不相同的。"[①] 洛克不仅是提到了物质的需要,并且也提到了精神的需要,他认为这些能满足人的幸福或快乐的需要是因人而异的,这宁可归结为由于人性的不同。按照洛克的这一观点,就将得出幸福或快乐的标准纯粹由主观来决定的结论,但幸福或快乐的标准毕竟是主观的,即每个人都有着自己衡量幸福的标准,或者是有其客观标准?对此洛克却没有进一步加以阐明。

---

  ① [英] 洛克:《人类理解论》,关文运译,商务印书馆 1959 年版,第 238 页。

他将人的欲望分为两类，一类是出自人自身的自然本能的欲望，另一类是出自社会的风尚、习俗等后天形成的欲望。社会的风尚、习俗所形成的需要，当然就会提供出客观的标准，即使是洛克所指的本能欲望，当它们以具体的需要的形式提出时，也就不能脱离开一定的社会条件与标准。

人的需要是多样的，无论是个人的需要或是社会的需要，在人的生命过程中和社会发展过程中，既不断地得到满足，又不断地出现新的要求。面对众多的需要，意志究竟如何去选择与判断某个需要必须通过现实的行动去满足它呢？在洛克之前，霍布斯就提出过这个问题并作过解答，洛克则进一步认为："能决定意志的是最剧烈而且我们认为可驱除的那种不快。因为意志这种能力既是要求指导活动的各种官能，使之发生某种动作，以求达到某种目的，所以任何时候，它总不能趋向它当下认为不可达到的东西。"① 这里洛克分析了推动人的意志去作出选择与判断并构成一项目的的两个因素，即必要与可能。所谓必要就是经过意志的判断，最后确定为迫切要求能够得到满足的需要，所谓可能就是客观上具有满足这种需要的可能性。意志不同于希望，更不同于空想；意志是与行动直接联系着，它的功能在于决定或避免去从事某种有目的的行动。当意志经过判断决定去从事某种行动时，它不仅基于主观的需要，而且还要有实现目的所需的客观可能性。如果一种需要在客观上并不具有满足这种需要的现实可能性的存在，便不会为一项目的提出来，因此，任何目的都包含着必要与可能的统一。

洛克认为，意志在两个方面为必然性所制约，一方面，意志受欲望所制约，人不能没有欲望，欲望来自人的本能，有欲望就必然产生需要，需要则是推动意志作出判断的力量；另一方面，意志又受客观可能性所制约，意志只能在具备客观可能性的范围内，去作出有关行动的判断，意志如果越出这一范围去作出判断，那么，纵然有了行动，可是仍然不可能达到目的。

---

① ［英］洛克：《人类理解论》，关文运译，商务印书馆1959年版，第227页。

三

洛克进而对必然与自由的关系作了剖析，他对必然与自由分别作出如下的定义："任何事物如果完全缺乏思想，没有能力按思想的指导，来实现或阻止任何运动，那就叫做必然。"① 相对地，"所谓自由观念就是，一个主因有一种能力按照自己心理的决定或思想，实现或停顿一种特殊那样一个动作。在这里，动作的实现或停顿必须在主因的能力范围以内，倘如不在其能力范围以内，倘如不是按其意欲所产生，则他便不自由，而是受了必然性的束缚。"② 按照洛克所作的区分，自然界的运动变化，都无例外地受必然性所支配。只有人类才能具备意志的选择、判断与决定的能力，所以才可能有自由。当人的意志与行动还受必然性所支配时，就无自由可言。

洛克确认只要哪里还受必然性所支配，哪里便不可能出现自由，即便是自愿地去顺从必然性，也同样不能说是自由。在洛克看来，自由与必然是绝对不相容的，自愿并不就是自由，当一个瘫痪的人愿意坐着不动时，那不过是表示一种自愿而已，而不能称之为自由，因为这种自愿又是受必然性所支配，使他不能不坐着。所以自愿并不与必然相对立，而仅与不自愿相对立，一种自愿的行动，如果同时又受必然性所支配，便无自由可言。

如果"无思想、无意欲的主体"即自然界是纯受必然性所支配，那么，人们确定去获得需要的满足而向自然界索取时，当然就不能对自然规律采取任何蔑视或者不承认的态度。另一方面，意志又是受主观欲望所推动，取决于追求快乐与躲避痛苦的原则。因此，意志的选择与判断便处于主观需要与客观可能性的双重制约之中，当然也就不存在有完全离开必然性的自由。洛克认为自由与必然是绝对排斥的，所以，当提到人的意志是

---

① [英]洛克：《人类理解论》，关文运译，商务印书馆1959年版，第211页。
② [英]洛克：《人类理解论》，关文运译，商务印书馆1959年版，第208页。

否是自由问题时，他便陷入了矛盾。洛克一方面承认人确实具有选择决定实现一项行动或者不去实现一项行动的自由，而且人在凭着意志的选择而做出决定时，"他的动作能力或制止能力有多大，则他的自由亦有多大"。另一方面，他又肯定，直接决定意志并见诸行动的，还在于欲望中所含的不快，这显然说明意志又是受必然性所支配。最后他得出的结论是："自由不属于意志。"所以提出人的意志是否是自由的，这个问题本身就是荒谬的，就如问"他的睡眠是否迅速，他的德行是否方形"一样的没有意义。因为意志是一种选择行动或者停止行动的能力，而自由则是将它付诸实现的能力，两者都是属于主体的能力，所以便不存在谁属于谁的问题。这个回答当然不能说明必然与自由的关系，而只是表明了形而上学的方法所面临的困境。

四

当洛克肯定意志是受欲望所驱使，并且将人的欲望与自我保存相联系时，他就是承认人们为了满足欲望而采取的行动既是必然的，同时又是合乎人性的。相对地说，阻止人们为了满足需求从事各种有关的活动却是违反自我保存这种人性的。从这一前提出发，就不难推论出譬如教会所宣扬的、放弃现实需要的禁欲主义，以及诸如将一切寄托于来世的说法都是悖理的。洛克强调："人们只是纵欲贪求现世的快乐，而且决定他们意志的，亦只有那些欲望中所含的不快。在这里，他们虽然亦承认来世幸福大得不能比拟，可是他们仍会一步不移，一点不动，去追求它们。"[①] 这段话婉转地道出了上述的结论。当然由此还可以推演出另一个结论，那就是阻碍人们为获取所需而进行的种种活动，包括发展工业、扩大市场、发展贸易等的封建制度，同样也是悖理的。

洛克肯定欲望是人类共同具有的本性，所以它对于意志就是一种必然的动力，在人们生活中出现的各种需要与习惯，不断地提供不快，推动着

---

① ［英］洛克：《人类理解论》，关文运译，商务印书馆1959年版，第225页。

意志去做出决定。但是,除了需要之外,像正义、公道、良心等,是否也对人的意志起着作用呢?洛克回答道:"可是一切好事,纵然被人看到,被人承认,亦并不能必然地打动了每个特殊人的欲望。各种好事,只有被他认为是他幸福的一个必然部分时,才能打动他。"① 在洛克看来,像正义、公道、良心等等,虽然具有崇高的内涵,却并不构成支配意志的必然力量,只有当它们构成为个人幸福的一个部分时,才以必然的力量支配着人的意志。换句话说,这些被人们如此推崇的名词,只有与人的自我保存直接关联时,才成为支配意志的必然力量。洛克还指出,如果正义、公道、良心,果真是决定意志的必然力量,那么,当这些崇高的名词一旦被提出之后,便应该立刻为意志所接受并且为决定行动的标准,然而事实并非如此。现实地支配着人们的意志的,始终是人的欲望与直接需要。因此,洛克是将资本主义社会的利己主义理解为是普遍的人性,正是利己主义成为决定意志的最高原则。

当涉及必然与自由的关系时,洛克认为意志既然受到主观欲望与客观可能性的双重制约,如果认为意志具有选择与决定的能力因而是自由的,这就将必然与自由两者混淆起来。而且一方面肯定意志是受必然性所支配,另一方面又是自由的,那就是自相矛盾了。

可是在进一步探索意志从众多的需要中,又如何去选择并确定一种需要是属于必要而又可能具有实现的可能性呢?由此决定采取行动时,洛克又无法否认意志的自由。他的解释是:意志的选择与决定是以理性的判断为根据的,而且"我们根据经验知道,在许多情节下,人心有一种能力,来暂停动作,不急来满足,不急来实现它的任何欲望,因此,它可以自由来考究那些欲望的对象,自由来考察它们的各个方面,自由来把它们同别的物象相互比较。人之所以有自由,正是由于这一点"②。这就是承认意志虽然受主观欲望与客观可能性所制约,但是,人们仍然可以根据理性对一种欲望是否属于必要,它是否符合自我保存的原则等作为判断与决定是否采取行动的自由。因此,通过理性的判断,人的意志便能够单纯受必然性

---

① [英]洛克:《人类理解论》,关文运译,商务印书馆1959年版,第229页。
② [英]洛克:《人类理解论》,关文运译,商务印书馆1959年版,第232-233页。

的束缚，进而达到自觉的行动，而这便是自由。

所以，洛克认为理性是自由的，这种自由就由理性的自觉判断来表现。事实上理性作出的判断并非都是正确的，它既可能是正确的，也可能是不正确的。而错误的判断所导致的只是虚假的自由。至于有些人随意地撇开幸福标准，并对客观必然性采取不屑一顾的态度，仅凭主观去作出判断，那不过是任性而已。洛克再三地强调，客观必然性不受人的主观意志所左右，要驱使自然脱离开客观必然性而去服从人的错误选择与愚蠢的想法，那是办不到的事。他写道："一个人如果只是自由行傻事，使自己蒙羞被难，那配得上说是自由么？脱离了理性的束缚，而且不受考察同判断的限制，只使自己选择最坏的，或实行最坏的，那并不是自由；如果那是自由，是真正的自由，则疯子和愚人可以说是世上唯一的自由人。"① 所以，洛克虽然将必然与自由理解为是一对相互排斥的范畴，但是他却并不认为存在完全脱离开必然性的自由。他正确地区别开自由与任性，并且将正确认识客观必然性，作为理性判断的前提。

至于必然与自由究竟存在着什么关系，洛克回答道："追求真正的幸福是一种必然性，这种必然性正是一切自由的基础。"所以，如果不存在必然性，一切都是偶然发生的。也就不存在自由。而且"我们如果受了必然性的支配，来恒常地追求这种幸福，则这种必然性愈大，那我们便愈为自由"②。洛克认为追求幸福就是自我保存这种人性的实现，因此，追求幸福便是必然的，当理性根据追求幸福这一原则去作出判断时，又表现着自由。由此意志所表现的人性的必然，便与理性所表现的自由结合一致了。所以，洛克在为必然与自由下定义时，他虽然形而上学地将这对范畴理解为是绝对排斥的，可是当他进而对必然与自由作具体分析时，又不得不承认必然与自由又是相互联系与制约的。

洛克还指出，自由与幸福两者是成正比的，当人们愈是自觉地去追求并获得幸福，他们便愈是自由。洛克提出的这一观点，当然为正在追逐巨额利润而全力去发展工业与贸易的新兴资产阶级所乐于接受，洛克的观点

---

① ［英］洛克：《人类理解论》，关文运译，商务印书馆1959年版，第235页。
② ［英］洛克：《人类理解论》，关文运译，商务印书馆1959年版，第236页。

实际上正是这个阶级的要求与期望的集中反映。他更进一步认为，谁愈是能够根据真正的幸福作出正确的判断，谁就愈是自由的原则，这不仅适用于凡人，并且也同样适用于上帝，上帝在遵循幸福原则作出决定这一方面与常人无异，因为"上帝一定不能选择不是善的东西"，所以"全能的上帝自身亦是被幸福的必然性所束缚的"。这就使得创造世界并且有君临一切的上帝，也随着时代的变迁，最后却要受制于自己创造的必然性了。在洛克的笔下，上帝原来作为专制君主的形象已黯然褪色了，他与凡人同样受幸福原则所制约。这就是说，自从创世以后，上帝的权力便要接受双重的限制，即在自然界不能超越客观必然性去任意创造奇迹，在人间则须承认追求幸福的原则。上帝要世人遵守的原则，他自己同样也得遵守不能违反。可见上帝也同英国的现实一样，从专制君主一变而成为立宪君主了。

  但是洛克奉为最高标准的幸福，其内涵究竟是什么呢？如果幸福就是实现自我保存，那么，人们都可以根据个人自我保存的需要各自去确定幸福的内涵，而且又都可以无限制地去采用他所认为是足以实现幸福的行动，这种自由只可能带来人与人之间无休止的冲突。当人们的幸福标准以及追求幸福的行动相互冲突时又将如何解决，霍布斯正是从解决这一问题着手去创立他的关于国家起源的理论，而洛克却避而不谈。至于当时现实存在的，譬如新兴资产阶级以攫取财富作为一种幸福，而利润的减少则构成他的不快，相对地雇佣劳动者就不会承认被人剥削是一种幸福这类事实，在洛克的视野里却丝毫得不到反映。他始终抽象地去阐述什么是幸福，即将幸福作为是与不快相对立的心理因素去理解，而不是将它放到特定的社会环境中去理解。

  从自我保存这种生物本能去说明人性，进而到以欲望、需要与不快的心理因素去理解人性，这便是从文艺复兴时期的思想家们到17世纪的英国唯物主义者，包括霍布斯与洛克关于人性论的发展。这种抽象的人性论以及对自我保存与幸福的抽象理解，既然在不同的时代有着相异的内容，这就说明了它们事实上不过是不同的时代精神的反映。洛克关于人性、自我保存以及幸福的观点，在客观上既是对上一世纪的启蒙思想家们关于人性解放、摆脱封建专制制度及精神支柱即教会的束缚等要求的继承与发展，而且更反映着当时新兴资产阶级的要求，尤其是发展资本主义与保护私有财产的要求。在洛克的著作中，私有财产被确认为是人的自然权利，也是幸福的具体内容，并且肯定"不经过本人同意不能从任何人取走其财产的任何部分"，否则便是侵犯所有者的自然权利，这便是洛克提出的一条戒令，所以占有与增值财富，也就不言而喻地被归结为人性的必然。

在社会领域内洛克假设了"和平、善意和互相帮助"的人类原始社会状态的存在，这同霍布斯假设的一切人反对一切人的人类原始社会状态恰好相反。但是洛克认为，即使是在那种金色的自然状态里，制约着人的行为的自然法，仍然不能为所有的人所遵守。因此，为了保障人民的生命、财产与自由，便需要建立国家。洛克认为，在建立国家时，参与订立契约的人们并没有将他们的全部自然权利转让给君主，而仍然保留着生命、私有财产与自由的权利。由于君主本人也参与订立契约，所以，君主便不像霍布斯所认为的是置身于事外。既然君主也参与订立契约，他就无权违背契约去任意侵犯国民的生命、财产与自由，如果一旦国民的权利受到君主的侵犯，他们便有权利去推翻君主。洛克的理论实质上论证了英国1688年发生的所谓"光荣革命"的合法性，也为以后的君主立宪制提供了理论根据。

洛克的契约论肯定国家的产生，是人民为了保障其自然权利的必然产物，又是对自由的限制，它的产生标志着人类原始社会无限制的自由状态的结束。另一方面，国家又担负着保障人民的生命与财产的责任。洛克明确地指出，人民组织国家并且将个人置于国家的管理下，其主要目的就是要保证他们的生命财产不受侵犯。洛克关于必然与自由的学说，为18世纪法国唯物主义进一步发展这一学说提供了理论基础，后者在许多方面继承了洛克的观点。

第四章 休 谟

一

　　外部世界运动变化的必然性以及客观必然性之能被人认识,是实践所以可能的前提。如果事物的运动、生灭纯粹是偶然的,人对事物的运动、生灭便不能产生预见,相应的任何实践都将是不可能的。但如果外部世界是不可知的,人不仅不能对客观必然性有所认识,甚至还不可能对外部世界是否存在有必然性作出任何结论,那么,实践仍然会由于缺乏前提而不可能成立。一般动物所以只能适应自然,而不是像人那样自觉地去改变自然,就因为外部环境对它们说来,恰恰是不可知的。

　　但是人类能够通过实践自觉地去改变自然并产生效果则是感性的现实。而实践则证明了客观必然性的存在,同时也证明了人在不同程度上能够认识客观必然性;科学就是人对客观规律的认识总结。近代哲学的诞生和它对宗教、神学的斗争历程,其中一个重要的内容,便是用关于自然界的客观必然性的存在,以及它的可知性的理论去摧毁上帝的意志君临一切的神学说教。近代哲学的奠基人,包括培根和笛卡儿,在他们的体系中便明确地宣称:自然有着它的必然性,人能够认识自然界的必然性,它并非是不可知的,人在认识客观必然性的基础上,可以控制并利用它去为人服务。这些思想为近代科学和生产实践奠定了坚实的理论基础。

　　至于人如何才能够获得对客观必然性的知识的问题,在当时无论是坚持人的认识只能以经验为基础,并只能通过归纳法去获得对客观必然性的知识的经验论者;又或是坚持认识是理性的权利,人们只有通过理性的推论和演绎法，才能去认识客观必然性的唯理论者，他们虽然各自提出认识客观必然性的不同途径与方法，可是他们又都一致肯定外部世界是可知的，人是有能力去认识并利用客观必然性的。他们深信人们的认识可以穷尽这个世界的奥秘，这种信念是与那个时代蓬勃发展的生产和科学技术紧密联系着的。人们凭借观察、实验以及生产实践所提供的丰富材料，又凭借理性的推理论证所提供的严密结论，指导生产和科学技术不断向前发展，而生产实践与科学技术的每一步发展，又鼓舞和加深着人们的这种信念。

可是经验论由于仅仅承认经验是认识的唯一的泉源，因此解决不了从有限的经验怎么可能得出超越有限经验的、一般的和普遍的必然性的存在这一结论。反之，唯理论既然否定经验是认识的来源与基础，坚持只有通过理性的推论才能获得真理性的认识，那么，一般的和普遍的必然性的认识又只能是无源之水、无本之木了。这个矛盾指出，进一步解决经验论与唯理论各自的片面性，对于推动认识论的发展以及促进人对客观必然性的认识，都是十分必要的。然而由这一矛盾出发，也会导出另外一种结论，即否认有一般的和普遍的认识的可能。既然理性认识不能是无源之水、无本之木，而且有限的经验，并不能提供关于一般和普遍的认识，因此，一切关于客观必然性的存在这种论证，都是不可能成立的。换句话说，人无法知道是否有一般的和普遍的客观必然性的存在，这便是18世纪英国的不可知论者休谟的结论。

在中世纪邓·司各脱与威廉·奥卡姆的唯名论传统以及近代实验科学的影响下，英国成了经验论的故乡。休谟便是从人的认识只能来自经验这一前提出发，认为任何经验认识及其综合总是有限的，人凭着有限的经验所获得的知识，只能以所经验到的事实为范围，至于要超越经验的范围，对于尚未被人们所经验到的内容去谈对它的认识和预见，包括对一般的和普遍的客观必然性的认识，则是不可能的。休谟指出："即使承认自然事物的过程过去一直是这样有规律，但是只凭这一点，而没有什么新的论证或推论，并不能证明将来会继续是这样。你想从你过去的经验得知物体的本性，那是徒劳的。"此外，人们也不能通过已知事物之间的某种联系或因果关系，便去判断相似的事物之间也必然具有同样的联系。后者既是未被人所认识和经验，又如何能够肯定它就是正确的呢？并且肯定这种必然的联系会存在着呢？这便是休谟提出的问题。

在人的日常活动与认识中，人们一般是根据若干经验的联系去推论出一种事物的运动变化总会出现相应的结果，而且类似的事物在相同的条件下，它们的运动变化都会产生相似的结果。这种联系不仅是时间上的前后相继，犹如黑夜之尾随白昼那样，并且还可以经验到后一事物的出现，就是由前一事物所产生的。前者在运动过程中某一条件的变化，也都会由后者作出相应的反应，由此便构成了因果联系的概念。人的日常实践活动，便是以对客观事物之间因果联系的认识为指导，预期通过实践必然产生一定的效果。至于事物内部运动的过程，譬如麦子的生长过程，在日常的实践与认识中，则被抽象为种下麦粒最后结出麦穗这一因果联系所代替了。休谟正是针对这种日常的经验问题，即何以从前后相继的两个现象能确定其中存在着必然性？并且将这种认识扩展到尚未被经验的事物？依他看来这一结论绝不能成立。即使人们将这种认识扩展到尚未被经验的事物，最后产生了预期的效果，但尽管有着这些经验，仍然不能有一物产生另外一物这种神秘力量的知识。既然这种神秘力量是不可知的，因此人就不可能有对必然性的认识，甚至也不能确定有必然性的存在。

单凭经验认识当然无法深入分析并理解过程内部的各种制约关系以及由这些制约关系所构成的必然性，更不可能理解由一般的制约关系所构成的事物运动的客观规律性，这正是经验论的局限性。然而经验无法解决的问题，却由理性和科学来解决了。理性和科学以经验提供的材料作为基础，对之进行分析、综合，最后获得了关于事物运动的必然性的认识，已在实践中加以检验，证明了理性和科学认识的正确性。可是休谟却不仅利用了经验的有限性去论证凭借经验并不能认识事物运动是否具有客观必然性，而且他更利用了理性认识过程个别与一般的矛盾，进一步认为，即使人运用理性认识，也不可能获得对客观必然性的知识。休谟强调人必须承认，在自然的奥秘与人的认识之间，保持着一个很大的距离。自然只让人认识它的表面现象，至于事物的本质、必然性、规律等等，则是属于不可知的领域。因为可怜的经验既不能认识，也不能证明客观必然性的存在，而理性又软弱到无法去深入认识自然的本质，除此之外，人又再没有别的认识工具。所以人对客观必然性的认识，只是意味着对某种恒常出现的经验联系的认识，其实它并不具有一般性和普遍性。

休谟的不可知论直接来源于古代的怀疑论者，古代的怀疑论者从感觉的有限性和它的主观形式出发，去论证人的感觉并不反映客观世界的内容，感觉与客观世界之间，横亘着一条不可逾越的天堑，而客观世界的内容则是不可知的。古代怀疑论的思想在16—17世纪的英国便以不可知论的形式传播着，培根就曾批判过他那个时代一些持不可知论的人。在当时不可知论还没有形成一个哲学上的重要流派，近代西欧哲学在诞生时便从新兴的科学技术中看到了人类认识发展的无限前景，并且表达出那个时代的人对征服自然的宏大抱负与乐观态度。近代西欧哲学的奠基者们就曾确信自然是可知的，只有尚未被认识之物，但却没有不可知之物。他们一致强调自然界的必然性是客观存在的，至于君临一切的上帝意志，相对地却不过是一种谬论。没有这种精神，代表新兴资产阶级的意识形态就不可能对封建专制制度进行搏斗并取得胜利。但是当革命的热潮已经开始在消逝时，哲学上的蜕化就由休谟的不可知论来做出表现了。

二

否认客观必然性的存在，或者认为即使存在有必然性，但人也无法去认识它，对此无论是经验或者理性都是无能为力的这种观点，不仅否定了近代西欧哲学创始时所提出的关于客观必然性的思想，以及它在对经院哲学和宗教作斗争中所获得的成果，而且更否定了实践的可能，因为任何实践都是以必然性的客观存在以及对它的认识的可能性为前提的，所以不可知论对自然界的必然性所作出的结论，便与人们日常生活相矛盾了。为了解决这一矛盾，休谟提出，人们在实践中虽然认为是依凭着自然的必然性，可是人们关于必然性的概念，却不是来自对外部世界的认识，而仅是根据经验中恒常出现的联系这一习惯产生的。在人们纷繁杂多的经验中，有若干经验之间存着一种联系，而某些经验的出现又有着它们的恒常性，经验的联系与恒常性构成了人的习惯。正是凭借着这种习惯，人才假设继某一现象之后，必有另一现象出现的因果联系的概念，所以人所认为的是必然的，实际上不过是由于恒常的经验所构成的习惯。

既然根据习惯而提出的假设，只能以这种习惯为范围，那么就不存在一般的必然性，存在的只是人的习惯中一件事情跟另一件事情的出现这种经验。休谟正是这样写道："纵然有一个例证或一次经验，使我们看到某一特殊的事情跟着另一件事情而来，我们也没有权利来构成一个概括的规则，或者来预言在相似的情形下将来会有什么事情发生。……但是某一特殊的事情如果在一切例证下，总和第一种事情会合在一块，那我们就会毫不迟疑地在一件事情出现以后来预言另一件事情，并且来应用那种唯一能使我们相信任何事实或存在的推论方法。因此，我们就叫一件事情为原因，另一件事情为结果。我们假设它们中间是一种关系，并且以为原因中有一种能力可以使它确然无误地产生出结果来，而且使它的作用有最大的确实性和最强的必然性。"①

但是即使人的认识最初是通过恒常的经验或习惯，构成了一种必然性的概念，然而也还可以进一步问，这种恒常的经验或习惯是怎样产生的呢？为什么在经验中，一种联系是以恒常的形式出现，而另一种联系又会是以偶然的形式出现的呢？它们是否证明了自然界就具有必然的和偶然的联系形式，而习惯等等无非是自然界的必然性在经验中的反映？否则又如何去解释，经验中怎么可能会出现这样两种联系形式，即一种是恒常的，而另一种则是偶然的。简单地说自然界的奥秘是不可知的，由此得出关于必然性的概念不过是人对恒常性的经验所作的假设，这种结论既不符合于人类的认识史，也不符合于人的实践历史。就以休谟所举的"热是火的经常伴侣，可是它们中间的联系是什么，我们是无法猜想或想象的"这个例子而言，当化学还不能科学地解答燃烧这种剧烈的氧化作用与热能的关系时，固然可以说对火必然产生热的原因还是不可知的，人只是根据这两者在现象上的恒常联系或习惯去判断火必然产生热。可是当近代化学已经科学地解答了这一问题时，就不能再说其中的联系是不可知的了，也不能再说人对这种必然性的认识只是根据习惯所作出的假设，因而它不过是一种

---

① ［英］休谟：《人类理解研究》，关文运译，商务印书馆1981年版，第68-69页。

必然的概念了。

当宗教与神学用上帝的意志去解释自然界的必然性时，他们曾宣扬即使自然界存在着必然性，那也不过是上帝意志合理安排的结果。可是上帝对自然界的绝对统治的理论，从 16 世纪开始两百多年来经过近代科学与唯物主义的猛烈冲击，它的体系已摇摇欲坠了，尤其是当人们用科学代替了无知，用控制自然的力量去代替在自然面前束手无策的情况时，说人有力量去控制和利用自然的必然性，也就是控制和利用上帝的意志，这似乎是矛盾的。但是作为一种意识形态，尤其是一千余年来支配着欧洲社会的意识形态，在人们的头脑里却不会就此消失的。至于它的政治基础即封建制度，当时在欧洲大陆还有相当大的势力。即使在英国，那里的资产阶级也乐意利用宗教去作为控制人民的马勒。一些人虽然在思想上保持着无神论，然而在口头上则仍然承认上帝的意志对自然界和人间的支配力量；另一些人则用上帝的意志去和唯物主义对抗。贝克莱就是后者的代表人物，他提出存在就是被感知，而必然性则是表示着感觉的恒常性的概念时，就直率地指出唯有排除物质这一概念才能根本摧毁唯物主义，并恢复对上帝的信念。然而在英国当时的思想界具有影响的则是自然神论，对于像柯林斯、托兰特、普列斯特里等这样的人来说，上帝君临一切的地位则已不存在了，仅是还保留着创造世界的这种权力，而且自然界一经被创造出来后，它就只是受自身的必然性所支配了。

休谟虽然也批判了主张上帝意志统治着自然界的这种客观唯意志论，并且认为："按照这些哲学家的意见来说，样样事情都是充满了上帝的。他们不只说，一切东西所以存在都是凭借于他的意志，一切东西所以有能力都是由于他的许可……我们如果假定神明把一些权力让给较低的被造物，那倒比说他借自己的直接意志产生样样事物，更能证明他有较大的权力。"① 但是休谟却并没有由此去肯定自然界有着自身的必然性，就像自然神论者所持的观点那样，而是后退到不可知论。休谟认为做一个哲学上的怀疑主义者，是"做一个健全的、虔诚的基督徒的第一步和最重要的一步"，可见不可知论只是为走向信仰主义铺平道路而已。

为了根本动摇 17 世纪英国唯物主义为近代科学所奠定的哲学基础，

---

① ［英］休谟：《人类理解研究》，关文运译，商务印书馆 1981 年版，第 65-66 页。

休谟提出,一切科学唯一的直接效用,就是指导人们如何通过掌握事物的原因去控制和支配未来将要发生的事件,因此人的认识和研究就是以因果联系为对象,但是人们关于因果联系的概念却并不证明客观事物之间存在有普遍的必然性。然后休谟便提出了以下的论证:"因此,习惯就是人生的最大指导。只有这条原则可以使我们的经验有益于我们,并且使我们期待将来有类似过去的一串事情发生。如果没有经验的影响,那我们除了当下呈现于记忆和感官的事情而外,完全不知道别的事情,我们将永远不知道如何使用自己的手段来达到我们的目的,我们将永不会运用我们的自然能力来产生任何结果。"① 但是,如果实践与自然科学的客观前提,根本不是自然界的必然性,而是人由恒常的经验形成的习惯,以及在习惯的基础上提出的假设,那么,近代唯物主义为科学所奠定的理论基础也将随之消失了。至于自然界是否具有必然性的问题,也就成为是不需要解决,而且也不可能解决的形而上学的问题。休谟的论证确实会使一些诚实的科学家们感到无所适从,而以后的实证主义的各个流派,也就直接地从休谟的体系中吸取所需要的观点。

如果实践与自然科学不是以客观必然性的存在作为前提,而是以主观的经验与习惯作为前提,那么,一旦出现实践的结果不符合于人的预期或假设时,又应当怎么解释呢?在这种情况下,假设当然只有推责任于经验,而经验也只能回答道,因为经验的连续或习惯中断了。可是习惯为什么会中断呢?还如同它在另一种情况下又为什么会恒常出现呢?对于这类问题,经验只能默不作声。既然被经验到的只能是某一现象之出现或者不出现,继续出现或是中断了,此外再也不能有更多的内容。至于这些经验究竟与外部世界有着什么关系,由于客观必然性的存在之被否定,因此认识或假设是否符合于客观必然性的问题也就毫无意义了。但是从经验论与不可知论出发,也还是可以有另外一种答案,即"我们只见一个固定的现象有规则地随着另外一个固定的现象即'因'而产生,至于'因'如何产生'果',那是一个闷葫芦。自然物间相互的作用我们是会不知道"。这是休谟写的吗?完全不是,这是11世纪的伊斯兰哲学家安萨里写的,而

---

① [英]休谟:《人类理解研究》,关文运译,商务印书馆1981年版,第43页。

他由此得出的结论是：使因与果联结起来的真正原因，只能是真正的意志。① 然而这却是休谟所避免去触及的直率的结论。

三

如果说自然界具有必然性，这种必然性不过是从经验的恒常联系或习惯所作出的假设，那么，这种假设是否同样地也适宜于去说明人的活动？换句话说，在人的活动中是否也具有这种经验的恒常联系呢？对此休谟作了肯定的答复。他认为一个哲学家如果思想是首尾一贯的，那他就会将适宜于自然的假设，同样也推论应用在人的一切行为与意志上，"我们只要知道某些人性格中和环境中的一切特殊情节，那我们往往就能解释出他们那些最不规则最出人意料的决定来"②。

人的活动比较起自然运动虽然有着不同的性质，因为前者是一定的动机所支配的，而且由于存在着各种不同的动机，便使得人的行动呈现出扑朔迷离的情景，其中似乎是无规律可循的。但是休谟认为，不仅人的动机必然支配着人的行动，而且就从这种种不同的动机来看，如果一一分析这些动机形成的各种条件，包括这些人性格和环境中，即内部与外部的一切特殊情节，那么，一个人为什么会产生出某种动机，仍然可以从这种制约着动机的内部与外部的诸条件去得到解答。这样休谟事实上就是承认，人的活动不过是这些内部条件与外部条件制约的结果。同样地自然界的运动变化，便是制约着事物的内部与外部条件所构成的，使它的运动只能循着确定的趋向这种性质。

当然这并不就肯定，人的行为都是必然的，休谟解释说，由此并不能认为，一切人在同一环境内就都会精确地以同样的方式去行动，还必须承认性格、偏见和意志在每个人身上是存在着差异的。也就是说不仅要承认必然性的存在，同时还要承认偶然性的存在，不过即使是偶然性，仍然是

---

① ［荷兰］第·博尔：《伊斯兰哲学史》，马坚译，中华书局1958年版，第153－154页。
② ［英］休谟：《人类理解研究》，关文运译，商务印书馆1981年版，第79页。

以一定的规律性为条件。譬如各国不同的风俗，都可以从这些国家的教育与习惯去得到理解。因此休谟认为，人的动机以及由一定动机所支配的行动，"正和自然的任何部分中因果间的那种会合是一样的规则，一样一律的"。

不仅是一种动机的产生，是由各种内部与外部的条件所制约，就在人们自觉地构成一种意志时，也是以客观可能性作为基础的。休谟指出"一个国王向他的臣民征税时，就预期他们的遵从。一个将军在率领军队作战时，就估计到他的军队有某种程度的勇气。一个商人指望他的代理人或货币管理人的忠实和技巧"① 等等。因此，一切意志的活动，都是以对某种可能性的确实存在为前提，而且"谁要是以这个方式进行推理，他就在事实上相信意志的活动是由必然发生的"。不仅当意志决定去进行一项行动时是如此，就是当它决定不去进行一项行动时，仍然离不开可能性这一基础。休谟举了囚犯放弃逃跑的例子，说一个囚犯既无金钱、又无人情，他就会不但从环绕他的墙壁和铁栏中，而且也会从狱吏的注视与警惕中发现他不可能逃跑。

个人的动机及其行动，固然可以从构成动机的内部与外部条件去得到理解，至于人的活动以及支配这种活动的动机，休谟则认为可以从人性去得到理解。他承认在各民族和各个时代人们的活动中存在着规律性，这就否定了历史是各种事件的偶然堆积。他还进一步肯定，历史的主要功能，就在于使人从中去发现"人性中恒常的普遍的原则"，并且供给人们以材料，得以通过历史材料去观察和理解人类从事活动的有规律的动机。因此理解历史的秘密，也如同理解人的活动的一般动机一样，需要从人性中获得理解。

17世纪与18世纪西欧的思想家们，一般都抱着同一的信念，认为历史既然是人的活动的结果，那么，只要理解人的动机，就可以了解各种历史事件的原因。至于要了解人的一般动因，便需要了解人性。如果从对人性的理解出发，就可以打开历史必然性的奥秘之门，所不同的只在于如何去解释人性。他们之中有的人是从人与其他动物的共性着眼，确认自我保

---

① ［英］休谟：《人性论》，关文运译，商务印书馆1980年版，第443页。

存是人的本性，有的人则是从人与其他动物的差别性着眼，确认唯有理性才是人的本性。然而当接触到自我保存或是理性的具体内容时，他们各自的立场与观点就鲜明地表达了出来。休谟也是如此，当他进一步分析人性的具体内容时，他认为："野心、贪心、自爱、虚荣、友谊、慷慨、为公的精神，这些情感从世界开辟以来就是，而且现在仍是，我们所见到的人类一切行为和企图的源泉。这些情感混合的程度虽有不同，却都是遍布于社会中的。"① 因为人性是永恒不变的，所以，譬如研究当代法国人和英国人的行为，按照休谟的论点，便可以由此去理解古代希腊人或罗马人的行为。然而，为什么同样的野心、贪婪，在当代法国与英国产生了封建君主专制和君主立宪政体，而在古代希腊与罗马，却产生了奴隶主民主制或奴隶主寡头专政的不同政体呢？休谟对此是无法回答的。在列举出自私、贪心等人性的内容时，休谟还强调："我们承认人们有某种程度的自私，因为我们知道，自私是和人性不可分离的，并且是我们的组织和结构中所固有的。"如果有人说他从一些原始民族中了解到，这些原始民族的成员完全没有贪欲、野心或报复，而且除了友谊、慷慨和为公的精神而外，就再不知道其他快乐，那么，休谟便根据自私、贪心这类他所谓的人性，指出这种说法的虚伪，并且还证明了说此话的人是一个撒谎者。② 休谟实际上是将私有制社会的自私性，概括为一般的人性，并且以这种一般的和永恒的人性，去否定不同的社会构成不同的人性这一事实。在这里休谟还违反了他屡次重复强调的原则，即从有限的经验怎么可能得出一般和普遍的结论，而且更以这种有限的经验，去否定另一种与它相反的经验？

从人性出发，休谟又提出了善与恶、爱与恨的标准，作为意志判断的根据，而这些标准也是十分具体的："没有东西比一个人的权力和财富更容易使我们对他尊视；也没有东西比他的贫贱更容易引起我们对他的鄙视。尊视与鄙视既然被视为爱和恨的一种，所以在这里应当说明这些现象。"③ 但是这种具体的内容，却以抽象的爱与恨、利与害来表现，并且与快乐或不快乐这种心理状态联系着，即凡是有利的就在人的心理上引起快

---

① ［英］休谟：《人类理解研究》，关文运译，商务印书馆1981年版，第75页。
② ［英］休谟：《人类理解研究》，关文运译，商务印书馆1981年版，第76页。
③ ［英］休谟：《人性论》，关文运译，商务印书馆1980年版，第394页。

乐的感觉，相反凡是有害的就在人的心理上引起不快或痛苦的感觉，于是历史最深奥的秘密便不在他处，而是在心理学中。

四

休谟在解释他关于必然性的论点之后，就提出了必然与自由的问题，并且承认这是哲学这一门学说最多的科学中所包含的争论最多的问题。但是他却面临着一个困难，既然他肯定自然界具有由经验的恒常联系或习惯所作出的关于必然性的假设，而且这种必然性也为社会以及个人的意志对动作作决定时所具有，那么，按照形而上学的方法，必然是排斥自由的，自由则意味着不受必然性的制约。因此主张自然界具有必然性或者人的行为是受意志和人性的必然所支配，那就是说人无论是对自然或是对自己的行为都不可能是自由的，相反如果主张人是自由的，那就必须证明人绝不能同时受必然性所制约。但是经验不仅告诉人们，它们的恒常联系是现实存在的，并且也告诉人们，意志可以作出采取或与放弃一种行动的选择也是一种事实，所以否定必然或是自由任何一方的存在，都是违反经验的。

对于这样一个复杂的问题，休谟却提出了以下的保证："我们要想解决这个问题，并不用许多话语就可以证明，一切人类都同意于自由学说，一如其同意于必然学说一样，而且在这方面一向的争论都只是口头上的。"① 他进一步认为必然与自由问题，所以会在哲学史中引起长期的争论，只是由于对两者的文字解释的分离。因此只要将必然与自由的定义确定了，相应的争论就将不复存在。这一结论是十分武断的，它回避了问题的实质，难道长时期以来关于必然与自然的争论，仅仅是由于争论各方所用的名词的含义存在着分歧而引起的吗？

但是休谟既然肯定哲学史上这一重大的争论只是起因于对必然与自由的定义存在着分歧，所以只要能够提出使两者不相冲突的定义来，就足以证明对必然与自由关系的争论是完全不必要的，即使还有一些争论，也将

---

① ［英］休谟：《人类理解研究》，关文运译，商务印书馆1981年版，第85页。

随着对必然与自由这两个名词的澄清而得到解决。于是休谟便提出，如果人们都能承认因果和必然性的概念是来源于经验的恒常联系所形成的习惯，这种经验联系的恒常性既出现在自然界里，也同样地出现于人的有意识的活动中，而且又都承认人具有可以按照意志的决定来行动或放弃行动的这种能力即自由，那么必然与自由就不再是矛盾的，因为它们都在经验中存在。但是这种解释根本没有去触及问题的实质，那就是：既然自然运动与人的活动都受必然性所支配，面对客观必然的存在，人是否只能同其他生物一样，匍匐于地去服从它，还是有能力去驾驭并利用它？如果人并不是客观必然性的工具，那么，又是在什么条件下，人可以通过对客观必然性的驾驭和利用来表示他是自由的。对此休谟没有作出任何解答，他的方法就是：对于客观世界是否存在着有必然性的问题，便用不可知去回答；对于必然与自由的矛盾的问题，便从名词上加以调和。

休谟给自由作了如下的定义："所谓自由只是指可以照意志的决定来行为或不来行为的一种能力，那就是说，我们如果愿意静待着也可以，愿意有所动作也可以。这种假设的自由是普遍被人认为是属于每个人的，只要他不是一个狱囚，只要他不在缧绁之中。"[①] 这不过是说，人性、环境决定着人的意志，但并不妨碍意志保留着有作出行动或不行动的自由，两者并不是绝对排斥的。但是，如果自由仅属一种表面的现象，因为意志无论是作出行动或者不行动的决定，归根到底则是受人性与环境所支配，那么，这种自由仍然不能说明人对自然与社会具有的能动作用。然而休谟却肯定，通过这一定义，就可以解决必然与自由关系的争论，因为两者之间并不存在对立。休谟始终没有能够找到必然与自由的真正结合点。

---

① ［英］休谟：《人类理解研究》，关文运译，商务印书馆1981年版，第85页。

第三篇

16—17世纪西欧大陆的必然与自由学说

第一章 笛卡儿

一

　　近代科学与哲学在封建制度以及它的精神支柱即教会与神学的重重阻挠和血腥的迫害下所经历的艰辛过程，西欧大陆比较起英国尤为明显。当时西欧大陆的经济，除了个别地区比如尼德兰之外，都比英国要落后得多，封建制度的基础还很牢固，并且往往又处于罗马教廷的直接统治下。14世纪到16世纪的两百年间，经过宗教裁判所审判并处死的七十余万死难者中，就有着像乔尔丹·布鲁诺以及其他知名或不知名的科学界的先驱人物。但是尽管当时西欧各国的封建政权和天主教会勾结在一起，企图将刚诞生的近代科学扼杀在摇篮里，然而后者却是与当时新兴的生产力和工业技术的发展密切相连的，而近代工业则是新兴资产阶级的生命与前途所系。新兴资产阶级发展工业、贸易，发展科学技术，以及摆脱封建制度和教会束缚的种种要求，开始将16世纪西欧的思想界推进到一个批判的时代，批判的矛头则直接指向宗教与神学。批判的方面则很广，从哲学、历史直到文学、艺术理论都包括在内。其中哲学的批判则是针对经院哲学的，批判的目的在于从自然观、认识论、方法论等方面，摆脱中世纪旧的权威思想的束缚，为当时新兴科学技术的发展提出理论根据。批判的口号是追求真理，一切都应诉诸理性的法庭。在英国，人们要求一切都以经验为基础，唯有经验是真实可靠的，因此概念、学说、理论甚至权威的著作，都要用经验去检查它的是非；而在西欧大陆，人们则要求一切应以理性为标准，唯有通过理性始能获得真理，从理性推论出的原则，就是认识并推论出宇宙间万物生存和运动所依循的规律。

16世纪西欧大陆经济与文化最发达的国家是尼德兰，它包括今天的荷兰、比利时以及法国东北的一部分领土。从1566年到1609年，尼德兰新兴的资产阶级历经四十余年的反对国内封建制度和西班牙外来统治的斗争，最后获得了民族独立，建立了资产阶级共和国。尼德兰革命的胜利，促进了本国的经济发展与科学文化的繁荣。当时它是西欧资产阶级及其思想家们的圣地，一些反对本国封建制度的政治家和思想家，为了逃避封建政权和教会的迫害，往往选择尼德兰作为他们的避难所，许多反对封建制度和教会的著作也送到尼德兰去匿名发表。

作为西欧近代哲学奠基人之一的勒奈·笛卡儿，虽然出生于法国土伦省的一个贵族家庭，可是他的后半生几乎都是在尼德兰度过的，笛卡儿在物理学、天文学及生理学等方面，都有过重要贡献。当时为了适应刚诞生的近代科学的要求，在哲学上笛卡儿采取了对经院哲学的批判态度。

笛卡儿为哲学提出的任务是：要求哲学能够去"寻找第一原因和真正原理，并且由此演绎出人所能知的一切事物的理由"。过去，经院哲学固然曾提出过许多原理，可是它们不仅不能作为第一因和真正原理，而且长时期以来，由于经院哲学将这些原理捧上了权威的地位，以致后人只能盲目地去跟从这些原理，丝毫不容加以怀疑，这样就阻碍了人们去进一步认识真理。笛卡儿指出："近来想做哲学家的大多数人……都盲目地追随亚里士多德，往往曲解他的著作和本义，并且以各种不相干的意见归诸他。"此外，即使是不追随亚里士多德的人们，"也在幼时习染了他的意见，因为他的意见已成了学校中主要的教材。因此，他们的心就为偏见所蒙蔽，不能冲决樊篱，认识真正的原理"①。如果一个哲学家不愿盲目追随权威，那么，为了寻求第一原理，就需要排除这些权威之说所加于人们精神上的枷锁，以及阻塞住人们头脑的种种偏见。所以笛卡儿就决心从头开始，换句话说，便是从怀疑经院哲学的权威、怀疑各种偏见，直到怀疑他所认为不可靠的感觉开始，将这一切无例外地都放到理性法庭前，听取理性对它们重新作出判决。

---

① ［英］笛卡儿：《哲学原理》，序言，关文运译，商务印书馆1959年版，第8页。

这种怀疑精神在法国有着它固有的传统，11世纪末的彼埃尔·阿伯拉尔就曾经提出过"先知和使徒也可能是错的"，因此便需要通过怀疑去寻得真理。阿伯拉尔强调"怀疑把我们引向研究，研究使我们认识真理"。他还提出只有理解才能信仰，这在当时可以算是大胆的怀疑精神。16世纪法国的人文主义者蒙台涅①也提出过怀疑一切的口号，而这种怀疑还是针对神学而言的。无论是阿伯拉尔或是蒙台涅，他们所提出的怀疑不同于古代怀疑论者皮浪那种纯粹持消极态度的怀疑主义，前者是包含着为了树立而必须先破的积极内容。笛卡儿就是在近代的形式下，继承着这种积极的怀疑精神，不过他又与古代的怀疑论者相似，将感觉看作是不可靠的，因而感觉也被列为怀疑的对象，并且由此来推崇理性。

实现这种积极的怀疑所需要的前提，就是肯定人具有能够对传统思想的是与非作出正确判断的理性能力。然而人是否具有理性的能力呢？又是如何才能去获得这种能力呢？笛卡儿认为：理性的能力是天赋的，因而是人之所固有的，所以那种正确地对真与假、是与非作出判断的能力，实际上也就是一般称之为良知的那种内容。既然人人都天赋有辨别真伪、是非的理性能力，那么，运用这种天赋能力去判断传统思想的是非，就成为每个人的自然权利了。

笛卡儿的怀疑精神是很彻底的，他提出要想追求真理，就必须在一生中尽可能地将所有事物都加以怀疑。他在怀疑的过程中，甚至对自己的手与足以及当前的行动是否是真实的，也一概加以怀疑，这其实就是对经验的怀疑。最后他得出的结论则是，唯一可以信赖与肯定的是在思维的我，因为"我在怀疑时，不能怀疑自己的存在，而且在我们依次推论时，这就是我们得到的第一种知识"。笛卡儿为了确立新认识而去批判传统的旧的信念，便需要从肯定某个前提开始，这个前提就是："我思故我在。"在他看来，思维着的我比经验中的肢体的存在更为实在，也比经验中的现实世界更为实在。

从"我思故我在"这一基本命题出发，笛卡儿便随之树立起上帝的存

---

① 蒙台涅，又译蒙田，法国16世纪人文主义思想家，其代表作为《论文集》。——整理者注。

在，至于树立的方法，则不外是沿用经院哲学的本体论的证明方式，去论证一个圆满的上帝存在的必然性。接着他又论证了物质与精神两种实体，笛卡儿认为，凡是知觉、理智、意识、意志等都属于精神实体；凡是体积、形象、长宽高三向量、运动等，则都属于物质实体。每个实体都有一种主要的属性，物质实体的主要属性是广延，精神实体的主要属性是思维。

笛卡儿的两个实体的观点，虽然避免了下述理论上的矛盾，即如果生命、思维是属于肉体的，那么，物质怎么会产生思维？但是笛卡儿却将物质与思维、肉体与精神看作是分离着的两个实体，由此又陷入了二元论。物质这个范畴在笛卡儿的体系里，被认为是纯粹僵死的实体。物质的基本属性即广延，只能表明物质的存在是能被人所感觉的，但却无法表明它能产生运动，更说明不了物质运动的内部原因，因此，笛卡儿只有肯定每个物体的运动是外部作用的结果，而且物体的运动也只限于机械运动。

笛卡儿曾经研究过物质运动的规律，例如运动量守恒定律以及光学的一些规律，他认为："上帝一方面把这些规律建立在自然之中，一方面又把它们的概念印入我们的心灵之中，所以我们对此充分反省之后，便决不会怀疑这些规律之为世界上所存在、发生的一切事物所遵守。"[①] 这就是肯定世界的存在与变化，都有着必须遵循的规律，人们运用理性便可以认识世界的存在与变化的规律。至于笛卡儿在阐述这些观点时，所谓上帝既将规律塞给自然，又将规律的概念塞进人的头脑中这类多余的话，那只是反映着他对神学的批判是不彻底的，表现着他对宗教的妥协态度，也反映着他的二元论的立场。

在《论世界》这部物理学的论著中，笛卡儿表示了以下的看法：如果上帝在想象的空间中的某处，创造了一些足够构成一个新世界的物质，再将这团物质的各个部分加以搅乱，使它成为一团混沌，然后又给自然以协助，让自然依照上帝所建立的规则去活动，那么，自然仍然会像当前那样有规律地运动着。笛卡儿是通过这一假设和比喻，去说明自然是依必然性

---

① 北京大学哲学系外国哲学史教研室编译：《十六—十八世纪西欧各国哲学》，生活·读书·新知三联书店1958年版，第118页。

而形成的，至于上帝的任务则是在于准备构成世界的物质材料和建立自然运动的规律，自此之后自然界就依着自身规律而运动了。这种假设实际上就是剥夺了上帝任意干涉世界的权力，至于上帝所有的则仅是物质来源与运动规律来源的垄断罢了。这主要是由于天文学、力学等领域内的科学认识和体系已逐步建立起来，但是按照自然哲学的要求，还需要对物质来源以及运动规律的最后原因，作出形而上学的说明，这些在当时还无法去加以说明的问题，便只有留给上帝了。至于物质世界的运动，笛卡儿肯定它是严格地依循着客观必然性的，他甚至认为："即使上帝创造出许多世界，也不会有一个世界不遵守这些规律。"笛卡儿曾经说过一句豪语："给我物质和运动，我将为你们创造出世界来！"这句话可以理解为只要有了广延与运动这两个范畴，便可以用演绎法去论证出世界的图型，但是也可以理解为，上帝能创造世界，人类未必就不能做到，只要按照必然性，就能够创造出一个物质世界。

二

笛卡儿的怀疑精神的前提，是人能够运用天赋的理性去进行判断，表现人的判断能力的则是自由意志，所以要肯定理性的判断能力，就必然要肯定自由意志的存在。笛卡儿认为："不论创造我们的生命是谁，不论他如何有力，如何骗人，我们依然意识到自己有一种自由，使我们借以不相信任何不明显、不确定的事物，并因而防止受骗。"① 主张人有运用理性去怀疑一切并作出判断的自由，也就是肯定凭借自由意志便能够去排除各种偏见，并且对各种传统之见和权威学说作出理性的裁决。这在实质上就是以理性的裁判去对抗宗教与权威的裁判，所以自由意志在笛卡儿的体系中，就成为是批判经院哲学和解放思想的有力武器。

自由意志的力量，首先就表现在对旧的思想，包括传统权威的怀疑，它不仅是对某种思想或教条，而且是对全部旧的思想体系的否定。此外，

---

① ［法］笛卡儿：《哲学原理》，关文运译，商务印书馆1959年版，第2页。

它还需要树立起一种新时代所要求的思想体系，以取代那种业已过时的旧思想体系，以及与现实格格不入的权威理论。正是自由思想吹响了新时代的前奏，这场思想领域中的革命风暴就是在理性的大旗下掀起的，而且无论是对经院哲学的怀疑与否定，或者是要为科学思想争取自由，又或是要求将幸福从彼世移到来世，凡此一切都是以理性的名义提出的。总之，凡是适应于新的资本主义生产方式和近代科学发展的理论，它便自然地闪耀着理性的光芒，反之，那些束缚或不利于新的资本主义生产方式和近代科学发展的理论，则在理性的法庭上一一判决为败诉。从 15 世纪以来，理性这面旗帜一直是西欧对抗神权，以后又是直接反抗封建专制制度的时代象征，由于笛卡儿的祖国比较起当时的英国与尼德兰，它的经济、政治等各个方面都处于落后的地位，代表新的生产方式的阶级，它的力量还十分薄弱，所以从英国与尼德兰对法国的影响，首先还只限于反对神学与经院哲学对思想的束缚，一切有关发展科学与学术自由的要求，都是在十分审慎的方式下提出的。从笛卡儿的思想中，可以明显地看到这种倾向。当笛卡儿提出"我们必须在一生中尽可能地把所有事物都来怀疑一次"时，他指的"所有事物"是否也包括有天主教会的权威与路易十三的皇权在内呢？如果是这样提问，笛卡儿肯定会矢口否认的，因为他的第一条箴言便是："服从我国的法律和习惯，笃守上帝恩赐我从小就受到的宗教信仰。"可见摆在笛卡儿所认可的理性法庭上的，只是旧的传统思想，并且还得小心地从中剔去对教会与皇权的怀疑，这便是笛卡儿为理性和自由意志所设定的界限。

既然人必须具有自由意志才能运用理性，因此在笛卡儿看来，人的主要完美之处，就在于他能借自由意志去进行判断和决定行动。对此笛卡儿写道："人之能借自由意志动作，乃是一种高度的完美性质……自动机器虽然可以精确地进行其所适宜的活动，可是它们并不因此为人称赞，因为它们的运动的进行，乃是必然的。只有创造它们的工程师乃是可以称赞的，因为他把它们造得十分精确，而且他们的行动不是必然的，乃是自由的。根据同样理由，我们也应当认为自由不止是机器，而且还更进一步，因为我们在接受真理时,并非出于必然,而是自由的。"① 笛卡儿以及后来的笛卡儿主义者曾将人体构造比喻为一架自动机器,不过他们却始终没有像以后接受了他们影响的拉美特利走得那样远。在前者看来,人体构造虽然类似一架自动机器,然而人的行动却并不像机器那样只受物体机械运动的必然性所支配。人之异于机器就在于人是有着自由意志、是通过自由意志去接受真理的。

所以,自由意志便是指人根据理性作出判断和决定自己行动的意志是自由的,因而不是纯粹由必然性所支配的。不过笛卡儿却并没有将自由意志理解为是人的行动的任意性,即它可以不顾一切地去为所欲为。他认为自由意志就表现在人能够接受真理,并且根据理性的指导去作出判断,由此推论,真理就是自由意志作出正确判断的前提与范围。只有根据理性对真理的认识,自由意志才能够作出正确的判断,并且随之采取正确的行动。他曾这样写道:"每当我严格地把我的意志限制在我的认识的限度之内,使它只对理智向它清楚明白地提出的东西作判断时,我就决不会犯错误。"这里正表明了笛卡儿是将自由意志与正确的认识,即认识的真理性相联系的,换句话说,只有以真理性为依据去作出判断的自由意志,才不会犯错误,因而它所指导的行动才是正确的。

笛卡儿肯定人运用理性是能够获得真理性的认识,他有时是将理性和真理看成是同一的,同时他又认为理性是有限的,它实际上是对有限事物的认识,理性的有限性便构成了自由意志的范围,确切地说,它是意志能作出正确判断的范围。如果一旦意志越出人"所能明白了解的那些对象之外",它就会导致错误。笛卡儿曾提出错误是如何产生的问题,他是这样回答的:"这只是由于意志比理智广阔得多,我没有把意志纳入同样的限度之内,而把它扩展到我所不了解的东西上去了,意志本身既然对这些东西是一视同仁的,于是就极容易陷入迷途,把假的当作真的,把恶的当作善的;这就使我犯错误和犯罪了。"②

意志既可以在真理或理性的指导之下去作出正确的判断,也可以背离

---

① [法]笛卡儿:《哲学原理》,关文运译,商务印书馆1959年版,第14页。
② 北京大学哲学系外国哲学史教研室编译:《十六—十八世纪西欧各国哲学》,生活·读书·新知三联书店1958年版,第138页。

真理或理性的正确指导，由此去作出错误的判断。笛卡儿认为，无论是前一种情况或者后一种情况都是自由意志的表现，因此，即使是错误的判断，它仍然表明意志在作出这类判断时，它仍是自由的。其实在后一种情况下，所谓自由意志就不过是一种形式罢了，它虽然在判断上似乎是自由的，因为这并不是在强制的前提下因而失去了作判断的可能，然而当意志作出的是错误的判断时，它就绝不可能为客观必然性所承认，由此它只能是受盲目的必然性所支配，这样当然就没有什么实际的自由可言了。不过笛卡儿既然肯定意志在作判断时是自由的，那么，即使作出的是错误的判断，它的责任也就应该由人自己负责，而不能去埋怨必然性，因此，真假、善恶、福祸就是由人自取了。所以自由意志既可以成为人的主要完美的标志，也可以是错误的渊薮，人之受赞美或遭谴责，可以说都是出自于自由意志了。

所以笛卡儿指的自由，便只具有主观的意志，就是指按照理性作出判断的自由。当笛卡儿指出，真理的认识是自由意志作出正确判断的范围时，他就肯定了意志的正确判断与认识的真理性是一致的，并且认识的真理性又是意志正确判断的前提。笛卡儿认为真理的认识便是清晰明白的理解，它决定着意志判断的正确性，但是它虽然是意志作出正确判断的范围与前提，然而它却不是自由意志的必需条件。换句话说，即使一个人缺乏真理性的认识，但并不妨碍他去进行意志的判断，至于这一判断是否正确，那又是另一回事。笛卡儿认为，意志的范围要比真理的范围更为广阔，尽管有人对某种事物并不具有真理性的认识，可是丝毫也不会因此便阻碍他进行意志的判断与决定。而且无论这种判断与决定是正确的或错误的，既然都不是由于外力强制的结果，而是出于人的自觉活动，这就证明了意志是自由的。

三

笛卡儿提出两个实体，即广延的物质实体与思维的精神实体，与此相应的便是物质世界与人的精神世界。物质世界或自然是严格地按照必然性而运动着的,而且它们是无一例外地受机械运动的规律所支配,人体作为物质的存在也是如此,它同样地受机械运动的规律所支配。由此笛卡儿就排除了自然界是按照一定的等级制度的运动着的中世纪神学的观点,这种观点认为从处在宇宙边缘的上帝开始,经过天上不同等级的天使,再到世间不同等级的人群,直到动物与植物,最后则是无机物,正是由这一系列不同的等级序列,构成了全部宇宙。而现在被承认的则是物质与精神这两种对立的实体,此外就再也没有别的实体了。其中物质实体既然是为机械运动的规律所支配,所以经院哲学的决定物质运动的形式因此也就被排斥了。物质世界被说成是由于外部作用而运动着,而上帝虽然可以创造世界,但却不能使自然运动离开客观必然性,因此,上帝的意志决定一切的说法事实上也就被排斥了。相对于物质世界或自然,精神与意志则是自由的,它们不受必然性所支配,"只有意志,即那唯一自主的自由,我体验到它是如此伟大,我心中没有比它更伟大更广阔的东西的观念",这便是笛卡儿对自由意志的歌颂,它同时也是对理性的歌颂。

　　但是笛卡儿却并不因此就认为,人通过自由意志便可以任意去支配客观必然性,当他提到与经院哲学所传授的思辨哲学相对立的实践的哲学即自然科学时,他认为通过自然科学便可以认识火、水、空气、天体以及其他一切物体的"力量和作用",这样"我们也就能用同样的方式把它们用在它们所适合的一切用途上,这就可以使我们成为自然的主人和所有者"。笛卡儿与培根一样,在他们的著作中屡屡表现出人能够成为自然的主人那种信心与自豪感,而人之能够成为自然的主人,则是立足于对物质的力量和作用也就是它的必然性与效用性的认识和利用这一基础上。然而由于笛卡儿坚持两个实体即物质实体与精神实体的二元论立场,他一方面肯定自然界是受盲目的必然性所支配,而不为人的意志所左右;另一方面又肯定人的意志是自由的,而不受客观必然性所支配,这样便得出了必然与自由是绝对排斥的两个实体这一结论。笛卡儿认为必然与自由有着各自的领域,必然性统治着自然界,而自由意志则统治着精神界,两者又是相互对立的。如果说意志是受必然性所支配,它便不再是自由的,正如客观必然性不受意志所支配那样。人作为生物人存在时,人的生理机构便像其他自然物一样受客观必然性所支配,但是人又是具有理性的,当人运用理性去进行判断时,他却是自由的。

笛卡儿关于必然与自由是绝对排斥的这一结论,既然否定了自由与必然的统一,由此在理论上便产生出一系列的问题,并且与笛卡儿的其他论点显得相互矛盾。对于自然界运动变化的必然性,笛卡儿最后是以上帝的名义去解释它们的始因,于是自由意志相对于必然性所处的独立地位,也就可以被理解为自由意志相对于宇宙的创造者所处的独立地位了,而现实便表明了自由意志或理性与宗教的对立。笛卡儿是觉察到了这种矛盾的,他写道:"如果我们设想,我们能做不是他所预见规定的任何事情,那是一种罪过。但是我们如果着手把上帝的预先命令和我们的自由意志调和起来,并且想在同时了解这两种真理,则我们便会立刻碰到一些大的困难而感到为难。"① 这个困难就在于一方面要肯定上帝的预见规定即必然性的存在,另一方面又要肯定意志是自由的。如果单纯肯定上帝的预见规定或必然性的存在,因而人的意志必须遵循必然性并为必然性所决定,这样便放弃了理性的裁判。如果单纯肯定自由意志的作用,认为自由意志可以超越上帝的预见规定或必然性而为所欲为,这又不仅会冒犯教会,而且是对客观必然性的贬低,也就是对正在形成的近代科学的客观基础的贬低。

以理性为武器展开对神学与经院哲学以及旧传统的批判,肯定自然界运动变化是受客观必然性所支配以及客观规律的可知性来为近代科学奠定理论基础,这是正在创立过程中的近代哲学所面临的任务,前者便是笛卡儿强调自由意志的根据,而后者又是笛卡儿肯定自然界受必然性所支配的原因。所以在解决上述的矛盾时,笛卡儿首先强调自由意志的存在,因为它是与天赋的理性相联系的。他认为人具有自由意志这是自明的,通过怀疑最后总需要肯定:"我们分明还具有一个自由的意志,可以任意来同意或不同意。这个真理可以归在我们与生俱来的那些最初的最普通的意念中。"② 所以承认自由意志的存在,仍然是不可动摇的信念。另一方面笛卡儿又强调客观必然性的存在,但是它存在并不妨碍自由意志,因为人们既然意识到有自由意志的存在,而全能的上帝就不至于去否定人的自由意

---

① [法]笛卡儿:《哲学原理》,关文运译,商务印书馆1959年版,第15页。
② [法]笛卡儿:《哲学原理》,关文运译,商务印书馆1959年版,第15页。

志，因此上帝的预见规定或必然性都不能消除掉自由意志。笛卡儿的这种论证当然是十分勉强的，这不过表明了他确实无力解决必然与自由的矛盾。笛卡儿只是在承认两个实体的基础上，划分出两个相对的领域，即自然界是要受必然性所支配，而精神或意志则是自由的，两者是对立的但又是互不干涉的。支配自然界的客观必然性是自然科学的客观基础，自由意志则是理性裁判的前提，至于上帝的预见规定既体现为必然性，但又不干涉自由意志。

笛卡儿由此就调和了必然与自由、理性与信仰的矛盾。但是他终于肯定了在理性面前，上帝的全能也要受到约束，不过理性和自由意志这种绝对的地位，也仅以精神领域为范围，它绝不能任意去干涉受必然性所统治的自然界。当自由意志要决定去行动时，它仍然需要承认客观必然性的存在这一事实，笛卡儿为自己订的行为守则就写道："始终只求克服自己，不求克服命运，只求改变自己的欲望，不求改变世界的秩序，一般地说，就是养成一种习惯，相信除了自由的思想之外，没有一件东西在我的能力范围之内，这样我对在我以外的事物尽力而为之后，凡是我不能做到的事，对于我们来说，就是绝对不可能的了。"① 所以自由意志就是让风暴在思想的海洋中去掀起巨浪，至于对现实的秩序，则宁可对它保持着克制的态度。承认理性的能动性，不过在行动上，尤其是在政治行动上，则不妨保持妥协。所以自由意志的全部目的，就是在于摆脱旧的传统意识的束缚，以利于建立起适应于即将来临的新时代的思想体系。

四

人是物质与精神、肉体与灵魂、广延与思维的统一体，按照笛卡儿的两个实体的理论，人的躯体同自然界的其他物质一样，严格地为自然界的必然性所支配，但是人又具有思维和理性，并且集中地表现为他进行理性

---

① 北京大学哲学系外国哲学史教研室编译：《十六—十八世纪西欧各国哲学》，生活·读书·新知三联书店1958年版，第112页。

判断的自由意志。因此人又是自由的,人本身,就包含着必然与自由的对立。

　　肉体与灵魂的关系,是中世纪西欧哲学所关注的一个重要问题,它又与神学关于灵魂不死的思想紧密联系着。当时所讨论的肉体与灵魂的关系问题,主要包含有两层内容,一是表达着欲望与理性的关系,肉体表现着欲望,即人的本能要求,而理性则是灵魂的化身,这两者之间究竟是欲望支配理性呢,还是理性支配着欲望?它最后又被归结为究竟是欲望还是理性决定着人的意志。另一层内容表达着灵魂究竟是只能附属于肉体,并随肉体的死亡而消失呢?还是灵魂属于独立的实体,它可以离开肉体而存在,所以纵然肉体会死亡,但灵魂却是不朽的。当时正统的神学一般都坚持后一种观点,即认为理性应该支配欲望,灵魂可以脱离肉体而永生,而阿威罗伊主义以及其他一些异端思想则支持前一种观点,即认为今生的幸福应当是追求的目标,而灵魂不可能永生,它将随着肉体的死亡而消失。至于肯定人的肉体是受必然性所支配,生理运动有着自身的规律,因而人的躯体的运动与人的意志之间,也存在着有必然与自由的关系,这个问题却是由近代哲学提出的。笛卡儿首先提出了这个问题,并且企图在关于两个实体的理论基础上解决这个问题。

　　笛卡儿提出物质实体与精神实体两者是互不相涉的,因此,肉体与灵魂两者也就是互不相涉的。但是,如果支配着躯体的客观必然性与人的自由意志是互不相涉的,那么,事实上意志的活动与肢体的活动之间,为何又存在着一定的联系呢?没有这种联系,意志又怎么可能去指导行动呢?如果意志不能指挥肢体去进行一项行动,那么,又怎么可能产生实践活动呢?对此,笛卡儿是这样解释的,他认为一方面肢体亦如同其他物质一样,只受客观必然性所支配,它是与自由意志相对立的;另一方面意志却能通过大脑中所谓的松果腺即笛卡儿假设的类似神经中枢的一种生理机构去指挥着肢体的活动。于是在严格按照客观必然性而运动的肢体与自由意志之间,便有了一条沟通的渠道。笛卡儿利用了当时生理学的成果,去阐明意志与躯体活动之间的关系,肯定意志作出判断,并且指挥着肢体进行有意识的活动。但既然物质与精神是两个互不相涉的独立实体,那么自由意志又如何可能去指挥只受客观必然性所支配的肢体运动呢?在什么前提下，自由意志才能去指挥只受客观必然性支配的肢体运动呢？如果不肯定自由意志与客观必然性的一致性，是意志所以能指挥只受客观必然性支配的肢体运动，那又如何去解释意志的能动作用呢？由于笛卡儿坚持自由意志的存在，它丝毫不可能受客观必然性的约束，因此他就不可能进一步去探索这种一致性，假若这样做那就无异于承认客观必然性对自由意志的限制了。笛卡儿从自由意志与客观必然性两者互不相涉的前提出发，认为意志的自由就表现它既可根据肢体运动的规律作出正确的判断去指挥肢体从事某种行动，也可以作出不符合于肢体运动的客观必然性的判断，对此意志是不受限制的。至于意志在作出不符合肢体运动客观必然性的判断这种情况下，它是否可能去指挥肢体作出违反客观必然性的行动，譬如一个人凭借自由意志是否能指挥他的脚去踢开两吨重的铁块，那就是另外一个问题了。以后的笛卡儿主义者进一步将肢体与意志理解为是两个绝对独立的范畴，以致在解释意志与行动的关系问题时，不能不提出所谓"两时钟说"的论点，那就是说肢体与意志像两座相互间毫不发生关系的时钟一样，当两座时钟同时响着三点钟时，不能说是哪一座时钟决定着另一种时钟。而只能说意志作出一项决定时，肢体也恰恰由必然性支配着作出一项动作，但是两者根本互不相涉，至于这种一致，则只能由上帝的预见规定来说明了。

与此相联系的另一个问题是：既然意志通过松果腺的作用而使得肢体动作起来，按照笛卡儿本人提出的运动守恒量定理，即物质运动的总量既不能创造与增加也不能减少与消灭，至于每一物体作用于另一物体使它运动的量，同这一物体接受别的物体所产生的运动的量，进而到整个物质世界运动的总量，应是一个常数，那么意志是从何获得指挥肢体去行动的能量呢？这是同时代人对笛卡儿提出的疑问。如果将意志指挥肢体活动看作是同物体间的机械作用是同一件事，当然就无法回答这一问题。而且根据当时自然科学，包括生理学的发展水平，也无法解答意志这种精神现象是怎样能引起肢体运动这种物理现象的。

在人们活动中存在的另一种对立的力量，即意志与欲望或情感的对立。在这一对立中，意志表达着理性的判断，而欲望或情感则表达着必然的力量。人的意志究竟表达着理性判断的自由呢，或者意志判断本身最后只是受欲望或情感的必然性所支配？对此笛卡儿的回答是：心灵包含着两种内容，即意志与欲望，它们是两种平行地支配着人的活动的力量。意志从它本性上说是自由的，而欲望则是必然的；意志并不能直接激起欲望的产生，它也不能自由地去决定着某种欲望，因为欲望只能是身体和世界所影响的、本能的和必然的结果。意志绝不能使一个人产生饥饿这种欲望，也不能阻止这种欲望的产生，不可能设想意志一旦下定决心不再去想到饥饿，饥饿的感觉以及充饥的欲望便会因此消失，因为后者的产生是由于人的本能，它是受必然性所支配的。另一方面理性或自由意志却不受欲望或情感这种必然性的支配，否则它就不是自由的。

所以在人这一统一体内，一方面欲望是以一种必然性支配着人的活动，饥则思食，渴则思饮；另一方面意志又通过理性的判断去指导人的行动，这样在人的活动中，就不可避免地存在着意志与欲望或理性与情感的冲突，它们实质上就是必然与自由的一种对立的形式。笛卡儿用以下的一段文字来说明意志与欲望的冲突，以及它们最后是怎样被解决的："我们惯常想到的一切存在于心灵的低级部分（即所谓感性部分）与高级部分（即理性部分）之间的、或者存在于自然欲望与意志之间的冲突，只是在于身体凭着它的精神，心灵凭着它的意志，同时要在腺体中激起运动，而这两种运动是有抵触的……人们使心灵扮演一些彼此通常相反的角色时所犯的错误，只是由于他们没有把心灵的功能与身体的功能很好地分别开来，一切可以在我们身上发现的与我们理性相抵触的东西，是应当仅仅归之于身体的。因此在心灵里没有什么冲突，只不过位于脑子中央的那一个小腺体可以一方面为心灵所推动，另一方面为动物精神所推动……这两种推动常常是相反的，较强的常常阻碍对方产生结果。"① 所谓动物精神也就是欲望，意志或理性与欲望的冲突，就表现在它们各自力图通过松果腺去对躯体发号施令，促使它去行动。当理性战胜欲望时，它便通过松果腺去使肢体按照理性的判断而行动，反之，当欲望占上风时，它便通过松果腺去使肢体按照欲望的要求去行动。

依照笛卡儿的看法，经常处于欲望与理性、必然与自由相冲突之中的

---

① 周辅成编：《西方伦理学名著选辑》上卷，商务印书馆1964年版，第598页。

人，就需要通过理性去克服欲望，成为冲突双方的较强者。人虽然不可能运用理性的判断去排斥欲望，但却可以凭借理性在冲突中所占的较强一方的地位，去自觉地支配行动，由此就不至于完全受欲望这种盲目的必然性所支配。笛卡儿的观点与同时代的英国唯物主义者的观点恰恰相反，后者则肯定欲望正是人的自我保存的要求，它与其他生物之要求自我保存同是必然的。人的努力在于用理性去调整这种自我保存的要求，使人的天赋或必然性同时成为人的自觉行动，由此做到人们自觉行动与必然性的一致。但是在笛卡儿的体系中，必然与自由之间却被划了一条鸿沟，这样虽然便于去说明对于旧的传统意识与权威，如果没有自由意志便不可能通过理性地裁判去加以否定，但对于自然界如果不承认它的运动是为必然性所支配，便不可能在实践中获得效果。可是与必然性相脱离的自由，终究不可能成为具体的自由。

第二章 斯宾诺莎

一

尼德兰是17世纪欧洲经济最发达的国家之一，它的渔业、海运业和手工工场的发展水平，都超过欧洲大陆的其他国家，包括它的近邻法国在内。在对外贸易方面，尼德兰当时几乎独占了东印度的贸易和欧洲西南部与东北部之间的商业往来。但是在这个17世纪最典型的资产阶级共和国内，封建主义仍然保持着相当大的势力。随着海运业和工业等的发展，尼德兰在数学、天文学和光学等自然科学领域中，有了一系列新的发展与建树，可是在意识领域内，宗教与神学相对地还占有着一定的势力，因此，同宗教与神学作斗争，仍然是自然科学以及与之有联系的思想体系，包括哲学在内的共同的艰巨任务。

近代哲学开始对客观必然性所做的一般考察，是与近代自然科学对自然界不同领域内物体各种运动形态及其必然性的考察紧密联系的，这种考察的总结成果，又成为冲击神学的犀利武器和为自然科学奠定了理论基础。这项工作首创于培根与笛卡儿，之后斯宾诺莎又继续从事着这项工作。

斯宾诺莎对于物质运动的一个基本观点是"万物的生成变化都遵循着自然的永恒秩序和固定法则"，这种秩序或必然性无例外地实现在每一物体的运动过程中，它们永远和处处都是同一的。所以在自然界内，没有任何物质可以脱离开必然性的支配。斯宾诺莎指出："万物除了在已经被产生的状态或秩序中外，不能在其他状态或秩序中被神力所产生。"这就是说，物质的生灭都是严格地按必然性去实现的。因此整个自然界就是一个用必然性之线所织成的网，每个物体都被牢固地束缚在这张网上。这个曾被托马斯·阿奎那称为是上帝意志的必然之网，斯宾诺莎则称它为自然的永恒秩序和必然规律。于是整个自然界便"只是按照它自己本性法则而行动，而不受任何东西的强迫"，所以自然界便不需要有来自它之外的致动因，换句话说，它便是自因。

斯宾诺莎在《伦理学》的开头，就为作为自因的自然下了一个定义："自因，我理解为这样的东西，它的本质即包含存在，或者它的本性只能设想为存在着。"这与他为神所下的定义是同一的，即"神，我理解为绝对无限的存在，亦即具有无限'多'属性的实体，其中每一属性各表示永恒无限的本质"①。

在斯宾诺莎的《伦理学》里，一般就将神与实体连着使用，譬如说神或实体具有无限多的属性等等，神并不具有支配自然的独立理智或意志，因此就不能凭意志去行事，神绝不可能任意使三角形的三内角之和不等于两个直角之和，这就证明了必然性或数学公理是高于上帝。斯宾诺莎认为，神或自然的自由，表现在它纯粹由于本性或自身的必然性所决定，而不为外力所支配。凡是仅仅由于自身本性的必然性而存在的事物，其行动仅仅由自身所决定，这便是自由，反之，凡一事物的存在及其行动均按一定的方式而为外力所决定，这便是必然。

斯宾诺莎在近代西欧哲学史中第一次提到了自由与必然的统一问题，他指出：所谓的自由便是基于自身本性的必然，而不是受外力的支配。假如岩石是有知觉的，它虽然基于自身的必然性而向下滚动，但它却会感到那是自由的。可是既然一切物质都是处于相互作用，即外部必然性的制约中，因此，只有实体或自然是自由的。

对于当时有关必然性与神迹的争辩，斯宾诺莎认为，既然物质都处于必然中，而神的自由则是基于自身的必然性，因此所谓脱离开必然性的神迹，就不可能存在。可见斯宾诺莎虽然对自由的实体冠以神的称号，但是只要神是基于自身本性的必然，那么，无论是创世主还是第一原动力等

---

① ［荷兰］斯宾诺莎：《伦理学》，贺麟译，商务印书馆1983年版，第3页。

等，便同属无谓之词。斯宾诺莎的观点是在理论上对宗教与神学的一次沉重打击，也是对上帝君临一切的说法的公开挑战，他写道："我倒还觉得那种万物皆受制于漠不关心的天意、依靠神的任性的说法，反比那所谓神的一切行为皆志在为善的说法似乎更接近真理，因为说神有意为善，便不免要附会一些与神不相干的东西给它，而牵强地说神的一切行为皆志在以它为榜样或以它为努力的目标。"① 实际上斯宾诺莎是同时否定上帝的意志与命运，尤其是否认上帝按照一定的目的去统治世界的说法。他认为神并不是依凭善的标准去行事，否则自然便是上帝有目的的产物。

论证自然是上帝有目的的产物，世界上万事万物都是神的有意识的安排，这是经院哲学所包含的一个重要内容。托马斯·阿奎那就曾从目的论去证明上帝的存在，在他看来，自然界的和谐运动，万物生灭之有常，这一切难道还不足以证明它是一种超人的、有目的的安排吗？斯宾诺莎猛烈地抨击了这种目的论，他并且进一步分析了它的认识根源："他们见到人体构造的神妙，因为昧于其所以然之故，遂不禁惊讶，便断言人体的结构不是机械般造成的，乃是有一种神圣的或超自然的匠心创造而成，所以能使各部分互不相妨害。"② 这就比当时一般对目的论的批判迈进了一步，斯宾诺莎从认识论的角度，指出了人们由于对自然界的无知，发现了自然界各种现象中所包含的必然性，而又无法加以解释，于是便导致人们用自己的创造活动去作类比，设想自然界和人体是这样的奇妙，它们怎么可能是自发地产生的呢？如果不是自发地产生，便只可能是有目的的创造，但是人对此是无能为力的。人虽然能够创造一套衣服或者一座房屋，然而要创造万物与安排天体的和谐运动，却是超乎人的目的与能力，这样除上帝之外还有谁能如此呢？斯宾诺莎有一句名言："天意便是无知的避难所。"他的这种观点，已经十分接近于费尔巴哈关于神是人的本质的异化这一思想了。

与目的论相对立，斯宾诺莎突出地强调了自然界仅受客观必然性所支配，而因果联系则是必然性的表现形式。他认为心灵可以理解的一切都是

---

① ［荷兰］斯宾诺莎:《伦理学》，贺麟译，商务印书馆1983年版，第35页。
② ［荷兰］斯宾诺莎:《伦理学》，贺麟译，商务印书馆1983年版，第40－41页。

必然的，为人所理解的事物的存在与活动，无不为因果联系所决定。因此每一种存在都有它存在的原因，而不可能是无缘无故地出现的。每一种存在物，它的运动与生灭，不仅有着直接的原因，并且间接又是为一系列前后相继的因果联系所决定，它们是处于无限的因果联系之中。原因可以区分为两种，一种是存在物自身的原因，另一种是外部的原因，但只有实体才是自因，因为在实体之外别无他物，至于每个具体的存在物，它的存在与运动，则是由于外部的原因。

斯宾诺莎将物质的存在与运动的外部原因，同时理解为是受必然性的支配，他认为，物质"不能够存在就是无力，反之能够存在就是有力"。存在就是必然的，物质的存在就表现着它具有必然性，换句话说，它的存在就有着所以存在的原因或理由。如果它不存在，那也就证明了它不具有存在的必然性，或者说它已丧失了这种必然性，因而失去了所以存在的根据或理由。

可以对斯宾诺莎的"世界图型"作出如下的描述：一切存在的都是必然产生的，并且严格地按照必然性而运动着。每个存在物都是一定原因的必然结果，因此又都为必然性所支配着，由此一切物质都处于宇宙的必然之网中，它们都被因果的锁链牢固地拴住，并且作为一种结果它们都为无数个直接的和间接的原因所紧扣住，这就使得在必然之网中的每个物体，都只能循着客观必然性而存在着与运动着。这个"世界图型"与霍布斯的"世界图型"是相类似的，它也是为当时的唯物主义者所共同具有的自然观。在这种"世界图型"里，物质的运动已不仅被理解为是一种单纯的因果联系，它是从总体去把握物质间的相互联系，这种相互联系是通过无数的因果联系环节去实现的。所以它又是从单纯的因果范畴过渡到普遍联系的中介，每个物体已不单纯是某个原因所产生的必然结果，而且是由普遍的原因所统一构成的必然结果。

斯宾诺莎从这种决定论出发，坦率地否认偶然性的存在，他认为："自然中没有任何偶然的东西，反之一切事物都受神的必然性所决定而以一定的方式存在和动作。"① 因此，一切物质不但被必然性所支配而一般地

---

① ［荷兰］斯宾诺莎：《伦理学》，贺麟译，商务印书馆1983年版，第29页。

存在着与运动着,而且是被必然性所支配在确定的方式下具体地存在着与运动着。由此偶然性就完全被排除了,因为它是被看作是与必然性绝对对立而不可能共存的。

在斯宾诺莎所描绘的"世界图型"中,各个单纯的因果联系仍然是自然界的必然锁链的基本环节,所以从因果联系的无限上溯这种可能性仍然存在。可是斯宾诺莎却并不因此便去假设始动者或最初因的存在,按照他的解释,每个物质虽然是由于外部原因而存在着与运动着,然而物质世界作为整体即实体,则是自因,此外并不存在着在它之外或高于它的原因。当然依此便需要进一步去阐明,每个物质虽然是由于外部原因而存在着与运动着,然而它又作为原因去决定着其他物质,由此联系的形式就不局限于单纯因果环节的无限上溯,而是相互作用的复杂的交叉了。至于作为自因的实体,它又是物质存在与运动的始因,万物在自然中运动着与生灭着,并为自然界的必然性所绝对支配。所以人的认识就应该符合自然界本来的面目,而不需要将神的意志或目的这类虚构的内容去加诸自然,斯宾诺莎明确指出:"实体,我理解为是在自身内并通过自身而被认识的东西",而且"实体的每一属性必然是通过自身而被认识的"。

理解斯宾诺莎关于神即实体的观点,对理解他的全部体系是很重要的。他的这一观点曾引起过许多的争议,有些人就根据斯宾诺莎的这一观点去认定他不过是一个神学家,因为他是通过自己独特的方式论证了神的存在,这与神学之论证神的存在并无原则上的区别。其实斯宾诺莎在《伦理学》中一再证明神是自因,是唯一的存在,相对地他又批判那种将神理解为是在自然之外的存在,并且肯定神是世界的创造者、始动因,按照一定的目的去支配自然界的神学理论。不难看出斯宾诺莎所坚持的恰恰是一个具有自因,因此不需要有任何外部意志与力量来支配它的实体。当斯宾诺莎认为神即实体时,他同时将实体理解为是自因、存在因、致动因等等,这样就将中世纪神学赋予上帝的属性归诸实体,而单单地否定了目的因,即自然之外的意志。这个实体还具有广延与意识的属性,如果说这二者也是神性,那么它与自然的属性又有什么区别呢?所以斯宾诺莎关于神即实体的观点,也就是将神还原为自然,将神的意志还原为自然本身具有的必然性。这一切当然是瞒不过正统的神学家的,因此当时斯宾诺莎的观点，曾受到神学家们的猛烈攻击并被犹太教会指斥为异端，就不难理解了。

神在斯宾诺莎的体系中与它的同义词即实体相比较，则不过是一个赘词，实际上它不过是实体的装饰品。然而它在斯宾诺莎的著作里终究还是被保存着，这一事实说明了 17 世纪不论在英国还是欧洲大陆，即使是先进的思想，却仍然还留着他那个时代的胎记。像霍布斯、斯宾诺莎这样一些先进的思想家，也还没有成熟到公开以无神论者来标榜自己。斯宾诺莎正是以神即实体这种独特的方式，来阐明他的唯物主义体系的。斯宾诺莎写的《神学政治论》发表时用的是假名，但它的真实作者被发现后，对此攻击的矛头便直接指向了他。这部著作与霍布斯的《利维坦》同被认为是不信宗教、侮蔑教会和无神论的书，因此被禁止出售与传播。斯宾诺莎的主要著作《伦理学》是在他临终前两年即 1675 年完成的，这部著作尚未问世前，神学家们便已造起舆论来，预告说他的这部著作比较《神学政治论》更为渎神，由此使得他在生前无法发表这部著作。从这一背景来看，宁可说神只是斯宾诺莎对实体与客观必然性的学说所做的一种掩护而已。

二

斯宾诺莎在肯定自然界有着自身存在与运动的必然性的同时，对客观必然性的可知性也作了肯定的答复。他认为"观念之客观地在思想，与其对象之在实在前，关系是一样的"，并且"真观念必定符合它的对象"，对此用另一种说法也是一样的，而"凡客观地包含在理智中的东西，一定必然存在于自然中"。斯宾诺莎是以他的独特的几何学的方法来论证这一结论的，论证的大前提是："思想的实体与广延的实体就是那唯一的同一的实体，不过时而通过这个属性，时而通过那个属性去理解罢了。"小前提是："广延的一个样式和这个样式的观念亦是同一的东西，不过由两种不同的方式表现出来罢了。"[①] 然后是结论：因此，观念的次序和联系与事物

---

① [荷兰]斯宾诺莎：《伦理学》，贺麟译，商务印书馆 1983 年版，第 49 页。

的次序和联系是相同的。被认识的必然性也是一种观念的次序和联系,它与事物的次序和联系即自然界运动变化的客观必然性是相同的。观念中的因果联系是根据自然界的因果联系而来的,观念中的必然性也是根据自然界的客观必然性而来的。

既然斯宾诺莎认为,自然界的一切都被拴在因果的环节中,由此便得出结论:"认识结果有赖于认识原因,并且也包含了认识原因。"这便是他所提出的认识客观必然性的方法。所以把握住自然运动的因果环节,也就可以认识它的必然性。至于怎样才能从现象去发现它的原因,培根和霍布斯的答复是:必须依靠实验的方法,而斯宾诺莎则倾向于笛卡儿的注释与论证的方法。

对于人认识了事物的因果联系,因而了解其必然性之后,是否便可以利用并驾驭必然性的问题,斯宾诺莎的回答比较谨慎。他认为:"人身在许多情况下为外界影响所激动,而且又适于在许多情况下支配外界物体。"这就是说,人有可能去支配外界物体,不过只限于"在许多情况下",而不是在一切情况下,就是在可能的情况下,也首先需要以遵守自然运动的规律作为前提。他在批判唯意志论时写道:"大部分写文章谈论人类的情感和生活方式的人,好像不是在讨论遵守自然界的共同规律的自然事物,而是在讨论超出自然以外的事物似的。他们似乎简直把自然界中的人认作王国中之王国。因为他们相信:人是破坏自然秩序而不是遵守自然秩序的,是有绝对力量来控制自己的行为的,并且是完全自决而不受外物决定的。"① 所以斯宾诺莎是同时在两条战线作战,他既批判那种认为上帝的意志创造并支配一切的客观唯意志论,又对那种认为人可以凭着主观意志去控制自然界,因而对自然运动变化的客观必然性不屑一顾的主观唯意志论作出批判。

从15世纪以来,尤其是近代科学的创立以来,神在西欧各国的地位正随着唯物主义思想的兴起而不断降落,相对地人的地位则不断地得到提高。在客观必然性的面前,人的能动性也被肯定了,自然科学为人们提供了认识自然界的客观必然性并利用这种必然性去实现人的目的的种种可

---

① [荷兰]斯宾诺莎:《伦理学》,贺麟译,商务印书馆1983年版,第96页。

能。可是另一方面也出现了一些迹象，即将人的能动性加以片面的理解，认为正是它可能去代替万能的神的意志。针对那种片面强调人的意志的作用而无视客观必然性的思想，指出客观必然性对人的能动性以及自由意志的制约作用，在理论上便显得愈来愈重要了。斯宾诺莎十分强调客观必然性对人的能动性以及自由意志的制约作用，他认为，人的力量是有限的，它无限地为外界事物所制约，因此，人并没有绝对的力量使得万物皆为我用。但是他在着重阐明人驾驭并利用自然界的必然性这种力量相对地是有限的同时，却没有看到这种能动性又是无限发展的。比较起培根的乐观精神，斯宾诺莎肯定是谨慎的，他注意的是：即使人耗尽力量去征服自然，可是这种力量又总是为客观必然性所超越，从而设下了一道绝对的界限。所以他认为，应该着重指出的并不是人支配客观必然性的力量，而是人如何去遵循客观必然性，由此做到服从自然界的共同秩序，人才能尽可能地使自己适应"事物的本性的要求"。而人要利用自然，就必须遵守自然界的客观规律，它的前提就是要认识客观必然性，这也是从培根到霍布斯所一直强调的观点。斯宾诺莎指出："凡是我们思想所不能达到的，意志也不能达到。"它包含着两重含义：如果人对一种客观必然性毫无所知，当然就不可能对如何利用这种必然性去作出行动的判断。此外它还表明，对于人还不能理解的某种客观必然性，就不会产生出企图去利用它的意志。

根据人的认识与实践的关系，斯宾诺莎提出了"主动"与"被动"这一对范畴。他认为人对自然可以是主动，也可以是被动，如果对必然性有正确的认识，便可能在实践中表现主动，但如果对必然性不具有正确的认识，也可能在实践中表现被动。斯宾诺莎由此推论："心灵具有不正确的观念愈多，则它便愈受情欲的支配，反之心灵具有正确的观念愈多，则它便愈能自主。"① 这里指的是欲望这种必然性对意志的关系，意志能够通过正确的认识去控制欲望，这样人对自己的欲望就能作出正确的处理而站在主动的地位，否则他就将被欲望所支配而站在被动的地位。如何树立正确的认识，以避免受情欲与盲目的必然性所支配，这就是斯宾诺莎在《伦理学》中探讨的一项主要内容。

---

① ［荷兰］斯宾诺莎:《伦理学》，贺麟译，商务印书馆1983年版，第99页。

从观念的联系与秩序和事物的联系与秩序是同一的这一命题出发，斯宾诺莎一再强调人必须自觉地服从客观必然性，只有这样才可能控制住自己的情欲，以免做它的奴隶。他认为人所要求的"不是叫自然服从他们，而是相反叫他们服从自然"，由此便得出下述结论："只要我们是自然的一部分，是自然中不能离开别的事物而可单独设想的一部分，我们便是被动的。"① 人生存于自然中，就不能不同自然界的其他物质一样，都为外部的必然性所束缚着，所以"意志不能说是自由因，只能说是必然的，是被强迫的"。

斯宾诺莎从决定论的立场否认了自由意志的存在，既然一切事物都处于因果联系中，那么意志也不例外。他用因果联系来解释，每一种意志只有为一个原因所决定时才可能产生，而这个原因作为结果又是为另一个原因所决定，如此递进就说明了意志也是严格地为必然性所支配，因而它就不能同时又是自由的。但是这还可以从另一个方面看，意志在因果联系中既然可以作为一个原因，那么它也就决定着对象的合目的的运动，然而这一方面却没有被强调。

斯宾诺莎在否定人有自由意志的同时又指出：人们只因为意识到意志的作用，便自以为是自由的，然而对于引起意志的原因，却是茫然无知的。斯宾诺莎对那些与客观必然性相对立的范畴，诸如偶然性或自由意志，是一概加以排斥的。他认为客观必然性既然支配着物质世界，那么偶然性或自由意志事实上便不可能存在。斯宾诺莎将偶然性以及自由意志一概归咎为是对客观必然性缺乏认识的结果，如果人们充分地认识到客观必然性，偶然性与自由意志是不可能存在的，人们所指的偶然性或自由意志，纯粹是由于认识的缺陷，因此就再没有理由去听信所谓偶然性与自由意志了。

当时的唯物主义者无论是霍布斯或是斯宾诺莎，都一致强调客观必然性是外部的对人的制约力量，因此人的实践必须要遵循客观必然性，而不是去违反事物运动的规律，这对于批判唯心主义与唯意志论是有着重要意义的。但是由于当时的唯物主义是与近代科学，主要是力学和物理学相联

---

① ［荷兰］斯宾诺莎：《伦理学》，贺麟译，商务印书馆1983年版，第173页。

系着，并且是从力学汲取了方法，因此便不可避免地带有机械论的特征。他们脱离开人去单纯考察自然及其运动变化的必然性，并且主要是从物体的机械运动去理解自然运动变化的必然性。当他们考察人与自然的关系时，又将人还原为自然界的一个分子，因此同自然界的其他物质一样为客观必然性所绝对支配着，而忽略了人与其他物质的本质区别，即人对自然界的能动作用。他们不理解事物运动变化的可能性与必然性的关系，不理解可能性通过各种制约关系而构成为必然性，因此也就忽视了人在实践中对选择事物运动变化以及制约事物由可能转化为现实的能动作用。于是人的能动性在认识论上则为唯心主义片面加以发展，而在实践方面则为唯意志论片面地加以发展了。

不仅如此，如果按照斯宾诺莎的观点，自然界的必然性就始终是支配着人们的外部力量，而不可能同时是为人所利用与控制的为我的力量。当人还不能认识自然界的必然性时，固然要受盲目的必然性所驱使，而且即使认识了它，人也只能绝对地顺从于它。对于这种否认人的自由并将客观必然性的作用加以绝对化的观点，恩格斯曾经指出："承认这种必然性，我们也还是不能从神学的自然观中解脱出来，或者我们同奥古斯丁和卡尔文一起把它叫做永恒的神意，或者像土耳其人一样叫它做天赦，或者我们把它叫做必然性，这对科学都完全一样的。"① 斯宾诺莎虽然是以他的关于实体与必然性的学说去否定在自然之外的神的意志，然而他却又将绝对地支配着人的客观必然性这副枷锁去代替上帝的意志或天命。斯宾诺莎在一封信里曾写道："必然性不是别的，正是神的预先注定。"因此，"我们说一切都按照自然规律进行的，或者一切都是按照神的决定和支配来安排的，这都是一样"②。这副枷锁无论是来自客观必然性，或是来自上帝的意志和命运，它总是同一副枷锁。所以极端的决定论与宿命论是可以相互携手的，而从斯宾诺莎按照自然规律或神的预先注定到莱布尼兹的预定和谐，也就有着相通的道路了。

---

① 恩格斯：《自然辩证法》，曹葆华、于光强、谢宁译，人民出版社1957年版，第181页。
② 转引自[苏]索考罗夫《斯宾诺莎的世界观》，彭建华译，商务印书馆1959年版，第36页。

三

批判自由意志是斯宾诺莎体系中的一项重要内容。他针对当时所谓"精神不是由什么自然原因创造出来的，而是直接地由神创造出来的，它不依他物为转移，本身具有绝对的自决权"这种观点，认为相对于客观必然性，绝不存在有不依赖于它而存在的自由意志。人的行动既然只能顺从客观必然性，而不能去违背客观必然性，所以说不受必然性束缚的自由意志是绝不可能存在的。

斯宾诺莎批判的矛头，主要是针对当时的笛卡儿主义者，他们从笛卡儿关于存在着两种实体，即广延的实体与精神的实体的观点出发，强调自由意志的存在。他们认为意志的范围比理智更为广阔，凡是理智所不及之处，却并不妨碍意志去作出肯定或否定的判断，所以即使人的认识是有限的，但却并不因此就限制了意志的判断，可以说意志是绝对自由的。笛卡儿主义在论证自由意志的存在时，是将意志的判断与理智的认识相分离作为前提的，因此这种自由意志也就与客观必然性互不相涉了。

实际上当意志作出判断并见诸行动时，受来自两个方面的必然性所制约：一方面是受客观对象运动变化的必然性所制约，另一方面是受主体的肢体运动和生理运动的必然性所制约。对于前一种制约关系，笛卡儿主义既然割裂了意志与理智的联系，这样便使得意志的活动从它与外部的必然性的联系中分离出来，客观必然性虽然支配着自然界，可是意志则可以作出任何判断，所以它是自由的。对于后一种制约关系，即人的肢体或生理运动的规律与意志的关系，笛卡儿主义认为，必然性是属于物质领域，而意志则属于精神领域，两者都只能在各自的领域内起着作用，所以意志与肢体或生理运动的必然性之间，就不可能存在联系。意志既不能决定肢体或生理运动的必然性，而后者也不能决定意志去作出这样的而不是那样的判断，这便是笛卡儿主义的二时钟论的根据。

斯宾诺莎针对笛卡儿主义的论点进行批驳，他认为意志与认识是不可能绝对分离的，也不能说认识是有限的而意志却是无限的。从无限或者发展来看，不仅意志可以对无限的事物去作出肯定或否定的判断，同样地就是感觉也可能去无限地感知事物。然而从现实看，认识却是有限的，人只可能有限地认识当前的事物，而意志也是如此，它也只能根据人的有限认识去作出肯定或否定的判断。意志绝不可能超越当前认识的范围去对无限的、人还不能认识的事物作出判断，因为意志的判断是必须以理性作为指导的。

对于笛卡儿主义将意志与理智分裂开来的另一条理由，即理智只限于正确地去认识对象，而意志则不然，它不仅可以对尚未被人认识的某些自然领域去作出判断，并且意志还可以不作出任何的判断，以表现它是自由的。斯宾诺莎对此的批驳是：意志所以不作出判断，并不是表现它是自由的，恰恰相反，只是表现出它对客观必然性还缺乏认识，所以才无法作出判断，这正是意志不自由的证明。

笛卡儿主义者还提出一种理由以证明自由意志确实是存在的。他们认为理智是受外部世界及其运动变化的必然性所制约的，理智之正确与否完全取决于是否符合于客观事物。可是意志却不然，它不限于对事物的正确判断，除此之外，意志还可以将真实事物判断为假，或者将假判断为真。譬如石块是不能变成黄金的，然而这并不妨碍中世纪的炼金术士决心去从石块提炼出"哲人之石"，并且依靠它去点石成金；又如尽管自然与人体都是受必然性所支配，但是却无法阻止意志的幻想去飞翔。对此斯宾诺莎提出，尽管意志可以将真实事物判断为假，或者将假判断为真，不过意志对真实事物作出肯定的判断和对不真实的内容也作出肯定的判断，这两者究竟是不同的，因为后一判断是没有意义的。进一步说，如果人们对客观必然性有着正确的认识，他就不会对此作出模棱两可的判断，更不可能作出错误的判断。意志之所以会作出模棱两可的判断，甚至作出错误的判断，就因为理智对客观必然性的无知，而无知并不是自由。

从斯宾诺莎对笛卡儿主义论证自由意志存在哪些论点的驳斥，可以看出笛卡儿主义只是从形式上去肯定自由意志，它是脱离开人的认识与实践去理解自由意志的存在，因此这种自由不过是任性而已。斯宾诺莎则是从实质上否认了形式的自由，证明离开了对客观必然性的正确认识，是不可能有真正的自由的。但是斯宾诺莎的一个基本观点是：受制于必然就不可能有自由，因为必然与自由是绝对对立的。人既然同自然界的其他物质同样地都是受必然性所支配，那么也就不可能有自由意志。所以他虽然正确地指出，意志的判断以对客观必然性的正确认识作为前提，这种判断才能在行动中有效。但是他却并不能利用这一结论，进一步去阐明建立在对客观必然性的正确认识的前提下的这种自由的存在。由于他过分地强调了必然与自由的对立，因此就不能理解必然与自由又是统一的，以及必然与自由又是如何达到统一的。

当斯宾诺莎运用他的观点去解释意志与人的肢体运动之间的关系时，便遇到了困难。他针对当时的人们认为：肢体的动或静，完全唯心灵的命令是听，而且肢体的许多动作，也只是依赖意志和思想的力量的观点提出了肢体作为广延的物质也有着自身运动的规律。譬如在意志没有作出任何判断时，肢体仍然可以循着必然性而活动，肢体的抽筋就是一种明显的例子，即使意志企图去制止肢体发生抽筋的现象也是枉然的。此外意志也绝不可能脱离开肢体运动的自然规律，任意命令它去从事各种活动。在当时科学还不能解释意志究竟如何去支配肢体的活动，一种意识究竟如何会引起物质的运动这一难题时，斯宾诺莎对此采取了极为谨慎的态度，这当然是可以理解的。可是他却认为，既然人们还不能回答"用什么方法或采取什么方式，心灵可以使身体动作，或者心灵可以传达多少度的运动于身体，又或者心灵能使身体运动的速度如何"等等，那就应全盘否认意志可以支配肢体这种作用的说法。

这样斯宾诺莎就是将下述两个问题混淆起来了，即意志是否具有离开肢体生理运动的规律去任意支配肢体的自由？以及意志在遵循肢体生理运动规律的前提下，它是否能支配肢体去动作？这两个问题当然是有区别的，前者是以意志的任意性作为自由意志的标志，而后者则是以遵循客观必然性作为自由的前提。但是斯宾诺莎却从对意志的任意性这种所谓自由意志的否定，进而否认人的能动性或自由的存在。他认为广延与思维是实体的两种属性，肢体既具有广延的属性，它就与其他物质一样为自然界的必然性所支配，所以意志便不能去支配它，在人的活动中"身体不能决定心灵，使它思想，心灵也不能决定身体，使它动或静，更不能决定它使它成为别的东西，如果有任何别的东西的话"。这就得出了意志与肢体互相平行、互不相关的结论了。斯宾诺莎虽然不否认"我们身体的主动或被动的次序就性质而论，与心灵的主动或被动的次序是同时发生的"，然而这仅仅是承认这两种现象是同时发生的，而不是进一步肯定意志对肢体活动的支配作用，当然这种决定作用又是以遵循肢体生理运动的规律作为前提的。

按照人的日常经验，总是认为当意志作了行动的判断后，肢体也就遵循意志的决定而动作起来，由此便产生了一切行为皆是听从于意志或思想的核心即心灵的命令这种结论。斯宾诺莎则强调了肢体有着自身的运动规律，意志不能脱离开肢体的生理运动规律而任意去支配肢体作出动作。他还进一步指出，当人在睡眠即身体静止时，心灵也就随之不再思维，这样当然也就不可能再去进行意志的判断，所以应该说思想、意识或意志却是依附于身体。斯宾诺莎是根据当时的科学水平，得出了意识对物质的依附性的结论，他也是用意识与身体的关系，表达出意识是物质的属性的思想。此外，斯宾诺莎更进一步指出：如果意志具有绝对的自由，那每个人岂不都可以随心所欲了？然而事实上却恰恰并非如此，意志并不具有唯意志论者所赋予它的那种自由。至于意志又是如何产生的？它纯粹是自发的吗？是出自心灵纯主观的臆想吗？当然不是，因为"心灵的命令不是别的，而是欲望本身，而欲望亦随身体情况之不同而不同"。意志并不是绝对自发产生的，它是受欲望所推动，而欲望又出自身体本能的需要，所以意志本身却是受必然性所支配的。由此可见，意志在形式上似乎有着可以作出这样和那样的判断，或者拒绝作出判断的自由，然而它却受着来自两个方面的必然性的制约，既受对象的运动规律所制约，又受人的欲望或需要所制约。

无论是坚持物质与精神是两种对立的实体的二元论，或者是坚持实体包含有物质与意识两种各自对立的属性，在解决必然与自由的问题上，便都可能会导向客观必然性与自由意志两者是平行的结论。这一结论不仅被用去解释意志与外部世界运动规律的关系，也被用去解释在人这个统一体内意志与肢体活动的关系。然而难点更在于后者。如果说人们的意志与肢体的活动是相互平行又互不相涉的，这就会与人们的日常经验相违背。笛卡儿是用所谓的松果腺来作为这两者之间的媒介，承认意志是用"生命精气"并通过松果腺接触于肢体,由此与肢体产生相互作用,可是这种解释却又破坏了他的两个实体的理论。笛卡儿的荷兰学生格令克斯便用"二时钟论"来解释意志与肢体的平行关系,这种"二时钟论"在当时是否对斯宾诺莎有所影响,那是另一个问题。可是从斯宾诺莎将欲望作为一种本能而归属于必然性的范围,并且作为必然性又支配着意志的观点,可以看出斯宾诺莎是更强调客观必然性对意志的支配,因而不存在着自由意志,而不是强调必然性与自由意志两者的平行关系。

四

在阐述必然与自由或客观必然性与人的能动性的关系时,斯宾诺莎自始至终着重去说明人的意志与活动对客观必然性的依赖性,这一观点同时也是为他的伦理学说立论的。他不像霍布斯,尤其不同于培根那样谈及对人如何向外部世界索取所需要的东西以及如何去改变自然所具有的信心。斯宾诺莎将自己的任务范围限定在论证人应该如何去正确对待由于身体影响或本能所激发的情欲,以达到理想的人生。

如何形成一种新的伦理观来为新诞生的资本主义制度所需要的道德规范奠定理论基础,这是当时西欧社会生产关系发生着巨大变革时期所必然要提出的一项任务。斯宾诺莎整个体系的重心,就在于建立一种新的伦理观,以代替已经崩溃的中世纪封建主义的伦理观。他曾对此作出阐明:"我志在使一切科学都集中于一个目的或一个理想,就是达到我们上面所说过的最高的人生圆满境界。因此,各种科学凡是不能促进实现我们的目的的东西,我们将一概斥为无用;换言之,我们的一切行为与思想都必须集中于现实这个唯一的目的。"① 实现这个最高的人生圆满境界,便是斯宾诺莎全部体系的宗旨,作为一个轴心,其他一切就都必须绕着它去旋转。至于达到最高的人生圆满境界,当然也要包括有物质需要的满足在内,可是斯宾诺莎所重视的,还在于它的伦理的意义。他认为达到最高的人生圆

---

① [荷兰]斯宾诺莎:《知性改进论》,贺麟译,商务印书馆1960年版,第22页。

满境界，就需要排除暂时的、无益的欲望，去爱好永恒无限的东西，使心灵经常欢欣愉快，再不会受苦恼的侵袭，这类似于伊壁鸠鲁所要求达到的内心宁静。但是为了达到这个目的，就必须充分了解自然界的必然性，去获得对人的心灵与自然相一致的认识也就是获得对客观必然性的正确认识，由此人才能够"依某种永恒的必然性能自知其自身，能知神，也能知物，他决不会停止存在，而且永远享受真正的灵魂的满足"①。对于自然科学，包括医学、机械学等等，在斯宾诺莎看来，它们都是服务于人去达到最高的人生圆满境界，譬如医学是为了保证身体的健康，机械学则可以使"许多难事变容易，并且可以节省生活中不少的时间和劳力"等等。

可以说斯宾诺莎体系的重心就是阐明人，虽然他在《伦理学》开始的第一个命题是论证实体，但是他却懂得不理解自然界的必然性，也就无法说明人与环境的关系，因为人是不能脱离开环境而生存的。然而他却是抽象地去理解人，于是人就成为脱离开社会，只是具有本能欲望和理智的人。至于人对存在的要求，便只能是局限于形形色色的欲望之中。

关于欲望，斯宾诺莎认为："人们都有一种欲望要追求对自己有利的东西，并且意识到这种欲望。"这种被意识到的欲望被归结为是人的利益，而利益则是具有社会性的。无论是富人或穷人、贵族或佃农都有寒思暖、饥思食的欲望，然而他们之间的利益，都由于社会地位的不同而互异，并且甚至是相互冲突的。所以斯宾诺莎所指的欲望与利益实际上就是同一个词，人为了满足某种欲望或是追求某种利益而行动，这一切又都是必然的。

在人为了满足欲望而行动的过程中，最后欲望得到满足就是快乐，反之欲望得不到满足便是痛苦；追逐有利的东西，这种欲望表现为趋乐，消极的便是避苦。因此，乐便是善，恶则是苦，它就成为是意志判断的标准。这些论点与霍布斯或洛克的论点都是一致的，它们一般地就构成为新伦理体系的基本原则，这种新的伦理原则是与神学的禁欲说相对立的，因为在正统神学的伦理观中，欲望恰恰是人的原罪，只有禁欲并依循上帝，才能求得赦免和来世的永生。

---

① ［荷兰］斯宾诺莎：《知性改进论》，贺麟译，商务印书馆1960年版，第267页。

斯宾诺莎将欲望理解为必然性，并且将意志判断的善恶标准与人的感觉相联系，他明确地指出："所以每一个人都是依据他的情感来判断或估量，什么是善，什么是恶，什么是较善、什么是较恶、什么是最善、什么是最恶。"① 斯宾诺莎又称这种情感为爱与恨，他凭着逻辑推论认为，人们由于有着相同的爱而相爱着，或者由于相同的恨而相恨着等等。接着他却从推论中迈出了惊人的一步："假如一个人被任何一个属于与他不同阶级或国家的人引起快乐或痛苦，并且假如他的快乐或痛苦，伴随着那人的观念，隶属在他的阶级与国籍的共同名目之下，以它作为原因，那么，他将不仅是爱那人或恨那人而已，而将扩大来爱或恨那人隶属的整个阶级或国家。"② 这种意志判断的标准实际上已远远超越了由欲望所产生的情感，它已带有阶级与国家的印记了，即出现了不同阶级的爱与恨，然而斯宾诺莎关于意志判断标准所作出的论断，也就到此止步了。

从特莱肖提出自我保存的原则以来，这个原则便演变成为新兴的资产阶级对抗封建阶级的理论武器之一，也是它的新的伦理观的基础。在斯宾诺莎的体系中，这个原则同样地占有重要的位置，大凡欲望等这一类必然性，都是从人的自我保存的本性中产生的；自我保存便是人所具有的本性或必然性，趋乐避苦便是这种本性的必然表现形式。他认为："一物竭力保持其存在的努力不是别的，即是那物的现实本质。"因此人的自我保存又是一般物质的共性，斯宾诺莎的这个命题，与黑格尔的"凡物莫不否定其自身"的命题正是相反的，因为斯宾诺莎所坚持的是"只要一物能消灭他物，则它们便具有相反的性质，这就是说，它们不能存在于同一实体之中"。既然肯定矛盾是不可能存在于同一实体之内，这个实体便是僵死的、不变的，它的运动变化就只能由于外部的力量，所以"如果这物不为某种外因所消灭，它将依赖它此时借以存在的同一力量，而永远继续存在"，这便是自我保存这种人性的来源。

从自然而不是从社会去阐明人的自我保存，就使自我保存具有永恒的性质，它是人的不变的本质；斯宾诺莎就用它去说明国家、法律等等所以

---

① ［荷兰］斯宾诺莎：《伦理学》，贺麟译，商务印书馆1983年版，第130页。
② ［荷兰］斯宾诺莎：《伦理学》，贺麟译，商务印书馆1983年版，第135页。

存在的根源。他认为自我保存是每个人都具有的本质，相对于他人或社会，自我保存便成为各个人的自然权利，即每个人都有自我保存的权利。自我保存表现为欲望，然后欲望又以一种必然性支配着意志。意志的判断便是依据下述的原则进行的："任何存在于自然中的事物，只要我们判断那事物为恶或认之为足以阻碍我们保持并享受理性的生活，我们便可以用对于我们最安全的方法，以排除那事物，反之举凡一切我们认为是善，或认为最有益于保持我们的存在并过一个理性生活的事物，我们都可以设法取用，并可以用适当的方法去使用它们，一般地说来，每一个人都有最高的自然权利来做他判断足以促进他自己的利益的事情。"① 对于自我保存与理性生活的要求，现实地当然是针对封建势力的束缚而提出的，但它同时又表达着发展资产阶级人性的要求。这种伦理观承认每个人都有实现自身利益的权利，同时又是自身权益的判断者，即什么是他的权益或不属于他的权益，只能由他自己来作出判断。为了实现这种自然权利，每个人又都可以采取各自认为是适当的方法。当人们的利益发生冲突时，便只有在各人为自身利益所做的种种活动所形成的自由竞争中，看谁是强者了。

斯宾诺莎理解到人为了实现自我保存，就不可避免地导致利益的冲突，因为人们受情欲所激动时，便会出现相互的对立。霍布斯曾经确认人类这种状态的存在会引起战争，为了避免战争人们便需要放弃一部分自然权利，这便是国家所以产生的自然基础，只有国家才能制止由于人们利益的相互冲突而产生的战争状态。而斯宾诺莎则强调了理性对此的作用，他认为："人要保持他的存在，最有价值之事，莫过于力求所有的人都和谐一致，使所有人的心灵与身体都好像是一个人的心灵与身体一样，人人都团结一致，尽可能努力去保持他们的存在，人人都追求全体的公共福利。"② 斯宾诺莎假设有一种高于每个人的个别利益的全体的公共利益，它凌驾于现实的利益冲突之上，并且制约着现实的个别的利益。这种全体的公共利益就成为道德与信义的基础，每个人都根据全体的公共利益，去控制各人的自然权利，不使它们发生冲突。比较起霍布斯的观点，斯宾诺莎

---

① ［荷兰］斯宾诺莎：《伦理学》，贺麟译，商务印书馆1983年版，第229页。
② ［荷兰］斯宾诺莎：《伦理学》，贺麟译，商务印书馆1983年版，第184页。

则带有浓厚的理性主义的色彩，他一再强调理性所起的决定作用，它指导着意志与生活。由于理性的指导，最后才能达到理想的完美境界，那便是：绝对遵循理性去行动，在寻求自己的利益基础上，以理性为指导并在行动与生活上，保持自我的存在，这是斯宾诺莎整个体系的归宿。他在体系中所要论证的，就是如何解决欲望与理性的矛盾，以达到理想的完美境界。

但理性与欲望既然都是为了实现自我保存这一目的，而且欲望又是以一种必然性去支配着意志，那么，两者的区别又何在呢？斯宾诺莎解释道："真德性即在于纯依理性的指导而生活，而软弱无力唯在于一个人让其自身为外物所支配，并为外物所决定以作适合于外界事物的通常情况所需要之事，而不作单独足以满足自己的本性的要求之事。"① 欲望虽然是实现着自我保存，然而它却是受必然性所驱使，因而是盲目地去实现着自我保存。欲望一方面是实现自我保存的本能，另一方面它又是由于外界事物而引起，饥饿欲食虽是一种本能，但是食欲却是由于美肴而引起，所以斯宾诺莎就将它理解为是外部的必然性。德性则表现在以理性为指导，自觉地去实现自我保存，德性与欲望虽然都是人实现自我保存的表现形式，但是欲望既是受外部必然性所支配，它就是人的一种奴役状态，只要人是单纯受欲望所支配，他就是受必然性所役使。人只要用理性来指导意志与生活，就可以避免单纯受欲望的必然性所奴役的状态。斯宾诺莎所推崇的理性，它的作用当然不仅限于去说明如何控制欲望，譬如按照欲望一个人需要面对美食去饱餐一顿，可是凭着理性却应该考虑暴饮暴食对自我保存可能产生的恶果之类的生活问题。他推崇理性的实质还在于强调理性能够通过对必然性的认识去指导行动，由此使行动与必然性相适应而不是去违反必然性。它的现实意义还在于：对于已在尼德兰建立起来的资产阶级共和国，理性所应该从事的便是遵循这一新的制度以及它的规章法令等等，而这就是遵循客观必然性。

---

① ［荷兰］斯宾诺莎：《伦理学》，贺麟译，商务印书馆1983年版，第198页。

五

如果整个客观世界是为必然之网所笼罩着,那么人的能动作用便只能实现为自觉地对客观必然性的遵从,斯宾诺莎认为这是意志唯一可行之道。人可以被动地受欲望所支配,因而也就受盲目的必然性所驱使和奴役,但是也可以受理性所指导而避免欲望的支配,这便是人的自觉性与盲目地受必然性支配的分界。所以意志的作用,就在于去接受理性的指导而避免为欲望所驱使。斯宾诺莎认为,意志是一种肯定或否定的能力,因此区别于欲望这种本能,所以意志应该成为理性的工具,它需要依凭理性作为指导,而不去接受欲望的奴役。为此,意志又首先要自觉地按照必然性去作出判断;当人们根据理性的指导去行事,便能够使原来从外部制约着人的活动的盲目必然性,成为理性所自觉遵守的必然性。斯宾诺莎认为这便是人的自由,因为自由就是按自身的必然性而存在与运动,所以"只有依理性指导的人是自由的"。相对地为盲目的必然性所驱使,一切听从欲望的支配而去行动的人,实际上还没有脱离必然性所给予的奴役,因此是不自由的。

从这一基本思想出发,斯宾诺莎还进一步引申出如下的论点:人愈是严格地依据理性而生活,他便愈是自由;这同说人愈是按照本性的必然自觉地去行动便愈是自由是同一个意义。所以理性的作用便在于认识必然性并依循必然性去指导行动,而认识必然性并依循必然性便是自由。黑格尔关于自由是认识了的必然这一观点,可以说是来源于斯宾诺莎。

斯宾诺莎的体系在强调要适应自然与客观必然性这一点上,似乎带有古代希腊斯多葛派的色彩,可是斯宾诺莎在另一方面却认为人并不需要去压抑欲望,更不需要排斥追求利益的活动,这些既然都是根植于人性中的东西,因此也就是必然的,它是无法避免因而也就不需要去避免它。问题只在于如何去对待这种必然性,是盲目地受它驱使呢,还是自觉地去处理它和有选择地去适应它。斯宾诺莎指出,人一旦认识客观必然性,便能够自觉地以理性去指导满足欲望与追求利益这一类的活动,这样就既不违反人性的必然，又不单纯为必然性所盲目支配而达到自由。

斯宾诺莎就以他的自由观去批判自由意志的说法，他指出："普通人的一般信念，似乎与我们所说的不同，因为大多数人似乎相信，只要容许放纵他们的情欲，他们便是自由的了，并且相信，假如他们拘束于依照神圣命令的规定而生活，他们便丧失权利了。"① 斯宾诺莎认为自由意志是与放纵情欲相联系的，这种任性的结果实际上并不表现为自由，而是受盲目的必然性所支配。在那个时代，信仰上帝并服从上帝的旨命便能得福，不信上帝和违反上帝的旨命就将受炼狱之苦，这一类宗教信条与神学理论对人们的影响，已经不断被削弱。为了适应新社会的需要，就要用新的信条去代替已经过时的宗教信条；新的信条一方面既要肯定私有财产与私人利益是不可侵犯的，并且鼓励人们为获得利益与财产去进行各种活动，另一方面又要巩固新的社会秩序，使人们的各种活动纳入新秩序的轨道。如何在这两个方面的基础上，去建立起新的伦理结构，这便是斯宾诺莎所要努力去解决的任务。如果说培根是从发展生产技术这一角度强调了人对客观必然性的控制与利用这种能动性，那么，斯宾诺莎则是从建立新社会的秩序的角度，强调了人对客观必然性的适应与自觉服从。

斯宾诺莎从伦理的角度指出必然与自由的统一，就是在认识必然性的前提下，由理性去指导行动并使行动与客观必然性取得一致。因此，认识并自觉服从必然性，就不再是对自由的否定，只有受盲目的必然性所支配，才是对自由的否定，而且"只要心灵理解一切事物都是必然的，那么它在控制情感的力量便愈大，而感受情感的痛苦便愈小"②。这就是说对客观必然性的认识程度与自由的程度是成正比，而与受客观必然性盲目支配的程度是成反比。构成这种自由，还包含着有正确认识"人借以保持其存在的力量是有限的，而且无限地为外部原因的力量所超过"，所以就必须承认人并不具有绝对的力量能去使自然界的物质皆为我用，也不具有控制所有的必然性的绝对力量。自然与社会发生的许多事件并不都是符合于人的愿望的，甚至还是与人的利益与要求相互冲突的，当估计到人的自我保

---

① ［荷兰］斯宾诺莎：《伦理学》，贺麟译，商务印书馆1983年版，第265－266页。
② ［荷兰］斯宾诺莎：《伦理学》，贺麟译，商务印书馆1983年版，第243页。

存与利益和外界必然性发生冲突，并且外力远胜于人自身的力量时，就不去做无谓的努力，唯一可行之道便是依循并顺从必然性，不怨天不尤人。斯宾诺莎用下面的一段文字来阐明这一观点：对于无法抵御的必然性，"我们也只好以宽大的度量去忍受，只要我们自己觉得已经尽了自己的职责，我们已竭尽所有的力量，但实无法可以避免此种不幸之事，并且觉得我们是整个自然的一部分，我们必然遵循自然的法则，那么我们便会感到精神的满足"①。这是对客观必然性的一种消极态度。他将自己的理论解释为是教导人们对于"命运中的幸与不幸皆持同样的心理去镇静地对待和忍受"，也正好是表明了这种态度。这或许是斯宾诺莎从他的奋斗经历中所获得的结论，如果在新的社会生活中持这种态度，那就是对现状的满足与顺从，因为"一个受理性指导的人，遵从公共法令在国家中生活，较之他只服从自己，在孤独中生活，更为自由"②。社会制度、国家和公共法令被认为是一种必然，遵从新的社会制度和公共法令，就是遵循必然性，这样当然便可以取得新社会的好公民的资格。

但是按照理性的指导去生活，以及每个人确保不去损害他人的利益和服从公共的利益等等，这些只限于道义的要求，这种种道义的要求并不具有外部的必然性，换句话说，它还不能成为制约"那必然受情感的支配和性格变迁无常的人，能够彼此间确保信心、互相依赖的强制力量"。对此，除了道义的要求之外，还不能没有强制的力量，斯宾诺莎认为："只消社会能将私人各自报复和判断善恶的自然权利收归公有，由社会自身执行，这样社会就有权力可以规定共同生活的方式，并制定法律，以维持秩序，但法律的有效施行，不能依靠理性，而须凭借刑罚，因为理性不能克制情感。像这样的坚实的建筑在法律上和自我保存的力量上面的社会就叫做国家，而在这国家的法律下保护着的个人就叫做公民。"③ 他表达了"国家是行使强制力量的机构"这一思想，它的职能是用权力去规定社会的生活方式，并制定法律以维持秩序。国家的产生被确认为是各种利益冲突的必然结果，又是坚持公共利益去制约各种相互冲突的个人利益的力量，它既

---

① ［荷兰］斯宾诺莎：《伦理学》，贺麟译，商务印书馆1983年版，第235页。
② ［荷兰］斯宾诺莎：《伦理学》，贺麟译，商务印书馆1983年版，第226页。
③ ［荷兰］斯宾诺莎：《伦理学》，贺麟译，商务印书馆1983年版，第200页。

是凌驾于个人之上的,又是外部的制约力量,因而便是外部的必然性。不过斯宾诺莎认为国家虽然是外部的制约力量,但是只有国家能够保障个人利益财产不受侵犯,承认追求个人利益与财产的合法性,又以理性作为基础,使每个公民都能够克制个人的欲望,放弃无限地行使自我保存的权利。理性在国家中又表现为法律,每个人在法律允许的范围内去行动,按照斯宾诺莎的观点,就会比离群而孤独地生活更为自由,换句话说每个人只要在理性的国家里,便能获得自由,这个国家不是别的,它其实就是理想化了的、刚诞生的资产阶级共和国。

第三章 莱布尼兹

一

从16世纪初到17世纪,在自然科学领域内是力学统治的时代,牛顿建立的古典力学则被奉为是真理的典范。那个时代的自然观就是以力学作为主干。它将物质看作是一堆具有广延属性的东西,由于外力的作用并严格地按照力学规律而运动着。客观必然性绝对地统治着自然界的一切。至于社会现象也不例外,无论是霍布斯或斯宾诺莎都认为,人的活动受外界的必然性所支配,而社会现象又是人的活动的表现。16至17世纪西欧的唯物主义者虽然用力学规律的准确性与因果和相互作用的必然性,撕碎了经院哲学强加给物质的神秘本质的帷幕,揭穿了上帝意志支配一切的神学虚构,然而也同时暴露了它的理论上的弱点,那便是将物质理解为是一堆僵死的东西,只有依赖于外部作用才能更新,由此物质自身的运动却被否定了。这种唯物主义如果越出物质机械运动的范围试图去解释物质的质的变化,就会显得十分困难,更不要说是去解释生命运动了。此外,它还存在着一个逻辑上的困难,那就是从外部作用的无限上溯,便不可避免地最后只可能从自然界之外去寻找一个始因或原动力。

斯宾诺莎肯定实体是自因,因而自然界就被理解为是有着自身的必然性和能动的实体,从此排除了虚幻的神或在自然之外的原动力。可是在阐明物体的运动时,斯宾诺莎仍然没有能够摆脱机械论的束缚,他仍然坚持外部作用是使物体从恒静的态度转向运动变化的动力。于是他便面临着下述的矛盾:只具有广延属性的物质,怎么可能包含着自身运动的原因呢?

但是，如果仅仅是由于外部作用，物质又如何会产生确定的运动变化呢？怎么可能在物质与它的变化结果之间存在有必然性呢？为什么不同的物质在变化过程中，虽然处于同样的外部条件却会产生不同的结果呢？

为了解决这一矛盾，就不仅要肯定实体是自因，而且还需要将运动变化的物质理解为有着自身运动变化的原因，即包含有内部的必然性。但是当时自然科学还在创立阶段，它还没有可能进一步去揭示物质运动变化的内部原因。哲学在缺乏实证材料的情况下，便只能凭假设与推论，而这条道路则是艰难险阻的，其中除了天才的猜测之外，同时总会渗入若干虚构与离奇的内容。

17世纪上半叶，伽桑狄曾针对笛卡儿关于具有广延属性的物体，只能接受外部的作用而不具有自身运动的原因这一观点提出批判，他认为，假如依照笛卡儿的观点，一切物体按照它们的本质就只能是恒静的，而物体的运动就只可能从一个无形的本源发出；它们如果不借助于这个无形的本源，那就水也不能流，动物也不能走了。伽桑狄在新的历史条件下复活了古代的原子论，他提出无限个实体即原子与虚空构成了宇宙，每个原子既自动地往下坠并且互相冲撞即相互作用着，由此形成物质的运动变化的思想。伽桑狄虽然用原子内部的必然性与外部作用去解释物质的运动变化，但是他的解释仍然没有完全摆脱机械论的束缚，仅仅由原子自动地往下坠落这种内部必然性，仍然不可能去说明物质运动变化的多样性以及这种多样性的内部原因。

为了克服机械论在理论上所面临的困难和近代原子论的缺点，莱布尼兹提出了单子论。他认为在自然界中的一切运动变化，单纯凭虚空与原子的机械运动是无法加以说明的，要企图阐明物质的运动变化，就必须要承认它们有着自身运动变化的必然性或包含有自身的原因。莱布尼兹写道："实体（物质的或非物质的）是不能光就它的没有任何能动性的赤裸裸的本质去设想的。能动性是一般实体的本质。"① 因此，每个物质都具有自由运动变化的必然性，而不单纯是外部作用的结果。

----

① ［德］莱布尼兹：《人类理智新论》上册，陈修斋译，商务印书馆1982年版，第24页。

莱布尼兹假设宇宙是无限个不可分割的基质即单子所构成，单子就是"一种组成复合物的单纯实体"，它本身则是不可再分割的。单子因此在质上是单一的，彼此都互不相同，它又是运动变化的；单子包含自身运动变化的必然性，并不是仅仅依赖于外部的作用，它的本质就包含能动性。单子"是从一个内在的原则而来，因为一个外在的原因是不可能影响到它的内部的"，所以每个单子就是自因。

对于当时流行的关于物质只具有唯一的属性即广延性的说法，莱布尼兹是反对的。他认为广延性只是随着物质运动而变化的形式，一种物质之成方或成圆，仅仅是它运动变化的结果。但是物质的运动却不是由于它占有空间而产生，换句话说，物质的广延属性并不构成它运动变化的原因。它仅能表现着物质的存在状态，所以肯定物质仅仅具有广延的属性，便是将物质理解为僵死的，而不是能动的。莱布尼兹所以排除原子而去假设单子作为物质世界的基质，就因为在原子论的体系中，原子仅具有形状的差异，而且它的能动性也只表现为下坠的落体运动。莱布尼兹为了说明单子与那种同虚空相对立并为机械运动所支配的原子的区别，指出单子所具有的自因或内部必然性，是与原子的机械运动的必然性有着根本差异的。

莱布尼兹对单子所具有的自因式内部必然性理解为：单子的变化发展的原因，都包含于自身之中，或者说单子在自身中，就包含着有它的变化发展的全部根据。当莱布尼兹进一步去探究，单子为什么能在自身内部，就包含着变化发展的全部根据时，他并没有从物质内部的制约关系或矛盾去寻找答案，而是从亚里士多德那里借用了"活力"或"隐得来希"这一术语。莱布尼兹提出："我们可以把一切单纯实体或创造出来的单子命名为'隐得来希'，因为它们自身之内具有一定的圆满性，有一种自足性，使它们成为它们的内在活动的源泉，也可以说，使它们成为无形体的自动机。"① 于是单子所具有的圆满性与自足性，便代替了物质内部所包含的客观可能性和必然性。

如果说在单子的本性中，便蕴含着要求实现圆满性与自足性的力量，

---

① 北京大学哲学系外国哲学史教研室编译：《十六—十八世纪西欧各国哲学》，生活·读书·新知三联书店1958年版，第295页。

它就不再是一种客观必然性，而是主观的要求了。由此推论，单子就必然要具有内部目的或意识。莱布尼兹正是这样假设的，他认为："应当在单纯实体中而不应当在复合物或机器中去寻找知觉。因此，在单纯实体中可能找到的，只有这个，也就是说，只有知觉和知觉的变化。也只有在这里面，才能包含各个单纯实体的一切内在活动。"① 早在16世纪，乔尔丹·布鲁诺就曾经提出过关于物质内因的假设，他假设单子是物质的基质，一切物质最终是由单子所构成，单子并且具有自身的能动性，它不是由于外部的作用才运动变化。与布鲁诺所假设的能动的物质单子不同，莱布尼兹赋予单子以意识的内容，他所假设的单子则是具有内在目的与意识，因此它才是能动的。莱布尼兹还进一步提出，推动着单子的知觉与变化的是欲求，这是蕴藏在单子内部并促使它去实现圆满性和自足性的欲望，因此，单子只可能是一种精神实体。

17世纪是自然科学中的机械论的全盛时期，但是同时在德国科学界却出现了活力论，它是与机械论对立的。活力论创自当时的一些医药化学家，比较起机械论，它却是当时自然科学中的少数派。活力论主张物质从无机物直到生物，内部都具有活力，因而物质就不是僵死的和纯粹被动的；活力便是物质运动变化的内部原因。活力论在当时自然科学中虽然是少数派，然而在德国却又有着较大的影响，它的代表人物是帕拉塞维尔苏斯和布鲁塞尔人赫尔蒙脱，赫尔蒙脱曾提出构成宇宙万物的是无数的"自在体"，它们依靠内部的活力而运动变化。莱布尼兹是赫尔蒙脱儿子的朋友，他很可能曾经接受过赫尔蒙脱的影响。

有人曾向莱布尼兹提出过疑问：不具有广延与形体的单子，怎么可能组成占有空间的物质呢？其实莱布尼兹所指的单子正是纯粹观念的东西，这不仅由于单子本身便是由思维构想的，因而不同于广延的现实的物质，而且单子又被设想是具有知觉和欲求并趋于有圆满性和自足性的实体。无论是占有空间的物体直到整个物质世界，根据莱布尼兹的设想，就不过是单子这种精神实体通过欲望的冲动而最后外化的结果。单子论是莱布尼兹

---

① 北京大学哲学系外国哲学史教研室编译：《十六—十八世纪西欧各国哲学》，生活·读书·新知三联书店1958年版，第294-295页。

的客观唯心主义体系的基础；当费尔巴哈指出"单子的实质即是单子的自为存在是它的灵魂，单子的为他存在是物质"时，列宁在有关这段文字的评语中便写道："而物质是灵魂的异在或是一种世俗的、肉体的联系把单子粘在一起的糨糊。"① 所以莱布尼兹提出构成物质世界的具有能动性的单子，其目的虽然是企图克服机械论的局限性，但是实际上代替机械论所理解的那种僵死的物质，却并不是自身运动的物质，而是不具有广延性的、自身能动的精神。

二

根据莱布尼兹的假设，每个单子既然都包含着它所发生的一切与它将要发生的一切，因此，物质运动变化的规律性，已一次地就在单子中存在了，正如同在一个主词里就包含有它的全部谓语那样。莱布尼兹用下面的一段文字来表达这一思想："一个本质所有之每一个在后的状态，都是由于它在之前那一个状态所产生之一种结果。一个不曾具有运动的物体，的确不能够给它自己以运动；不过我主张这类的物体，在实际上并没有。"② 这就是肯定，外部作用对于单子自身的运动及其必然性，既不能使之削弱，也不能对它增加丝毫的作用。这便与牛顿的力学第一定理，即"每一物体继续保持其静止或沿一直线作等速度运动的状态，除非有力加于其上迫使它改变这种状态"相对立了。

单子内部所包含的它发生的一切与将要发生的一切这种联系性，就构成宇宙的必然秩序，所以宇宙运动的规律性都全部无遗地存在于单子内。在莱布尼兹所设定的"世界图型"里，每个物质并不是牢牢地被固定在因果联系与相互作用的必然之网上，而是一一被固定在单子自身包括的必然秩序中。

从莱布尼兹关于物质运动变化由于内因的观点来看，一株树苗成长为

---

① ［苏］列宁：《哲学笔记》，人民出版社 1974 年版，第 430 页。
② ［德］莱布尼兹：《形而上学序论》，陈德荣译，商务印书馆 1937 年版，第 303 页。

松树或白杨，是全部取决于树苗，而不是取决于其他外部因素，包括阳光、雨水、肥料等等。一株树苗成长为松树而另一株树苗成长为白杨，是由两株树苗不同的种所决定的，它们并不是突然发生的，也不是由于外部原因使其如此，这些当然是可以理解的。然而如果进一步说，这两棵树与同类的树比较，所以长得如此细弱或者矮小，是在幼苗中就已包含有全部必然性，而与外部的阳光、雨水以及土壤的肥瘠等等丝毫无关，这却使人费解了。为了说明这一点，莱布尼兹就区别了必然与可能这两个范畴，他认为由于肯定单子包含有它过去与将来运动的联系秩序，就会被人理解为它既是内因，又是必然的，但是这种必然的联系，在单子内部只是以可能性的形式存在着。因此它只是潜在的必然性，只有当可能性成为现实时，它才是必然的。莱布尼兹还指出：虽然物质运动变化的规律，在单子内部还是以可能性，即潜在的必然性而存在着，然而由可能性成为现实，却与外部的作用并无任何联系，因为"单子是没有窗户以接待任何外部的东西的"。每个单子都各自走自己的道路，它们之间不存在着相互作用。

  这样便会产生一系列的问题，譬如单子包含的可能性或潜在的必然性，要构成的物质的运动变化，如果没有任何外部的作用，它又怎样能够实现呢？又譬如物质的运动变化，如果绝对排斥外部条件的介入，它的质变以及相应的量变又怎么可能发生呢？对此要作出解释，便只能假设在单子中，不仅包含有运动变化的必然性，而且就是运动变化的结果，也都已全部包含于单子自身之中，至于以后的运动变化，不过是重演原来就已具有的内容。单子便是这样一个封闭的体系，因此它才不需要外求于其他的单子。莱布尼兹正是这样地解释的，他认为："虽然一棵树之一部分，在种在地中的时候或在拿来接枝的时候，它是能够长成为一棵与原来的树同样的树来的……也许在那棵树的那个部分之中，包含有一个繁殖的部分，而在这个繁殖的部分之中，已经早就含有了一棵新的植物了，正如在动物的种子之中，大概是有一些有生命的微生虫的，而这类微生虫虽然小，却是能够变成为一个与原来的动物同样的动物来的。"[①] 从莱布尼兹的论点，

---

  ① ［德］莱布尼兹：《形而上学序论》，陈德荣译，商务印书馆1937年版，第254页。

可以看到单子论与当时德国自然科学中的活力论之间的关系。比较起流行的机械论，单子论着重阐明了物质运动变化的内部根据，因此就能够进一步去加深对物质运动变化的客观必然性的理解。但是单子既然排斥任何外部的作用，而一切又都以自身的圆满性为根据，这样在理论上就必然要落足到原形先蕴说，就如古代希腊阿那克萨戈拉的种子那样，变化与发展的物质所包含的一切，原先便已具体而微地内含于种子之中，至于物质的变化与发展，就不过是由种子内含的具体而微的原型到成形的量的增大而已。莱布尼兹只是以精神本质的单子去代替古代那种物质本质的种子。

此外，莱布尼兹既然否定了任何的外部作用在物质运动过程中的意义，当然也就排斥了自然条件或人的实践对可能性的选择作用。所以可能性也就成为必然性了，区别仅在于潜在的必然与实现的必然，至于偶然性则根本不再有立足之地。

如果物质都是由于自身的必然性而运动变化，物质之间互不发生作用，由此构成的宇宙便是无数孤立而互不联系的物质的聚合体。这种观点不仅与人的实践经验相违背，因为一切的生产实践都需要通过外部条件去作用和制约对象，实现由可能到现实的转化，而且它也是与当时自然科学所提供的物质普遍联系的概念相违背的。为了解决这一矛盾，莱布尼兹指出：单子之间虽然互不相涉，然而单子却是自相调节去适应对方，由此形成了物质的普遍联系。所以物质世界的普遍联系并不是物质运动变化的原因，而且这种联系又不过是单子自相调节去适应对方的表现形式。这就如岩石从高处滚下，压着了小树，小树就折断了，但这并非由于岩石的滚动而决定着小树的折断，毋宁是小树自身在变化而折断去适应滚动的岩石，因为它们之间不可能存在着相互作用。

17世纪的机械唯物主义在强调物质的普遍联系与外部条件的作用的同时，往往不能够正确理解外部作用只是通过内因才能促使物质的运动变化。莱布尼兹虽然纠正了机械唯物主义的这一缺陷，然而他在阐明物质的运动变化取决于它的内因的同时，却又偏向了另一个极端，即根本否认外部条件的作用。莱布尼兹从下述的前提出发："各种本质互相动作之成立，并不是由于这一个本质对那一本质发生物理上的影响，因为一个本质现在可有的状况，都是自动地成为那种状况的，而且只是由于它之前一种状况结果而成的。"他认为一个本质或单子是如此，推而广之，凡物莫不是如此。因此，严格地说，在物质互相接触的时候，并不是某一物质为他物作用而运动，实际上促使物质运动的是其内部的力量。当莱布尼兹用一个乐队的合奏来说明物质的普遍联系时，便最清晰地表达了他的这一观点：这个乐队奏出的和谐的一致的乐曲，是其中各种乐器互相协调的结果，包括大提琴、小提琴又或是号角等等，都各自演奏出它们的特色，谁能够说在统一的合奏中，大提琴的声音是小提琴作用的结果，或者号角的声音又是提琴作用的结果呢？整个宇宙也是如此，谁能够说在统一的宇宙的运动中，某种物质的运动变化，是其他物质的运动所作用的结果呢？

由此，莱布尼兹得出的结论是：每个单子以及每一物质就如乐队中的一种乐器那样，各自有着自身运动的必然性，不需要有外部力量去促使它运动变化，然而它们相互间又是协调的，并且各自调节着去适应对方的运动，合奏出宇宙的伟大的和谐。其中每一个单子则各以自己的方式表现着宇宙的和谐，可以说在宇宙中"每一个个体的本质，即依照它自己的方式而把整个宇宙表现出来，而在它之完全的概念中，含有它之一切经验，而与这些经验相连带之一切情形及外部事情之整个程序也都包含于其中"。这种和谐是出自每个单子，换句话说，每个单子都包含有构成这种和谐的必然性，因为在单子中就已具有它的过去以及未来发展的全部内容。而且单子中所包含的未来发展的内容，已经不限于发展的趋向即根据，而是连发展所有的一切内容都毫无遗漏地、具体而微地存在于单子中了。莱布尼兹更进一步指出：每一个单纯实体即单子具有调节自身去适应外部的运动变化的力量；它是表现着宇宙和谐的一面镜子，宇宙的任何运动变化，都会在单子中出现自我调节与适应。所以宇宙任何一个角落出现的运动，都由无数的单子作为镜子而反射出来，可以说任何一颗沙粒或是一滴水的变化，都将会在整个宇宙里得到相应的反映。对此莱布尼兹是这样解释的：因为物质具有连续性与不可分割性，所以就是最微弱的运动，也会影响附近的物质并作出相应的反应，而相应的反应又会不断地在其他物质中出现，由此连续以至无穷，仅仅是影响的效力逐渐地减弱而已。莱布尼兹正是通过单子间的预定和谐即自动的调节去说明物质的普遍联系。

三

莱布尼兹对单子间的自动调节和预定和谐作了一个说明，他认为："各种不同的本质所发生的各种现象之得以互相和谐，那只是因为它们乃是由于同一的原因（这个同一的原因就是上帝）所生出来的结果。"于是对单子的自动调节和预定和谐的探索，就如同霍布斯之对外部作用的无限上溯一样，都得出了上帝是原动力的结论。莱布尼兹接着还写道："那是因为在最初的时候，上帝之创造一切种本质，乃是把它们创造成为在将来它们所要求生出来之一切种现象，都要用不着互相有直接影响，便互相符合起来。"① 哲学在逻辑上遭遇到的困难，最后却需要依靠神学来解决，这不能不说是对哲学的莫大讽刺。

为了解释并使人不至于怀疑上帝的力量，莱布尼兹还指出："既然科学家们能够运用各种机械去模仿天体的运动，那么为什么就不能有一个超过人力无数倍的上帝去创造整个宇宙的全部和谐呢？"他沿袭了神学家用关于物质的圆满性以证明上帝力量的方法，去说明单子的相互和谐就是上帝存在的最有力的证明。

对于神学的这种证明方式，过去就曾经被驳斥过；人们根据世间各种不和谐的现象以及封建制度的罪恶，从反面去论证不可能存在有一个像神学家所设想的具有圆满性的上帝。可是莱布尼兹却坚持着宇宙的一切都是和谐的，单子之所以能用自己特殊的方式表现宇宙的和谐，并且将过去、现在以及将来的一切，都包含于自身之中，其原因就是由于上帝的存在，因为这一切只有由于上帝的创造才能够发生。所以每个单子便具有上帝无所不知与无所不能的神性，并且每个单子又尽可能地模仿着上帝，由此才能将宇宙的过去、现在以及将来所有的一切全部表现出来。单子所表现的这种内部必然性，同时便是上帝特性的外现。这种分有上帝的特性的单

---

① ［德］莱布尼兹：《形而上学序论》，陈德荣译，商务印书馆1937年版，第201页。

子，当然除了上帝之外便没有谁有能力去产生它，其实正是哲学家的头脑，才有能力去产生这种分有上帝特性的单子，并且还创造了上帝这一虚构物。而哲学家正是在自己的头脑里创造了上帝的，莱布尼兹写道："我们可以说，上帝是储备各种本质的主人翁，他能够由于一种放散的方法而继续不停地将各种本质产生出来，犹如我们产生思想一样。"对此可以形象地加以设想，上帝的头脑里安放着无数个本质，而且不断地将这些本质挤出来，那便是一个个的单子。莱布尼兹自信他的这种观点足以纠正笛卡儿主义关于二时钟说的论点，因为按照二时钟说，上帝就将不厌其烦地在每个场合下都去决定着事物之间的相互适应，就像人们为了保持时刻的准确需要不断地去扭动发条一样。而将整个预定和谐归于上帝，就可以避免上帝像笛卡儿主义所想象的那样时时要出场，因为上帝已一次地解决了宇宙的和谐。

  肯定单子或实体具有自身运动变化的必然性，就可以克服对外部原因的无限上溯以及由此产生的逻辑困难。可是莱布尼兹却又从另外一个方面，即根据充足理由律去追溯单子的自身运动和预定和谐，由此得出了最初的存在；于是智慧结束之处，便成为宗教起步之处。此外，莱布尼兹还认为，科学家们虽然能够用数学公式与机械原理去阐明自然界的各种特殊现象，然而有关物质本性的普遍原理以及自然界的普遍规律，则是属于形而上学的，而不是属于特殊科学的。形而上学的目的在于理解物质本性的普遍原理，而要理解这种最后无法加以分析的普遍原理，就不可避免地会得出最初因归于上帝的目的，所以自然科学的目的在于寻求物质运动的有效原因，形而上学的目的则在于寻求物质运动一般的、最初的原因。莱布尼兹企图克服机械论的缺陷，避免将自然界某一领域的特殊原理，广泛地用作解释物质运动的一般方法，他提出了两种方法：一种是寻求有效原因的方法，另一种是寻求最初或最终因的方法。需要用这两种方法去解释自然，譬如要答复动物的生理结构是怎样的，就需要用寻求有效原因即自然科学的方法去说明；而要答复动物的生理结构为什么恰恰是这样构造成的，又需要用寻求最初或最终因去说明。所谓最初或最终因便是上帝的智慧，因为"凡是看见动物具有那样可赞美的构造的人们，都觉得非承认造物主的智慧不可"，其实这无非是神学证明上帝存在的翻版。

莱布尼兹的两种方法的实质，是在说明科学所能及的范围应该利用数学公式或机械原理，至于科学还不能及的地方，就留让给宗教吧。他认为提出两种方法的论点便可以调和科学与宗教的矛盾，因为："我们如果把这两种方法调和起来，则对于那些用着机械的原理来说明自然的人们，既可使其满意，而对于那些要引用着非物质的东西来说明的人们，也可以使其满意。"① 前者是指自然科学家们，而后者当然是指教会了。莱布尼兹的观点最明确地一方面表达了要求发展科学的愿望，另一方面又保持着对宗教与封建制度妥协的立场，这一立场正是当时德国落后状况的产物。

莱布尼兹除了从最初或最终因去论证上帝的存在之外，又从最终因导出了目的因或上帝的意志的结论。他承认上帝是按照自身的意志去创造万物，因为"在我们看见某种好的效果或某种完全的事情时，我们很可以确定地说，它就是上帝目的中所要的东西"。所以他宣称不同意那种要将最终因完全废弃的说法，这明显是针对斯宾诺莎的。对此莱布尼兹写道："我的主张则与此相反，我认为上帝时常总是选择最好的而且最完全的事情去做的，所以关于一切神存在物的原理以及关于自然的各种定律，我们必定都要就在这种最后的原因中寻找之。"② 这是在一定意义上，又恢复了神学的上帝意志决定一切的思想，或者说就是以近代的形式复活中世纪的神学。

莱布尼兹十分强调这个在人之外的最高意志，它便是一切必然性的来源与最终因。他并且论证道："犹如关于一所房子的观念，是由于计划这所房子的人的计划或目的而生出来的，所以关于这个世界之观念或概念，也就是由于上帝视为可能目的而生的。这是因为无论什么东西，我们都必定要用它的原因来说明，而关于这个宇宙的原因，我们看见就是在于上帝的目的之中。"③ 莱布尼兹的观点，是同斯宾诺莎关于实体或神是自因、是没有意志与目的的自身的必然这一观点相对立的。斯宾诺莎从神开始，得出实体是没有意志与目的，并且包含着自身的必然性的结论，与此相反，莱布尼兹则是从单子包含有自身的必然性开始，得出神是有意志与目的的

---

① ［德］莱布尼兹：《形而上学序论》，陈德荣译，商务印书馆1937年版，第51页。
② ［德］莱布尼兹：《形而上学序论》，陈德荣译，商务印书馆1937年版，第46页。
③ ［德］莱布尼兹：《形而上学序论》，陈德荣译，商务印书馆1937年版，第150页。

创造者的结论。虽然莱布尼兹竭力避免将上帝的意志与目的解释成为肤浅的目的论,他并没有为每一种现实的存在都去寻找到一个目的因,诸如老鼠的存在是为了供猫吃等等。他也竭力避免将上帝的意志与目的解释成为一切为了人的缘故,但是后来他的继承者沃尔夫却通过上帝的意志与目的而最终走向了这种肤浅的目的论。

按照莱布尼兹的观点,上帝既是依据自己的意志创造了宇宙,因此宇宙就不过是上帝意志的外化。但是他又承认从单子到宇宙的运动,又有着自身的必然性。这两者怎样能够统一呢?莱布尼兹认为:"当我们在一个主体中发现某种性质时,我们就应该相信,如果我们了解这主体的本性和这种性质,我们就能设想这种性质如何能是它的结果。因此,在自然秩序中(把奇迹撇开),上帝并不是武断地、无分别地给实体以这种或那种性质的;他从来不会给它们别的,只给它们自然的性质,也就是那些能从它们的本性中抽引出来,能作为可以解释的样式的东西。"① 这无非是说明,上帝总是将必然性赋予自然,因此自然就是必然的。而且上帝的意志也只能表现为必然,否则就与他的圆满的本性相违背了。莱布尼兹还指出:上帝虽然是依照着自己的意志创造世界,但是他却使物质世界的运动,完全符合于物理学的定律。这就无异于给上帝穿上了近代自然科学的服装,他不仅不以自己的意志任意地干扰自然规律的实现,而且他还是客观必然性的保卫者,所以自然科学家们尽可以放下心来,不需要对上帝的意志抱丝毫疑虑,更不需要担忧自然界的任何一条规律会受上帝的奇迹的搅乱。不过在另一方面莱布尼兹却并不完全否认神还存在的可能,因为他还需要以此说明自然界还有着种种科学尚无法给予合理解释的现象。

但虽然如此,莱布尼兹在论证上帝的意志与目的时,仍然尽力避免像霍布斯或洛克那样,将上帝表述成是完全依附于客观必然性的。在莱布尼兹的体系中,上帝则是凭着意志的选择,从而使得被创造的世界能够合乎规律地运动着。正是这个缘故,科学家们才能通过自然界的规律去认识世界。上帝的意志虽然表现为必然,但却并不受制于必然;上帝总是将必然

---

① 北京大学哲学系外国哲学史教研室编译:《十六—十八世纪西欧各国哲学》,生活·读书·新知三联书店1958年版,第328页。

性而不是将偶然性或是种种神迹去加诸自然，这是因为他是按照着所谓的最佳原则去创造世界。所以上帝的意志又表现为他是根据最恰当的善的原则，而不是受必然性的支配，去创造宇宙和它的和谐。莱布尼兹认为，既然在上帝的观念中，蕴藏着无穷个宇宙的蓝图，可是现实地存在着的只是唯一的宇宙，这便证明了必然有一个由上帝进行选择的充足理由，最后使上帝确定选择这唯一的宇宙而不是其他。所以一切存在的，都是经过上帝按照最佳原则选择的结果，以此类推，17世纪德国的封建社会，也就是符合最佳原则而必然为上帝所选择的社会。莱布尼兹本人便说过："我们对于已有的秩序，一定要满意，因为它是绝对与上帝的意志相一致的。"

从莱布尼兹关于自足的单子的思想，很自然地会使人联想到资本主义社会所提倡的个人主义，人被设想成是一个个独立的、自足的实体，此外，也自然地会使人联想到当时在经济上落后、孤立，在政治上分裂为数百个小邦的德国现实。这如同从莱布尼兹所设想的精灵聚居的上帝之城，会自然地使人联想到新兴的生产力所企求的民族统一那样；但是否可以说：自足的单子就是摆脱了封建束缚，从而被理想化了的个人的哲学描述？或者说自足的单子正是17世纪德国的客观存在在意识中的反映？这至少还没有足够的材料可以证明，在莱布尼兹的单子论中正是企图用自足的单子去说明被理想化了的、摆脱封建束缚的人性，或者是企图用它去说明德国那些自足的小邦所以存在的合理性。

四

根据莱布尼兹的预定和谐说，实体即单子包含着过去、现在以及将来所要发生的一切，由单子构成的宇宙，包括人在内当然都不例外。但是如果在人的概念中，便已规定了人的过去、现在以及将来所要发生的一切，那便是肯定人的一切行动都是受自身必然性的支配，由此也就否定了人的自由。此外，根据预定和谐说还可以推论，当人类始祖存在时，就已包含有人类发展历史中所出现的一切以及人的所作所为了。这种结论与宿命论又有什么区别呢？当时法国冉森教派的神学家阿尔诺就曾因为这一结论与教会的正统教义不相容而加以激烈反对,他在致莱布尼兹的信中写道:"如果真是这样的话,则上帝最初要创造亚当,还是不要创造亚当,他是自由的;但假使他已决定创造亚当了的话,则自亚当到现在所发生于人类之一切事情,以及在以后还要发生于人类的一切事情,其包含在必然性之程度,便较宿命论还要进一步了。"[1] 阿尔诺的来信与莱布尼兹的复信,都充满着神学的虚幻性与经院哲学的烦琐性,最后莱布尼兹在复信中提出,虽然单子包含着过去、现在以及将来所要发生的一切,但是将来所要发生的一切,它却是现实地以可能性而存在着。这种可能性的存在,便是意志自由选择的根据。人们从可能性中进行选择,并且通过行动使可能性成为现实,因而就不是纯粹受必然性或命运所支配。

但是对此却需要进一步说明,人凭着自由意志的选择与行动的结果,怎么会与单子包含的过去、现在以及将来所要发生的一切相符合一致呢?莱布尼兹认为,意志的选择有着确定的标准,那便是实现最佳原则,或者说获得幸福。人之追求幸福正如单子之追求实现圆满性一样,并且又是后者的表现形式;人按照追求幸福的标准去进行选择的结果,便与单子实现圆满性与事物的预定和谐相一致了。莱布尼兹最后是以上帝作为这两者统一的象征的。上帝一方面选择最佳原则铸就人的一生所必然实现的历程,它是全部包含在人的概念中;另一方面上帝又使人在行动时,总是以最佳原则即追求幸福作为意志选择的准则,由此人通过意志的选择而决定去从事的行动,便与上帝按照最佳原则决定着人将在一生的经历中所必然要发生的事相一致了。

按照这一论点,可以说人以为凭着意志的选择去从事的、自觉的活动,实际上最后所实现的都是上帝预定的最佳选择。上帝的这种智巧,可能便是以后黑格尔所称颂的理性的智巧的蓝本。但是也还可以作另一种解释,上帝预定的最佳选择既是必然的,因此,自由就是人凭着意志选择所从事的活动,与客观必然性的一致。

对于自由与必然的关系问题,莱布尼兹认为应该区别两种不同的自由,即法权上的自由与事实上的自由。从法权上看,奴隶是没有自由的,

---

[1] [德]莱布尼兹:《形而上学序言》,陈德荣译,商务印书馆1937年版,第98页。

封建居民的自由也是不完全的，所以这种自由就是相对于奴役而言的。而事实上的自由则是指：人有能力按照意志的选择去决定行动或者不行动，去进行思维活动或者停止这种活动；事实上的自由是相对于必然而言的。莱布尼兹进一步认为，自因并不等于自由，自因如果不是出自意志，它仍然是必然的，而自然则是通过意志来得到表现，所以"要叫某种活动是自由的，我们要求它们不仅是自动的，而且是经过深思熟虑的"①。凡是意志不能作出判断的，也就无自由可言。

人在两种方式下接受着客观必然性的支配，一种是不自觉接受的，另一种是自觉接受的。人的生理活动便是不自觉地接受客观必然性的支配，至于人根据意志的决定，使行动服从于客观必然性，则是自觉接受客观必然性的支配，这两种方式是有区别的。然而仅仅自觉地去接受客观必然性的支配，却还不等于是自由的，一种行动可以是出自于人的自愿，譬如瘫痪的病人自愿躺在床上，但这并不表现为自由，因为病人除此之外，是别无其他选择余地的。莱布尼兹认为，自由是通过意志的选择来表现，而意志的选择又是以理性的判断作为依据，他批判了那种脱离开理性的判断，而片面地强调自由意志的说法，如果说自由就是意志可以任意去决定做某种活动的能力，那就是对自由的抽象理解，因为这种自由只能存在于想象中，而实际上则是不存在的。即使有人坚持自由便是为所欲为，然而在现实中这样去做将会是毫无意义的，所以抽象的自由只可能"将真正的自由和理性一起加以毁灭"。

莱布尼兹指出：问题就不在于人是否能够去做他想做的一切，而在于人的意志是否有足够的独立性。所谓意志的独立性，就表现在它并不受必然性的盲目支配，也不受偶然性所左右，而是根据理性的判断去作出思考、决定等等。人是否是自由的，就取决于人的意志选择与行动是否是根据理性的深思熟虑作出的，还是受偶然性或者盲目的必然性所支配。他认为只有通过理性的判断所作出的意志选择与行动，才能与客观必然性相和谐一致，所以服从理性并不会使自由受到丝毫的限制，相反只会得到真正

---

① ［德］莱布尼兹：《人类理智新论》上册，陈修斋译，商务印书馆1982年版，第164页。

的自由，而违反理性则会陷入受奴役的状态，这是因为只有通过理性才能认识真理和遵从事物的和谐。

　　莱布尼兹十分强调理性和自由之间的关系，他认为理性思想与人的自由是一致的，并且人愈能运用理性思想，意志的选择就愈准确；而意志愈坚定，便愈能排除偶然性与盲目的必然性的干扰。他还指出：如果具有了理性，而不用它去指导行动并获得自由，相对说来，理性就是毫无用处的；而自由如果脱离开理性的指导，这种抽象的自由也是毫无意义的。

　　在莱布尼兹的这一系列论点中，包含着自由便是根据理性的指导，依循着客观必然性而不是违反它去进行意志的选择和活动的思想。可是在这里客观必然性又是被上帝的意志、预定和谐等神学的旨意所掩盖着。从理性与自由的统一出发，莱布尼兹认为，自由的最高表现，就在于使理性的判断与人的行为的原则与上帝的必然原则或预定和谐相一致；而具有这种自由的人便是善人。莱布尼兹所设想的善人是那种"毫无不满的人，尽责而后听任天命的人，恰如其分地爱戴和模仿全善的创世主，遵从真正的纯爱的天性而在观照上帝的完满性中怡然自得的人"。这种善人当然毫无疑问地会有教会的善良信徒与国家的守法公民的双重资格，并且在这种自由中，对上帝的秩序的满足与对现实的社会秩序的满足是一致的。既然世上的一切都是上帝根据最佳原则所安排好了的，因此对于德国的现实，就应该毫无怨言去接受它。如果还有不圆满的事实存在，那也尽可以用也许上帝认为它是符合于最佳原则的这句话去自我安慰。对于那些不满意于现实的社会秩序的人，莱布尼兹认为，这种人就不配夸口说自己是信奉上帝的。

　　在霍布斯以及斯宾诺莎的著作中，也反映出类似的依循客观必然性和服从现实的社会秩序的思想，但是如果进一步去联系他们各自所处的不同的社会，那么，霍布斯要求的是服从于当时英国新兴资产阶级与国王结成同盟的社会秩序；斯宾诺莎要求的则是服从于新建立的资产阶级共和国的社会秩序。可是莱布尼兹所服膺的和谐与秩序，则是德国封建制度的秩序，他唯一的要求是这一秩序能够允许学术与科学的自由。德国封建制度的秩序当然也就包含有它的精神力量即教会的统治，而这便是理解莱布尼兹所以要求调和客观必然性与单子的预定和谐、人的自由意志与上帝的最佳原则、科学与宗教的学说的一把钥匙。

五

　　自从笛卡儿提出两个实体即物质与精神各有自身运动的形式，物质有着它运动变化的必然规律而精神则是自由的，两者互不相涉的理论以来，关于灵魂与肉体或意志与躯体的关系问题，就成为近代西欧哲学理解必然与自由的一个重要方面。人虽然被肯定是肉体与精神、物质与意识的统一体，而与外部世界相对立，然而在人这个统一体中，躯体相对于意识也同其他物质那样，有着自身运动的必然性，即生理运动的规律。因此人的意志相对于自己的躯体，就如同意志之对外部世界的必然性一样，存在着必然与自由的关系问题。

　　莱布尼兹根据预定和谐说指出：当意志作出决定时，肢体也作出相应的动作，这是由于它们之间的预定和谐，而不是因为意志的干涉或作用，因此他同意笛卡儿主义的观点，而否认肢体的活动是受意志支配的结果。

　　按照通常的认识，意志就是支配肢体去作出契合目的的活动的原因，如果不经过意志的决定，无论是肢体的哪一部分，都不会自觉地去从事一项活动的。但是这种认识却往往忽略了肢体的运动也有着自身的规律，即生理运动的规律，所以意志的作用就必须以遵循这一客观规律作为前提，换句话说，意志必然根据肢体运动的规律，才能决定通过什么样的方法，去进行某项活动。莱布尼兹在强调肢体有着自身的运动规律，并不能接受意志的任意支配的同时，却否认意志有支配肢体活动的能力，他认为："灵魂遵守它自身的规律，形体也遵守它自身的规律，它们的会合一致，是由于一切实体之间的预定的和谐。"所谓灵魂遵守的规律，就是指意志由于欲望的促使，经过判断与选择而构成目的的活动；相对地肢体则是依循客观必然性而活动，它们即属于两个不相同的领域，便不可能发生谁决定着谁的运动，而只可能通过预定和谐达到相互协调。

　　这种论点当然是与人的经验相违背的，因为在实践中肢体的活动绝不是单纯自发地受生理运动的规律所支配，它总是与意志的决定相联系的，而且是直接听从意志指挥的。但是莱布尼兹认为，这纯粹是表面的现象，而真正的原因是它们各自循着不同的途径而活动，但又相伴地产生出上述的现象，他进一步解释道："在我想举起我的手臂的时候，那正是我的身体上一切事情都预备好以便我可以举起手来的时候；在我举手之时，我的身体是依照着它自己的定律以运动的；但同时，因为各种事情互相之间是有其互相之和谐……的缘故，这些定律之发生作用，又一定正在于我有这种意志的时候。"① 可是按照这一解释，在意志活动与肢体活动中，又怎么能够区别是预定和谐或是偶合呢？笛卡儿曾认为人的意志可以凭借松果腺去支配肢体的动作，莱布尼兹不同意这一论点，他的理由是：根据力的守恒定律，意志可能从什么地方去赋予肢体以动力呢？松果腺又怎么可能将力传给肢体呢？而这是无法用力学的规律加以解释的。莱布尼兹还指出，这由于在笛卡儿的那个时代，还不认识力学的规律，不了解物质的全部力是守恒的，如果笛卡儿认识这条规律，肯定也会同意预定和谐说的。

其实莱布尼兹提出的问题，远远比他对问题的解决要深刻得多，他不仅提出作为物质运动的肢体活动只能依循着生理运动的规律，那么，意志的决定又怎么能与肢体的活动协调一致呢？而且还提出，意志是一种精神力量，怎么可能赋予肢体的运动以动力呢？精神的力量怎么可能转化为物质运动的动力呢？如果物质的物理运动是由于外部物质作用的结果，那么，肯定肢体的活动是由意志所决定，就需要说明意志又是通过什么样的物质形式和如何通过这种物质形式，从外部作用于肢体并赋予它以活动的动力呢？这正是问题的难点所在。即使在今天，根据生理学也只能解释为：意志的决定相伴产生了神经的活动，由此便促使肢体的活动，此外是否还有更恰当的解释呢？

如果按照单子论的假设，单子具有欲望并通过欲望去推动自身运动，则又与莱布尼兹否认意志有能力决定肢体运动的观点相矛盾了。而且既然单子具有意志与欲望，由它所构成的复合物便不可能不同样具有意志与欲望，那么，物质是否都具有意识呢？莱布尼兹回避了这个问题，不过他从

---

① ［德］莱布尼兹：《形而上学序论》，陈德荣译，商务印书馆 1937 年版，第 218 页。

另一个方面提出：由单子的欲望到人的灵魂，其间存在着一个逐渐上升的阶梯，而只有人的灵魂达到了理性的等级，由此获得了具有精神的特权。

单子既然被认为是不生不灭的，相应的单子所具有的欲望当然也是不生不灭的，否则单子就不可永恒地运动了；但是依此相论，便不可避免地要得出灵魂或精神也是不生不灭的结论。莱布尼兹正是肯定了这点，他认为单子和它的欲望之不生不灭，正如物质世界之不生不灭一样；在物质的运动变化过程中，物质绝不因之而消失，在生命过程中肉体尽管可以腐烂，然而灵魂却是不朽的。"从来没有完全的生，也没有严格意义下的绝对的死存在于灵魂的分离中"，这便是莱布尼兹的结论。他还认为，灵魂正是反映宇宙不可毁灭的一面镜子，而且我们称躯体为占有空间的物质，这个物质如果是有生灭的，它也不能够影响于灵魂，肉体消散了，却不能由此毁灭掉灵魂。这一思想与神学的灵魂不死说是一致的，因此，神学关于灵魂不死的思想与上帝之存在一样，都以近代的形式在莱布尼兹的体系中复活了。他由客观必然性的存在论证了上帝的和谐，又用单子的意志与欲望论证了灵魂不死，最后他甚至清算了阿威罗伊主义。

莱布尼兹关于灵魂不死这一思想的实质，在下面的一段文字中最明确地表达了出来："然而灵魂的非物质性这一真理无疑是重要的。因为对宗教和道德来说，尤其是在我们这个时代（现在许多人对于所谓的天神和奇迹是几乎不尊重的），指出灵魂就自然本性说是不死的，而如果它不是这样则是一种奇迹，比之于主张我们的灵魂就自然本性说是应该死的，但由于一种奇迹的恩惠，仅仅基于上帝的恩许，它才不死，要有无限地更大的好处。"① 灵魂不死说从来便是宗教的信条与伦理基础，它与上帝的存在共同构成为神学的拱心石。正因为如此，斯宾诺莎才力图摧毁灵魂不死说并为新的资产阶级共和国建立起新的伦理基础，相对地莱布尼兹却维护着这一神学的遗产，并用它去达到与德国的现状和德国教会的妥协。

---

① ［德］莱布尼兹：《人类理智新论》上册，陈修斋译，商务印书馆1982年版，第27页。

第四篇

18世纪法国的必然与自由学说

第四篇

18世纪法国的
哲学与自然史

第一章 伏尔泰

一

17世纪尼德兰与英国都已经完成了资产阶级革命,西欧大陆的法国还处于封建专制的统治下,资本主义的发展受到封建制度的重重束缚;国内新兴的资产阶级与封建统治阶级的矛盾到了18世纪出现显著的激化,历史已将法国推向了革命的准备时期。在18世纪上半期,法国新兴资产阶级的上层,包括那些由购买土地与爵位而跻身于贵族行列的资产者、银行家、包税人、军需供应商等,他们虽然不满意大封建贵族和教会对国家政权的垄断,要求限制大贵族的封建特权,改革封建制度和教会,发展资本主义经济与贸易自由,但又与旧制度有着千丝万缕的联系,对第三等级的革命要求心怀恐惧。所以这一阶层所企求的便是一种温和的改良而不是革命,英国的君主立宪政体成为这一阶层最切近的理想,至于后来历史事态的发展,却宁可说是同他们的意愿相违背的。

18世纪法国社会的现实状况,使得反映这一社会状况的法国哲学及其发展,既不同于英国,也不同于上世纪的法国。但是18世纪法国思想界的先进代表人物,却是以17世纪英国唯物主义与笛卡儿的哲学体系作为基础,来开始他们的理论活动。由于当时法国国内的阶级矛盾日趋尖锐,以及来自英国与尼德兰的先进思潮的影响,法国思想界产生了启蒙运动,伏尔泰便是这一运动的代表人物。

伏尔泰继承17世纪英国唯物主义的思想,肯定具有广延的物质是唯一的实体,世界是由物质组成的,物质永恒地在运动着,其中每个物体又都处于相互作用的联系中，它们接受外物的作用，又作用于外物，由此构成物质世界的普遍联系。

伏尔泰批判了莱布尼兹的预定和谐说，他认为自然界有着运动变化的必然性，它取决于因果联系中的一些直线即直接的因果联系，至于另外的一些侧线则起不了重要作用。他还批判了单子论关于任何一个单子的抖动都必然影响及整个宇宙的说法，而认为按照单子论的说法，就会得出不论是自然界或人类都无法摆脱天命的链条的结论，然而这一结论显然是极端荒谬的。

伏尔泰在批判莱布尼兹的预定和谐说的同时，也不同意17世纪英国唯物主义提出的一切物质都毫无例外地被框在必然之网中的思想。他认为必然性与偶然性是同时存在的，客观规律虽然是不变的，可是由这种必然性起着作用，而不是由另一种必然性起着作用，这却并不是不变的。人们可以承认那些与太阳保持一定距离的行星是按照一定的规律在各自的轨道上运行的，也可以承认它们的距离是为它们所包含的物质数量所规定的，但是难道因此便可以认为，每个行星所以包含有这么多数量的物质以及宇宙间所以存在有这么多数量的星辰，这一切都是必然的，因而不可能有丝毫的增减吗？

可是，伏尔泰在肯定偶然性是与必然性相伴存在的同时，又提出整个自然界从最遥远的星辰到脚底下的一根小草都应当服从于一个最初的推动者的思想，这也就是承认上帝的存在。从当时的社会背景来看，伏尔泰虽然出身于贵族，但是他又由于攻击当时法国的权贵而两次被囚于巴士底狱中，然后被迫逃亡去英国。正是在英国他接受了洛克的思想，回到法国伏尔泰就传播洛克的思想，不过当时他认为，洛克对封建主义的思想体系的批判还不够大胆和坚决，他要求对法国的天主教会提出更为激烈的批判。并且伏尔泰反对诸如神的启示、信仰高于理性，以及宗教是人性的产物这类神学理论。他曾经大胆地提出："我讨厌听说十二个人创立了基督教，我要证明一个人就足以摧毁它。"伏尔泰还进一步认为，人类最宝贵的是财产与自由，然而教会所要剥夺的恰恰便是人的财产与自由。不过他虽然如此激烈地反对天主教会，而在论证自然界的必然性时，却又要求保留上帝，这似乎是十分矛盾的。

伏尔泰在解释所以要保留上帝时说，其原因是人们用论证无法证明上帝是虚妄的，相反却只能证明上帝是存在的。他论证道："当我们看到一件东西总是产生同一结果，只产生这种结果，看到它由无数器官组成，在这些器官里面有无数运动，都为产生这个结果协同一致地动作的时候，我觉得就不能否定一种目的因而不暗中陷于矛盾，一切植物、一切动物的种子就是这种情形；说这些都与目的无关，岂不是有点鲁莽了吗？"① 他的这种论证却又是与莱布尼兹相一致而为斯宾诺莎所驳斥过的，换句话说，就是回到了神学关于上帝存在的目的论的证明。

从17世纪直到18世纪初，决定着物质运动变化的究竟是外部作用呢，还是内部的原因？这是一个使那个时代的哲学家们普遍瞩目的问题。如果按照牛顿的理论，自从上帝的最初一击之后，物质运动只能是服从于力学规律的支配，即无外力的作用则静者恒静而动者恒动，因此，决定着物质运动变化的便只能是外部的作用。这当然可以恰当地去解释物质的机械运动，然而当接触到生物界时，就很难用力学规律去解释它的各种运动形态了，在生物界中确实存在着协调或相互适应的关系，就以一棵树来说，它的根、枝、叶都为树的成长而各自实现它的机能，进而到人体也是如此，这些难道可以单纯用机械力学的规律或外力的作用去作出解释吗？可是除此以外，当时自然科学还不能对此提供出科学的阐明，而且直到19世纪中叶，达尔文的《物种起源》才出版，因此认识的领域归于理性，认识所不能达到的领域则归于上帝的原则，便起了重要的作用。正如同从外力论可以追溯到上帝这个始因那样，从内因论也可以找到一个上帝，莱布尼兹关于上帝的预定和谐的说法便是一个例子。同样地还无法为物质间的相互适应找到科学的解释时，伏尔泰也宁可去设想其中必然存在着一种目的，这种安排着自然界的超人的目的，当然就只能是上帝了。

可是伏尔泰明明知道，神或上帝不过是人的思维的产物，并且用神或上帝去解释自然界的必然性，也不过是人的思维的设想。当他批判笛卡儿的天赋观念论时，他是完全同意洛克的观点，即人的一切认识都是来源于

---

① 北京大学哲学系外国哲学史教研室编译：《十八世纪法国哲学》，商务印书馆1963年版，第72页。

经验，而不是与生俱来的，而且如果真有所谓天赋观念，那么"人们在出世的时候，就会有一个神的观念，而且人人都会有这个观念"。然而事实并非如此，伏尔泰注意到有一些民族就根本不具有关于神创造世界的观念，他更观察到在人们中间，对于神的观念的分歧，犹如他们对于宗教与法律的分歧一样。神既然是人的意志的产物，而且不同的社会和不同的意识，又可以产生不同的神，从伏尔泰的这一论点，当然也就可以推论出，人们不妨根据各自不同的需要，去创造他们观念中的神或上帝，并且让后者来支配着自然界存在的客观必然性。

这种论点便是当时自然神论者所坚持的论点，自然神论者拒绝教会与圣经内所描绘的专横的上帝形象，这种单凭自己的意志凌驾于自然规律之上的上帝是他们所不能接受的。可是由于他们的社会地位，所接受的传统教育等等的影响，尤其是宗教与教会在那个时代还保存着相当大的势力，又使他们对无神论抱着疏远的态度。他们宁可在保证自然界的必然性的独立地位的同时，又从人对自然界的未知领域中去推论出上帝的存在，以表明他们与无神论者之间的区别。但是保留上帝同时也就是保留宗教，对此他们又谨慎地将宗教与教会的专横区分开来，宣称宗教并不一定要有天主教会或者其他教会来作为它的代言人和庇护者不可。在另一方面，对于伏尔泰所代表的这一阶层的人们来说，发展商业与科学和保护私有财产，则正如水与乳那样融合在一起的。他们理解到人民一旦摆脱了宗教在精神上的束缚，在法国阶级斗争日趋尖锐的年月里，便将构成对私有财产以及与他们的地位与利益相维系着的社会秩序的最大威胁。"即使你管理一个村庄，也必须有一种宗教。"这就是伏尔泰的结论，正就如霍布斯所需要的对人民起着作用的"马勒"一样，为了保护私有财产与社会秩序，即使事实上并没有神的存在，但是也必须从意识中创造出一个上帝来。

二

伏尔泰在《哲学辞典》编写的"自由"这一条目中，通过两个人的辩论，批判了主观唯意志论。他认为意志不可能是绝对自由的，主张意志有着绝对自由的观点是没有根据的。在这一假设的辩论中，伏尔泰概括了当时主张自由意志和主张决定论这两种对立的思想，由此表达了他对这一问题的基本观点，因此，简述一下这场辩论是很必要的，它既可反映当时对这一问题的不同主张以及它们的分歧所在，也可以理解伏尔泰在必然与自由的关系问题上的基本观点。

在这场辩论中，假设甲与乙是辩论的双方，乙是坚持自由意志说，甲则从决定论的立场加以驳斥。乙首先为自由下了一个定义：自由就是做人所愿意做的事情的权力，相对地必然性则是对这种权力的限制，如果存在着必然性的限制，当然也就没有自由。针对乙对自由所下的定义，甲则指出意志并非是绝对自由的，它是为必然性所支配的，所谓自由不过是按照意志所必然要求去做的那些事情的权力。因此必然性并不是单纯来自外部的限制意志的权力，它同时体现为意志本身的要求，所以必然与自由并不是绝对对立和互相排斥的。

乙则反驳道：如果人只能做意志必然要求去做的那些事情，就如猎犬看到兔子就必然产生奔跑的欲望，而且如果它腿上没有什么毛病，也就必然具有奔跑的力量一样，那么，人就和其他动物没有区别了。甲则认为意志决定选择从事什么样的活动或不做什么活动，这种选择绝不是无缘无故的，而是有着产生它的原因。当然决定意志作出选择的原因不可能是纯粹主观的和任意的，而是有着它的客观根据；既然每一种意志都有着产生它的确定原因，所以它就是受必然性支配的。完全脱离开必然性的自由，只可能是主观的和任意的，而主观的和任意的行动，就只能是受盲目的必然性所支配，所以完全脱离开客观必然性，也就不可能有自由。甲所代表的是17世纪英国唯物主义和斯宾诺莎的决定论的观点，因而将任何原因都归结为必然性；伏尔泰则是同意这种观点的。

可是乙却提出了反驳，他指出如果意志只能听从必然性的支配，那么，人岂不就丧失了自由？因为在他看来，自由与必然是绝对不相容的。甲答复道：人的意志虽然是受必然性所支配，但是人的行动却是自由的。如果一个人有权力去从事一项活动时，他既可以决定去做，但也可以决定不去做。所以人就不像自然界的草木那样，只是纯粹受必然性的支配，人可以通过意志的选择，这就表现着人的自由。

乙又根据人们的日常经验提出了一个论据。他指出在必然性之外还存在着偶然性，这种偶然性也是自由意志所以可能的一项依据，人总还可能自由地决定有转向左侧或者转向右侧睡眠等等，这类情况的存在难道不是事实吗？它岂不就证明意志自由选择的可能吗？然而甲却连意志的这种偶然选择也加以否定，他认为即使是这种偶然的选择，也仍然是受许多细微的情节所决定，只是人们不去注意罢了。而且对于意志选择转向左侧或者转向右侧睡眠这类琐细的动作，大可不必用上自由意志的字眼，事实上就连这类动作，也与人的其他动作一样，不会是毫无原因的。说一项动作是为一个原因所支配，也就是说它是为必然性所支配，它们表达的是同一个意义。

最后，伏尔泰对这场辩论作了总结。他认为意志的选择与决定不能脱离开一定的原因，因此，它就同一切事物一样都是处于宇宙的因果锁链之中，而为必然性所支配着的。意志的自由只是表明："你在任何时间，任何地点都是自由的，只要你在做你愿意做的事情。"意志的选择与决定去从事一项活动，虽然是为一定的原因所支配，但是它却是以自觉的形式去进行选择与决定的。换句话说，意志是以自觉的形式去实现着必然性的，而这种自觉的形式正是自由的表现。伏尔泰关于自由的学说，从内容上说并没有超越过斯宾诺莎，斯宾诺莎在这以前就已明确地提出，自由是自觉地按必然性行事。除此之外，伏尔泰还强调自由就是做自己愿意做的事情；相对地说，妨碍个人去做他所愿意去做的事情，便是对自由的妨碍，而要实现自由，就需要排除各种现实存在着的对自由的妨碍，包括专制制度对人身自由的妨碍、土地贵族对商业贸易的妨碍等等，这样便将自由与强制相对立了。这一观点构成了伏尔泰关于人身自由、言论自由、宗教信仰自由，直到出卖个人劳动力的自由的主要根据。

三

按照伏尔泰的看法，人类社会和历史的运动，也有着它的必然性。人类社会和历史运动的必然性，是通过理性与愚昧无知、宗教狂热的斗争而实现着，理性终究必然会得到胜利。思想或启蒙运动的作用，就在于唤起人们的理性，去向愚昧无知和宗教狂热作斗争。他认为要树立理性的权威，便需要反对教会的专横，但是教会却是与封建皇权紧密联系的，他用下面的一段文字揭露了这种联系："这些给人们造下那么多恶迹的君主们，全都是领头叫喊神颁赐了善恶规范的人，这班地上的灾星没有一个不是照宗教的规矩办事的；我们可看不出人们有了这些规范可以得到多大的好处。"① 而理性的责任就在于揭露宗教的教义、规范，只是为了便于君王对人民的统治而建立起来的，它对于被统治的人民，却丝毫没有益处。从笛卡儿到伏尔泰对教会不同的态度，可以看到从其中折射出的这一时期法国的历史发展；而从伏尔泰到以后霍尔巴赫对上帝不同的态度，又可以看到从其中折射出的法国后一时期的历史进程。

伏尔泰从教会与封建皇权的联系以及它们联合对人民的压迫得出下述的结论："有些君主大权在握，滥用权力蹂躏人民，给一部分人带来死亡，使另一部分人陷于贫困，那只是人们的过错，因为他们忍受这些令人发指的暴行，甚至于常常把它们当作美德歌颂；他们只应当怪自己，怪自己制定的坏法律，或者怪自己胆小如鼠，不能使好的法律得以实行。"② 暴政与贫困这一对封建制度的孪生子以及对自由的限制，都被归咎为没有建立起法制和人民的怯懦与愚昧，因此，便需要发动一场启蒙运动，以唤醒沉睡的理性，改变人民怯懦与愚昧的现状，建立起真正的法制，去限制君主们的专横和保障人民的财产与自由。这便是当时法国以伏尔泰为代表的思想界的行动纲领，而英国的君主立宪制度则是这一纲领的核心。

在考察社会上存在的强制力量时，伏尔泰已觉察到：生活在这个社会里的人，不能不分成两个阶级；一个是支配人的富人阶级，另一个是服侍人的穷人阶级，这两个阶级又分成许多阶层，它们各有着不同的特征。所谓不同的阶层，他是对包括不同的职业等等而言的，但是他已正确地观察到社会分为两个基本的对立阶级这一事实的存在。他进而去追溯对立阶级所以会产生的问题，并且认为："一户人口众多的人家种着一块好地，附

---

① 北京大学哲学系外国哲学史教研室编译：《十八世纪法国哲学》，商务印书馆1963年版，第86—87页。

② 北京大学哲学系外国哲学史教研室编译：《十八世纪法国哲学》，商务印书馆1963年版，第86页。

近另有两户人家人口不多，种的地贫瘠无出产；那就一定是这两户贫苦的人家去服侍这家富户，或者把这户人家宰了，这是没有什么问题的。这两家赤贫户有一家跑去向这家殷实户献上人手换取面包；另一户则跑去攻打富户而被打败了。服侍人的这一户就是仆人和手艺人的起源；被打败的那一户则是奴隶的起源。"① 由于当时还没有能够说明阶级是如何产生的历史和社会材料，所以伏尔泰只可能提出这种假设去推论出阶级产生的原因，但是这个假设是以私有制的存在作为前提的，而且肯定在社会上已出现了穷人与富人的分化之后，才产生了阶级。同时阶级的产生，又被归结为是出于暴力的结果，它不是产生于一方对另一方的掠夺与强制，却是由于贫者对富者实施暴力行为，最后遭到了失败所造成的后果。伏尔泰对阶级产生的论证虽然是非历史的，但却是对当时正在形成的资本主义自由竞争中所出现的两极分化的写照。而且在这一论证中还暗示着，阶级并不是人类社会所固有的，它是在人类社会分化为穷人与富人两个对立面之后才形成的。

在对人类历史的运动过程进行了分析的同时，伏尔泰还考察了人的行动的目的，他认为决定人的行动及其目的的，除了各种具体的原因之外，还有着它的一般标准，即决定着人们意志选择的善与恶的标准。伏尔泰透过善与恶的主观与抽象的内容，而将这种标准与一定的社会联系起来，并且对它们下了一个确切的定义：美德与恶行、善与恶，在任何地方都是以对社会有利或有害作为标准。他不同于霍布斯或洛克那样，将人的行为标准放在人性论的基础上，而是将这种标准放在现实社会的基础上，如果人的行为标准是以人性为根据，那么，人性既然是同一的，因此善与恶这种标准的内容，在法国与别的国家就应该是同一的了。然而伏尔泰却敏锐地观察到：一个人如果在尼德兰反对专制权力，那就被认为是善行，可是如果在法国图谋建立一个共和政府以反对专制权力，则会被判处极刑。这是什么缘故呢？因为在尼德兰这样做将是对社会有利的，而在法国这样做却是对封建社会不利的。正由于这两个社会性质上的不同，所以才会产生对社会的利与害的不同，因此作为意志选择标准的善与恶的内容，是随着社

---

① 北京大学哲学系外国哲学史教研室编译：《十八世纪法国哲学》，商务印书馆 1963 年版，第 89-90 页。

会性质的不同而各异。伏尔泰认为：社会的福利的的确确是道德上的善与恶的唯一标准，因此我们不得不根据需要改变我们对于善与恶所形成的各种概念。这一结论是闪烁其词的，它不过表明在尼德兰虽然要根据新社会的要求去确定行为标准的内容，而在法国则仍须以法国封建专制社会的要求去确定行为标准的内容，它正表明伏尔泰以及他所代表的那个阶层的政治态度。但是对于一些社会现象的观察，却表明了伏尔泰深刻的观察能力，例如他指出：偷窃在斯巴达是光荣的，因为所有的财产都是公有的；而自从出现了私有制以后，偷窃就被看作是违反社会利益的不义的行动了。这样他就不仅将善恶的标准与一定的社会相联系，而且更将它们同社会财产的占有形式或所有制联系起来。

如果霍布斯与洛克还只可能从抽象的人性论出发去说明意志的选择及其标准是受人的自我保存的本质所支配的，那么，在伏尔泰所处的时代，现实存在的两种社会制度，即以英国与尼德兰所代表的新兴的资本主义制度和以法国为代表的封建专制制度，却提供了足够的材料说明，意志的选择及其标准以及对伦理道德的不同要求是与这两种不同的社会制度相联系的。但是伏尔泰除了肯定不同的社会制度，有着对善恶标准不同的理解，这种不同的理解又决定着意志的选择之外，他又承认一般的自然法的存在。他认为："尽管在一个地方被称为美德的在另一个地方正好被称为丑恶，尽管大多数善与恶的规范的不同有如语言和服装的分歧，然而我觉得确实有一些自然的法则，普天之下的人都不能不承认。"① 这种自然法也就是社会的必然性；但是伏尔泰却没有从社会本身，而是企图从人的感情等等去发现这种必然性；并且承认一种在任何社会以及任何时代都存在着的自然法，在当时这种自然法的实质就是将私有制社会的一般原则加以抽象化与理想化，然后将它打上人的感情或人性的烙印而已。不过用自然法去证明人的社会行动的必然性，对于18世纪法国的思想界却具有特殊的意义，它又是与天赋人权的思想相联系着的。如果没有自然法和天赋人权作为基础，也就不可能支撑住以后卢梭的自由平等学说和契约论的全部理论大厦。

---

① 北京大学哲学系外国哲学史教研室编译：《十八世纪法国哲学》，商务印书馆1963年版，第84-85页。

第二章 拉·美特里

一

拉·美特里在《人是机器》这部著作的结尾，写下了一段结论："在整个宇宙只存在着一个实体，只是它的形式有各种变化。"① 这个实体便是物质。他的结论则是针对"那些空洞、烦琐的观念……硬说有两个不断地互相接触、互相影响的实体绝对不相容地对立着"的笛卡儿主义提出的。这个结论也代表着18世纪法国唯物主义的共同观点，他们批判了笛卡儿的二元论，肯定了斯宾诺莎的唯一的实体，但是却抛弃了强加给实体的赘词即神，由此便使得自然界在人的意识里又重新回复了它本来的面目。

拉·美特里承认的物质实体，除了具有为17世纪英国唯物主义所肯定的广延、数目这些属性之外，还具有运动的能力，它与广延一样，都被认为是物质的属性，因为在拉·美特里看来，说物质仅具有广延这种属性，便不可能表明物质怎么会运动的，这无异地会将包含在物质中的能动性的观念排除掉了。可是对于物质的运动变化，如果不承认它是上帝意志所决定的，就必须肯定它是物质具有的属性，因此，拉·美特里认为：事实上，我们在一切运动的物体中，都非设想这两种属性不可，即每个物质既是运动的，也是被动的。所以运动就是物质的属性，大到整个宇宙，小到每个具体物质，都包含着运动这种属性，因此它们都是运动的，而物质本身所包含的能动性，则是产生一切运动规律的直接原因。在肯定物质具

---

① ［法］拉·美特里：《人是机器》，顾寿观译，商务印书馆1959年版，第73页。

有自身运动的原因的基础上，拉·美特里还批判了莱布尼兹的单子论，并且指出：与其说莱布尼兹的单子是物质化的心灵，还不如说他将物质心灵化了。

拉·美特里从物质具有自身运动的原因这一观点出发，进一步认为，作为自然界的一部分的人，他存在的原因就只能从自然界去寻求答案。拉·美特里提出这一观点是对圣经的直接挑战，因为按照圣经的记载，人类的始祖却是上帝用自己的肋骨所造成的。为了证实自己的观点，拉·美特里指出：人并不是用什么更珍贵的料子制造出来的，自然只是用了与制造其他动物同样的面粉团子做原料去制造出人来，区别只在于自然是以不同的方式，变化了面粉团子的酵料而已。这种人类起源于自然界的面粉团子和酵料的理论，是当时德国和尼德兰的医学界中主张活力论者所提出的，它的代表人物布鲁塞尔的赫尔蒙脱在《论医学的发展》中就曾写道："物体有两个主要起因或最初的起源，即水的元素或（物质的）起源和酵素或面团或种子的起源。"这种酵素被认为是"从世界创造时就在它自己的王国里形成了"，它包含有本身要做的一切，直到"传宗接代和治理国事"等等在内。① 活力论关于物质具有能动性的观点，是莱布尼兹单子论的原型，但是莱布尼兹却使物质具有能动性或自身运动的必然性的观点，服从于他的唯心主义体系。相反，拉·美特里却利用了这一论点去证明，人与其他物质一样，在自然界有着它存在与运动的根据。他还对人类如何通过自然界的选择而被创造出来，作了如下的假设："那些最初的世代应当是非常不完满的。这一代会没有食道，那一代会没有胃，没有阴门、没有肠子等等。很明显，能够活命、能够保存下来并且能够传宗接代的动物，只是那些具备一切为生殖所必需的零件的，总之……艺术作品的完美不是一天的事情，自然作品的完美也同样不是一天的事。"② 这很类似于古代希腊哲学家恩培多克勒对人的进化的描述；这种想象的描述虽然与生物的进化和人类起源的实际相差甚远，然而它的现实意义，却在于证明即使

---

① ［英］斯蒂芬·F.梅森：《自然科学史》，上海外国自然科学哲学著作编译组译，上海人民出版社1977年版，第217页。

② 北京大学哲学系外国哲学史教研室编译：《十八世纪法国哲学》，商务印书馆1963年版，第288页。

是自然界中结构最精微的人类,也仍然是依循着自然界的必然性而形成的,而并非是由一定的目的所推动的结果。拉·美特里甚至猜测,人类大概是由那些善于模仿的动物产生的,或者说人类就是由伶俐程度不等的猴子组成的,牛顿不过是这群猴子的顶峰。

比较他之前的人,包括伏尔泰在内,拉·美特里对上帝创世说的否定态度,就要彻底得多。他认为:物质所以是运动的,只有两种可能,或者是物质自己的运动,或者是另一种物质将运动传递给它。如果有人在此之外又假设了另一个作用者,就需要说明这个作用者究竟是什么东西,而且要提出论据来证明它的存在,假如对这个作用者连一点观念也没有,那就只能证明它甚至还不是理性中的存在。

拉·美特里一再强调,除了自然自身的原因之外,再没有别的原因能够说明物质的运动,同时也没有别的原因能够说明物质世界,包括人类是怎么被创造出来的,因为"维持世界的那种运动,也能创造世界"。所以,企图从自然界之外去寻找物质运动的原因以及物质世界的起源,那不过是徒劳之举。物质世界的自身运动和物质之间的相互作用,便构成物质运动的必然性,客观必然性既贯穿于物质运动过程内,也贯穿在人类形成的过程中。可能是由于拉·美特里从事的是医生这项职业的缘故,他尤其重视自然界的必然性在人类形成过程中的作用,并且认为:正如根据某些物理学定律,海洋不能没有潮汐一样,也有一些运动定律存在着,这些定律形成了人类观察自然的眼睛,聆听声音的耳朵,具有感觉的神经,最后还形成思维的器官。如果说17世纪英国唯物主义曾举起客观必然性这一范畴作为武器,将上帝的意志与神迹从自然界中驱逐出去,那么,剩下的一个禁区,即人类的形成,现在也由拉·美特里来完成了他们所未完成的工作。

拉·美特里所完成的工作,实际上就是排除那些思维强加给自然界的种种虚构的东西,按照自然界本来的面目去认识自然。他借一个怀疑论者之口说:"如果无神论得到广泛的传播,一切派别的宗教就会消灭,就会从根本上铲除了。那就再没有那些神学的战争,再没有那些宗教的战士、那些可怕的战士了!被一种神圣的毒药所毒害的自然也就会恢复它的权利和它的纯洁了。"① 拉·美特里还进一步肯定,任凭全宇宙的重量,也动摇不了一个真正的无神论者,更不要说去粉碎无神论了。至于那些重复了千万遍的创世主之类的说教,那些超出常人的思想方式很远的类似上帝那种象征,尽管神学家们对它作了详细的论证,但还是没有人将它作为明确的真理去看待。也许就是出自医生和自然科学工作者的职业本能。拉·美特里所要求的思想方式,就是按照自然界的本来面目如实地去认识自然,并且需要用实验去加以证明的思想方式。通过这种思想方式,便能够获得对自然界的必然性的认识。

他的这种鲜明的无神论立场,在当时还处于封建专制时期的法国,当然是不会被容许的,于是迫害就开始了。拉·美特里的《心灵的自然史》虽然是在国外发表的,但仍然被法国专制政府加以公开焚毁,他的军医职务也被撤掉,最后只得逃亡到尼德兰避难。他匿名发表了《人是机器》之后,更引起天主教会和法国当局的暴怒,并且扬言要将他处死。拉·美特里甚至连在尼德兰也无法安身,于是他又逃亡到普鲁士。

这一系列的遭遇,在当时是属于意料中的事,谁只要说出上帝是不存在的、自然界有着自身运动的必然性这类的思想,就需要有承受封建专制政权和天主教会全部压力的准备与勇气。拉·美特里并不是没有预料到这一切,他在《心灵的自然史》中就写道:"至于我,是向自然学习,是只爱真理的,哪怕只是真理的一个影子,也使我感到欢欣鼓舞,胜过一切给人带来荣华富贵的谬误:我宁愿在光天化日之下凭着我短绌的天资到处碰壁,也不肯在黑暗中凭着谨小慎微使自己得救或者发财;身为豪爽的哲学家,我绝不会拒绝向那些使我神魂颠倒的迷人魅力低头下拜。"拉·美特里将真理看作哲学的职能,因此"一个胆小如鼠的兢兢业业的著作家,是既不能为科学服务,又不能为人心服务,也不能为祖国服务的。"针对个人所受的迫害,他还大声疾呼:"伤天害理的暴君们,羞愧吧!你们下令焚毁的那些著作好像一些被切成千块的水螅,将从灰烬中飞起来,化为千千万万。"② 这一段段文字是很感动人的,作者是在倾诉一个无神论者和唯

---

① [法]拉·美特里:《人是机器》,顾寿观译,商务印书馆1959年版,第52页。
② 北京大学哲学系外国哲学史教研室编译:《十八世纪法国哲学》,商务印书馆1963年版,第194-195页。

物主义者的坚定不移的气概，它也是为即将来到的革命风暴发出信号。在拉·美特里的思想体系中，坚持唯物主义和坚持自然运动有着自身的必然性，以及坚持无神论的立场是一致的；而《心灵的自然史》那篇卷头语，就是18世纪法国唯物主义的一篇郑重的宣言。

伏尔泰曾经要人们相信，一个人如果在尼德兰反对专制权力，他就是一个非常有道德的人；但如果在法国图谋建立一个共和政府，则会被判处极刑。而拉·美特里此时却直率地以共和党人的精神来要求自己了，他提出要在著作中表现出一个共和党人睥睨一切的独立精神，他还号召科学应与共和国的要求联系起来。而科学的精神就是唯物主义，就是确认自然界以及它的运动的必然性是人的认识的根据；拉·美特里明确提出：哲学本身是听从自然的，正如女儿听从母亲一样，哲学有一点是与医学相同的，它们都应对自然唯命是从，而不是违抗自然。凡是并非来自自然的，那些并非属于事物的现象、原因或结果的东西，那些不属于科学的认识，就都与哲学无关。他甚至还写道：自然规律就是这样，谁严守它，谁就是一个诚实的值得信任的人，谁不忠实地遵守它，任凭这人披着另一种宗教的外衣，也只是个骗子，或者是我所鄙夷的伪君子。这段文字当然是针对那些神学家们和准神学家们而写的，不能说在实践中忽视了客观必然性，或者丝毫不理会客观必然性的鲁莽行为，也应该被纳入这个行列中去。至于那些认为人的意志是第一性的，因此可以完全不顾客观规律，去任凭意志作出决定和创造奇迹的唯心主义和主观唯意志论者，则当然是同神学家和准神学家同属一流的。

认识是如此，实践也是如此，客观必然性总是前提和基础，实践只是在认识和依循客观必然性的基础上，才表现出人的能动作用。对于人的认识来说，便是如何正确去反映和概括外部世界以及它的运动的必然性，对于实践来说，便是如何在正确认识客观必然性的前提下，利用和驾驭客观必然性并产生一定的结果。拉·美特里总是明确地将客观必然性理解为是人的认识与实践的基础，譬如他写道："可见自然已经存在于人工之前，人工只是在自然的足迹上形成的；人工来自自然，犹如子生于母。人们费尽心机专门设计出的措施所产生的那些杰作，也就是自然出于无心的偶然安排所产生的，都应当归功于这位共同的母亲，这种荣誉应当由运动定律独享。"① 用女儿听从母亲或子之生于母的关系，来比喻自然与哲学的关系以及物质与意识的关系，就是指出：自然、物质世界是第一性的和意识是派生的关系。人的实践与自然界的运动变化一样，都严格地遵循着客观必然性行事，区别只是在于自然是凭盲目的必然性行事的，而实践则是在自觉的前提下，依循着客观必然性去行事的。

二

自从莱布尼兹用近代的形式复活神的存在与灵魂不死这一中世纪的神学思想之后，西欧大陆的各派哲学就不能不去接触这一问题，而对它表示赞成或反对也就标志着这个哲学体系对待当时宗教与教会的态度。于是批判上帝的存在与灵魂不死的观点，用近代自然科学、包括医学与生理学的成果，去阐明精神与物质、意识与存在、意志与客观必然性的关系，便成为当时唯物主义的一项战斗任务，这项任务又同正确阐明意志对肢体的关系问题相联系着。

按照现代人的看法，说灵魂不死和轮回等等，甚至通过繁琐的推论去论证它，当然是十分荒唐可笑的，可是在中世纪欧洲，甚至直到近代，相信灵魂不死的观念，就像现代人相信生命、意识是随着肉体的消逝而必然要消失的那样，被认为是一个有健全头脑的人必然有的想法。在那时，如果谁说灵魂也与肉体一样是会死亡的，那个人不是被公认为疯子，就是被视为十足的异端。拉·美特里在他的主要著作《心灵的自然史》和《人是机器》中，都将解决肉体与灵魂的关系问题，作为一项重要的内容。他不仅是以哲学家的身份，而且还以医生的身份来发言。在上述著作中反映出拉·美特里从当时的自然科学的角度来解决这个哲学问题的尝试。他在尼德兰曾随著名的医生与学者波尔哈维学习，并同时接受了波尔哈维的唯物主义与无神论思想，对形成他的有关的论点有着重要的意义。在解决肉体

---

① 北京大学哲学系外国哲学史教研室编译：《十八世纪法国哲学》，商务印书馆1963年版，第291页。

与灵魂的关系问题时，拉·美特里首先向神学挑战，他写道："只有这些医生们在这里才有发言权，至于其他的那些人们，尤其是神学家们，能够告诉我们一些什么呢？听他们恬不知耻地决定一个他们根本没有能力认识的问题，岂不很可笑么？相反，他们的那些晦涩的学问正好歪曲了这个问题，这些学问把他们引导到千百种偏见上去，总而言之，把他们引导到宗教狂热上去，这就更加重了他们对于人体机械作用的彻底无知。"① 因此他直接剥夺了神学家们对这一问题的发言权，并且从医生对本行的自信出发指出了，神学家对科学是彻底无知的。

灵魂与肉体的关系问题，既是精神与物质关系问题的一种表现形式，而对这一问题的解决，又是解答意志与肢体的关系问题的前提。如果说，肢体只能依循生理运动的规律而动作，那么，意志是否具有支配肢体活动的自由呢？对此，无论是笛卡儿或者是莱布尼兹都曾给予否定的回答。拉·美特里则肯定他们的回答是错误的，因为既不存在着物质与精神两个独立而又相互对立的实体，也不存在着脱离开相互作用的预定和谐。拉·美特里从自然科学与生理学的角度出发，认为灵魂与肉体是统一的，人类便是灵魂与肉体的具体体现者。但是为了进一步去说明灵魂与肉体、精神与物质在人这个统一体内，究竟构成什么样的关系，仅凭力学的规律是无法做到的，力学规律虽然可能说明肢体或生理运动中的某些物理现象，但是却不可能说明灵魂、精神究竟是依附于肉体的，或者可以脱离开肉体而独立存在。然而近代医学、生理学与解剖学却已开始为这一问题的解决积累了一些基本的材料，正是在这个基础上，拉·美特里指出：心灵的一切作用是依赖于大脑和整个人体组织，因此心灵只是一个毫无意义的空洞名词，当一个思想严谨的人在使用心灵这个名词时，只是指人体内那个思维的部分。他甚至得出接近于思维是大脑这种物质的属性的结论，这可由下述的一段文字来表明："我认为思想和有机物质绝不是不可调和的，而且看来和电、运动的能力，不可入性、广袤等等一样，是有机物质的一种特性。"② 拉·美特里首先是肯定，思维、灵魂、意志是依附于肉体的。

---

① ［法］拉·美特里：《人是机器》，顾寿观译，商务印书馆1959年版，第16页。
② ［法］拉·美特里：《人是机器》，顾寿观译，商务印书馆1959年版，第67页。

但是物质怎么会产生思想或者灵魂和意志呢？如果不假设物质都具有灵魂，或者在物质中便包含有欲望，又怎么能解释，由死的物质中能产生与生命、意识合一的肉体呢？但是如果承认了物质具有灵魂，岂不就是肯定万物有灵论？而且如果承认物质中便包含有欲望，又岂不就是肯定莱布尼兹心灵化了的单子？对此，拉·美特里直率地承认："因此我非常自安于不知道物质如何由一个死的、简单的东西变成一个活的、由许多器官组成的东西……同样，我也完全心安理得地来对待自然界的其他一些不可解的奇迹，来对待怎样从一个在我以前狭隘的目光看来只是一小撮尘土的生物里产生出思想和感情的问题。"① 知之为知之，不知为不知，当科学还不能去解释的现象，留待以后科学的发展去说明，用不着由此去虚构些什么，也不需要将认识的尽头留给上帝与宗教，18世纪法国唯物主义者的这种态度，正是人类思想趋于成熟的一个标志。

拉·美特里不同意笛卡儿主义关于意志与肢体相互平行互不相涉的论点，他认为意志与肢体不仅各自有着运动的规律，而且又相互作用着。首先，它们是结合在一起并且构成了整体，在整体中意志无疑是能动地支配着肢体，而意志的能动性，则需要接受经过各种肉体官能所产生的欲望、感觉等的刺激，然后才促使意志做出决定去支配肢体活动。拉·美特里还强调生命是附属于肉体，并且随着肉体的死亡而熄灭的，因此，灵魂并不是不死的。死亡不过是一个自然过程，人为什么要惧怕死亡呢？万物流转，一切无常，只有物质是不灭的。所以他的思想是与莱布尼兹的万物流转，只有单子常在，而灵魂因此是不死的论点相对立的，拉·美特里意识到灵魂不死是神学的伦理观的理论基石，如果哲学能够将它推倒，那么，神学家的说教与准神学家们调和哲学与神学的一切企图，便将显得是浅薄无聊而不堪一击了。

对于意志与肢体的关系，拉·美特里侧重于强调人体对意志的作用，这虽然是针对笛卡儿和笛卡儿主义关于自由意志的理论而提出的，但另一方面也可能同他的医生职业有关。他认为心灵在本质上是附属于人体的各种器官的，并且是与这些器官一同形成、发展与萎缩、消亡；而意志依赖

---

① ［法］拉·美特里：《人是机器》，顾寿观译，商务印书馆1959年版，第64页。

于身体，甚至达到了这样的程度，"那美丽的心灵，伟大的意志，只有身体条件允许的时候，才能发生作用"。因此，人体的任何一点变化，甚至气候对人性的影响，都无例外地会在意志作出判断时起着它的作用，如果循此前进，当然就会得出意志的生理基础，或者说生理运动的客观必然性，便是决定意志的力量，而拉·美特里正是循此向前跨出的。

三

无论是17世纪力学的方法论原则，或者18世纪的生理学和医学的方法论原则以及后来19世纪的生物学的方法论原则，一旦离开了它们的界限而产生要征服整个哲学领域的野心时，同样的谬误便会在不同的时代中重演。当然这并不是肯定，哲学必须排斥各种科学的原则，而仅仅只能依靠思辨的原则，不过当需要用一种科学的方法论原则去解释物质世界以及人对外部世界的关系时，必须十分注意这些方法论原则的适用界限。但是从勒卢阿、卡巴尼斯到拉·美特里，他们共同用生理学与医学去解释物质世界与人的活动，则又有其特殊的原因。当时他们勇敢地对神学与教会作斗争，并且用自然运动的客观必然性去代替上帝的万能时，就需要有自然科学作为主要的根据，于是他们的专业以及生理学的方法论原则，便十分自然地被运用去解释物质世界以及人与它的关系，尤其从生理结构去考察人时，这种方法就被认为是恰当的科学方法了。在拉·美特里的著作中，就可以看出他如同诊断病人那样，从医学和生理学的观点，去阐明由于人的生理的变化如何决定着人的意志选择，最后又通过人的活动去影响社会与历史。

对于意志与肢体的关系，拉·美特里认为：人的意志对肉体并不具有多么大的作用，意志是附属于肉体的，虽然意志可以支配肢体的活动，似乎它就是自由的，但是意志的选择与决定，却又受着多方面的制约。譬如意志是通过比闪电还要敏捷的神经来施展它的能动作用，但是因此它便受神经的制约。此外，人体其他部分的变化，也都将影响着意志的变化。拉·美特里的这种论点，如果是在于说明意志作用于实践活动，都必然要以人体的生理运动的规律作为一项基础，那当然是无可非议的。然而他却由此认为，使一个人由勇敢变为怯懦，就只要脾脏、肝脏里有一点故障，门静脉里有一点障碍便足够了。这就明显地将人的生理运动的必然性，包括肢体运动的必然性，对意志以及人的能动作用的制约关系，片面地夸大为是决定意志与人的行动的原因了。

如果将拉·美特里的这个论点运用去说明历史人物的活动，那就会得出类似一次鼻炎可以引起某个君王的烦躁，促使他去犯错误，以致使他的王朝被倾覆等等的结论。拉·美特里确实就曾举过亨利三世平日虽然怯懦，然而如果一遇天冷，便会使他变得非常暴躁以致做出异常的行为的例子。这样就是将自然界或生理运动中的任何一个偶然因素，都被理解成是决定历史人物的意志以及历史运动的必然力量了。

拉·美特里更用生理运动的变化，说明它如何成为一个民族与另一个民族的差异的原因，由此他便认为，有多少种体质，就有多少种精神，以及多少种不同的性格与风俗。对于是什么原因造成一个民族的精神笨拙愚钝，而另一个民族的精神则轻快敏捷的问题，他纯粹从生理学的角度做出回答：形成这种不同的原因，如果不是由于人们所吃的食物，父母与祖先的遗传，以及浮游在空中的无数元素所构成的混沌大气，那又是什么呢？因此他就撇开了社会的原因，而去相信吃生肉即使猛兽具有凶暴的性格，当人吃生肉时自然也就会变得凶暴起来。例如英国人吃的肉，就没有法国人烤得那样熟，而往往还是血淋淋的，所以，拉·美特里就认为这便是英国人比法国人要更加暴躁的缘故，在他看来似乎法兰西民族的全部优越感，便只建立在吃烤熟的肉这个基础上。但是除此之外，他还肯定，如果一个人头脑的生理构造十分好，而且又受过良好的教育，那就如同将好的种子播在肥沃的土地上，将来可能会获得百倍的收成，这种信念也是18世纪法国唯物主义者共同具有的。

拉·美特里最后则是将欲望归结为是意志活动的动力，至于人体的变化，则是通过它所激起的某种欲望然后才去支配着意志。他认为从生理上的某种刺激便能引起人们的欲望，而一旦产生了某种欲望，就会促使意志去作出相应的行动的决定。因此，生理运动与意志的活动是一致的，并且由前者必然决定后者，而不是像笛卡儿所设想的是两个毫不相干的实体。

拉·美特里完全是从生理学的角度，去观察生理运动对意志的制约关系，因此这个具有意志的人，同时又是一个纯粹的生物人。正是从医学的观点来看，人就是一定的生理结构，从听诊器听到的是肺的呼吸，从体温表看到的是体温的升降，总之，人便是本能与欲望的总和，因此人便是完全为自然以及生理运动的必然性所支配。至于制约着意志的各种社会关系，以及人对自然的支配和控制能力，它们既不可能从听诊器里被听到，也不能用体温表去测量，当然也就在拉·美特里的视野里消失了。

将人看作是纯粹的生理结构，人就无异是一种精微的机器，所不同的只是机器是由人制造的，而人则是自然的产物。笛卡儿首先提出了人是机器这一命题，拉·美特里则将它作为自己的著作的标题，说明人不过是自然所制造的复杂的机器，所以他就受自然界的必然性，包括生理运动的规律所制约着。从这里，拉·美特里便提出了关于自由的问题，他为意志作出以下的定义："各种刺激我们的感觉，根据它们在我们身上造成的快乐或痛苦，决定着心灵对这些感觉表示愿意或不愿意，表示爱或恨，心灵的这种感觉为所决定的状态，就称为意志。"① 因此意志的选择便是以感觉作为标准的，外界的物质刺激着人体，或者人体去接触外部物质，由此产生各种感觉，它是甜的或苦的、美的或丑的、悦耳的或嘈杂的等等。但凡是能够满足欲望的感觉便产生快乐，不能满足欲望的感觉便造成痛苦，意志就按照着趋乐避苦的原则去作出选择，并且经过判断决定而去指导行动。意志活动的范围就在于理解并判断欲望可能产生的快乐或痛苦的前提下，去作出选择决定行动，但是一种感觉之可能产生快乐或是痛苦，却不是意志所能决定的。意志甚至不能去决定外界事物将会使人产生什么样的感觉内容？虽然意志有着选择接触或者不去接触某种物体的自由，然而可能产生什么样的感觉，则是受外部对象的性质所决定的。所以尽管意志可以根据自身的判断去对行动进行选择，但是选择所依据的标准，即快乐与痛苦、幸福与不幸，以及什么样的感觉会产生快乐、幸福，或者什么样的感觉又会产生痛苦、不幸，这却不是随人的意志而转移的。由一种感觉会产

---

① 北京大学哲学系外国哲学史教研室编译：《十八世纪法国哲学》，商务印书馆1963年版，第226页。

生快乐，而另一种感觉又会产生痛苦，这种结果却是必然的。因此，人之选择快乐或避免痛苦，虽然是通过意志的作用，而在什么样的情况下会产生快乐与痛苦，则是由外部的必然性所决定，所以，必须将意志与自由区别开来。

将意志归结为是受感觉、欲望等种种必然性所支配，同时将意志归结为是受人性所支配，这在拉·美特里的思想中正是一回事，因为人被理解为是生理的人，而人性则被理解为是人的自然本性，所以欲望就是人的本性的必然表现，而趋乐避苦也就是人的本性的必然归宿了。在这一观点上，他与霍布斯以及洛克是一致的，即承认自我保存决定着意志的选择，趋善避恶则是意志选择的标准。它在当时的现实意义就在于肯定意志的选择应该符合于人的本性，凡是束缚人的欲望，宣扬禁欲，放弃现世而去企求来生等一切神学教条，都是违背人的自然本性甚至是摧残人性的。拉·美特里就是在这种理论基础上，奠定了与封建制度和教会相对立的伦理观。他认为，自然的道德不同于由封建制度和教会制造出来的那些道德原则；封建制度和教会的道德夸耀着它的神圣来源，而自然的道德则尊敬真理，它眷恋着各种现实的乐趣。由封建制度和教会制造的道德以宗教为指导，而自然的道德则以快乐与幸福作为指导，在思想范围内则以理性为指导。

当时的一批神学家与封建制度的卫道者是用无神论、唯物主义放纵人欲，破坏整个社会秩序与社会道德之类的谎言来欺骗人民的，正如同今天的一批准神学家与资本主义制度的卫道者以共产主义与唯物主义将破坏社会秩序与人性来欺骗无知的人一样。拉·美特里则力图证明无神论与唯物主义破坏的只是封建制度的秩序和神学的道德观，但却要求建立新的社会秩序和新的道德观。他还论证说，意志虽然受欲望所制约，但却并不因此便听任各种欲望无节制地发展；人的自由表现在对欲望的节制，而不是去拒绝它。即使是哲学家，作为人他仍然不能免于各种感情与欲望的制约，然而这种感情与欲望又是有节制的，它受理性所规范。拉·美特里认为，人的理性绝不可能使欲望越出一定的范围，以至于对自己与别人都造成损害，但是他所指的理性，既然是以阶级社会的自我保存作为基础，那么，所谓的自我调节主观上说就只能是一种天真的想法，而客观上说则不过是对个人过度的纵欲稍加节制而已。

　　循着理性出发，拉·美特里认为：一个真正的无神论者，在作出意志的决定时，始终根据"己所不欲，勿施于人"的原则。因此每个人既以自我保存、幸福作为意志判断的标准，又不应妨碍其他人的自我保存与幸福。但是在现实的法国，为了教会或是为了君主，而不论这个君主是暴徒、恶棍还是白痴，就需要束缚住千百万人的自我保存的活动，这是一种悖理的现象，因为它违背了理性的原则。作了上述的申辩后，拉·美特里便提出：无论是社会秩序的紊乱或者是道德的败坏，都与无神论毫不相干，一个人不相信神，与做一个好公民或坏公民没有必然的联系。他还断言，在无神论的历史中，找不到一个辱及他人甚至辱及祖国的无神论者；而且美德可以在无神论者的心中扎下最深的根子，可是这种根子在一个信徒的心里，却常常只是浮在表面。这就是为一个无神论或信教自由的社会能否存在，以及一种无神论的行为标准是否可能建立起来，提出了肯定的答案。其实这一个社会以及这种行为标准，就是以后在法国建立起来的资本主义社会以及建立在这个社会基础上的伦理观。

第三章 狄德罗

一

狄德罗是18世纪法国"百科全书派"的中坚人物。"百科全书派"继承了17世纪英国唯物主义，尤其是洛克的思想，也继承了笛卡儿体系中的唯物主义因素，并且克服了它的二元论的弱点；"百科全书派"更发展了17世纪以来反对教会与神学的进步思想。无论是对宗教与神学的批判，还是反对封建专制制度和宣传唯物主义，狄德罗都是这派人物中最坚决的一员。他在早期的著作里就曾借无神论者之口写道："我告诉你上帝是没有的；上帝创造世界是一种妄想；世界的永恒性并不比一个心灵的永恒性更不合适，因为我们不能设想，运动虽然这样好地具有守恒的品性，却如何产生出宇宙来，而为了要解除这一困难，就来假设一个我更不能设想的东西的存在，这是可笑的。"① 当时狄德罗还倾向于自然神论，可是以后他就逐渐疏远自然神论而转向唯物主义。在《供明眼人参考的谈盲人的信》中，狄德罗借当代英国盲人数学家桑德逊临终前回答一个教长的话写道："尽管动物的机体同您说的一样完善……然而这与一个具有最高智慧的实体有什么共同之处呢？要是这令您吃惊的话，那也许是因为您有一种习惯，好把一切您觉得超出您的能力范围的事情叫做奇迹。"② 所以上帝不过

---

① ［德］狄德罗：《狄德罗哲学选集》，江天骥、陈修斋、王太庆译，商务印书馆1983年第2版，第6页。

② 北京大学哲学系外国哲学史教研室编译：《十八世纪法国哲学》，商务印书馆1963年版，第309页。

是为了填补人们对自然界的无知所作的假设；神学关于上帝存在的目的论证明，它的认识根源，正是利用认识与科学不及之处，去幻想出一种超人的神力，并且用这种神力去代替自然界真实存在的、客观必然性的力量。此外，这段文字也可以看作是对自然神论的否定，因为狄德罗接着指出："要是自然交给我们一个难以解开的结，我们把它照原样放在那里好了，不要用一个实体的手把它割开，这个实体是跟着又变成我们更加无法解开的一个新结的。"这里表达着18世纪法国唯物主义所肯定的，按照自然界本来的面目去认识自然，而不需要对它加上任何虚幻的内容的思想。即使是对于那些人们还没有能力去认识的现象，也仍然应该将它留待后来发展的科学去解决，完全不必要去作出任何虚构，以致使知识走向迷途。然而就是为了这部著作，狄德罗被教会加以破坏上帝的权力这条罪名，监禁了三个月，这是教会对他又一次的迫害。在之前当他的《哲学思想录》出版时，就曾被巴黎教会下令加以焚毁。

但是狄德罗却并不因此而后退，相反更进一步提出，信仰与理性是矛盾的，他认为信仰依靠的是人们头脑里幻想出来的原则，然而在自然界中却根本不存在。他做了一个十分形象的著名的比喻："我在夜间迷失在大森林里，只有一点很小的光来引导我，忽然来了一个不认识的人，对我说：'我的朋友，把你的烛火吹灭，以便更好地找到你的路。'这个不认识的人就是一个神学家。"① 这是一段对神学家将人引入迷途的最好的描述。神学的任务就是处处去扑灭理性之光，相对地哲学只能凭着理性之光去认识世界，这种理性之光虽然还十分微弱，然而只有它才能真正引导人认识自然界和它的客观必然性。

在狄德罗的活动与战斗中，处处都鲜明地将对教会、神学以及唯心主义的批判同反对封建专制制度紧密联系着。他指出每个时代都有着自己的独特的精神，而当今的时代精神是自由。人们第一次反对迷信的进军虽然是残酷的，并且也是激烈的，然而只要敢于站起来攻击这最可怕但又受人崇拜的宗教堡垒，那么，再要阻挡继续的进攻就不可能了。如果人们一旦

---

① ［法］狄德罗：《狄德罗哲学选集》，江天骥、陈修斋、王太庆译，商务印书馆1983年第2版，第37页。

看清天国上帝的脸,就一定会起来反对世间的帝王,因为拴在人们颈上的绳子,正是由这两股绳子合扭起来的,不解开其中的一股而想解开另一股则是不可能的。18世纪法国唯物主义者已经自觉将宗教、神学的世俗根源,加之对宗教的批判与对封建制度的批判,看作是统一的任务。在狄德罗关于按照自然界本来面目去认识自然,肯定自然运动有着自身的必然性,因而无需虚构任何超自然的力量的思想里,都散发着强烈的战斗气氛。

用理性之光按照自然本来的面目去认识自然,它的一切都在变,一切都在过渡,但是全体即物质的存在却是永恒的,只是其中的一种物质变为其他的物质而已。世界生灭不已,每一刹那都在生又都在灭,从来没有过例外,也永远不可能出现例外。狄德罗的这一论点,可以看作是古代希腊哲学家赫拉克利特的光辉论点的再现,它经过近代自然科学的验证而更有力地被肯定下来。

17世纪英国唯物主义曾经用物体机械运动的定律,去证明自然的运动变化与生灭,但是用机械运动的定律去证明生命现象,却遇到了重重困难。至于要用它去解释社会现象或是意识的运动,除了肯定自然界对社会的外部作用以及感觉是外部物质刺激感官所产生的结果之外,其他就什么也说明不了。尤其是当时正在兴起的医学、生理学与生物学,如果用这种机械的唯物主义作为方法论,便将无法向前发展;它们通过实验所获得的每一项结论,又都证明了机械的唯物主义的局限性。所以狄德罗指出,要动摇唯物主义,与其通过笛卡儿主义,还不如通过生物学和解剖学的观察。因为这些观察所获得的结果,证明了物质不仅是相互作用而运动着,并且又是发展的,而物质的发展,尤其是生命的发展,却绝对无法用机械运动的定律去说明的。

因此,要彻底击溃神学的上帝创世说和回击对唯物主义的各种挑战,以及为近代科学尤其是生理学、生物学等自然科学提供正确的方法论,单纯肯定运动是物质世界自身具有的,而不是来自虚构的物质世界之外的力量,那还远远不够。还需要进一步应用生理学、生物学等自然科学所提供的材料,概括地去阐明物质运动,尤其是变化与发展的必然性。狄德罗批判了机械的唯物论,他指出:"根据有些哲学家们的说法,物体就其本身说来，是没有活动也没有力的；这是一个可怕的错误，完全违反全部正确的物理学、全部正确的化学，物体就其本身说来，就其固有的性质本身说来，不管就它的一些分子看，还是就它的全体看，都是充满着运动和力的。"① 狄德罗清楚地理解到，如果认为物质只是具有广延的属性，它自身不具有运动的能力，因而需要外力的推动，就必然要假设物质有一种绝对静止的状态。他认为绝对的静止只能是一个抽象的概念，根本不存在于自然中。狄德罗认为物质由于自身具有的力而运动着，力的量在自然中是守恒的。他对于物质自身具有的力，作了如下的论证："我看见一切物体都在作用与反作用中，都在一种形式之下破坏；都在另一种形式之下重新组合；我看见各种各类的升华、分解、化合，各种与物质的同质性不相容的现象。我由此得出结论：认为物质是异质的；认为自然中有无数不同的元素存在；认为其中的每一个元素都因其不同之点而有其天赋的、不变的、永恒的、不可毁灭的特殊的力；并且认为物体内部的这些力对物体以外有作用：从这里便产生出宇宙中的运动或普遍的骚动。"② 可见"力"这一概念不过是表达着物质的自身运动及其必然性。

然而"力"仍然是物质的机械运动的范畴，当狄德罗肯定一个原子推动世界，其真实程度和原子是为世界所推动，两者是相等的，因为原子有它本身的力，这个力不能不产生结果，这时，力所具有的机械运动的性质是十分明显的。可是另一方面，狄德罗却不仅用物质或原子具有的力去解释运动，物质的力也推动着物质从大理石的塑像，捣碎成为粉末和泥土，然后又培植出蔬菜，变为食物，最后又成为有生命的躯体。换句话说，它又是物质变化和发展的原因。

---

① ［法］狄德罗：《狄德罗哲学选集》，江天骥、陈修斋、王太庆译，商务印书馆1983年第2版，第114页。
② ［法］狄德罗：《狄德罗哲学选集》，江天骥、陈修斋、王太庆译，商务印书馆1983年第2版，第117页。

二

许多有关西欧哲学史的著作，都认为 18 世纪法国唯物主义在阐述物质运动时，具有机械论的局限性，这并不完全正确，对于拉·美特里可以这样说，对于霍尔巴赫也可以这样说，然而对于狄德罗却宁可说他是自觉到要克服这种局限性的。他不仅批判了笛卡儿以及拉·美特里体系内的机械论成分，而且在一系列的著作中，都提出了发展的观点和辩证的观点。他是力图在物体机械运动之外，去探索物质的变化以及生命发展的客观必然性。狄德罗利用了当时的生物学、生理学和解剖学所提供的材料来阐明物种发展的观点，尤其是利用了同时代的法国生物学家毕丰的科学成果。毕丰发现物种之间存在着一条连续的链条，在类或种之间并不存在着有绝对不可逾越的界限，由此他认为：大自然能够从一个原始的类型发展出一切其他的物种，这样的假设应当是没有错的。他甚至还提出，如果圣经没有明白宣示的话，我们可能要去为马和驴、人和猿寻找一个共同的祖先。但是从毕丰关于生物界的过程是循序前进的思想到现代意义上的进化论，却还有着一段漫长的距离。他虽然承认从最完善的生物，逐渐下降到最原始的形体之间，有着一条无形的、连续着的锁链，但却不认为较完善的生物是由较简单和原始的物种进化而来的。毕丰认为各个不同的物种，是由一种或几种较为完善的原始类型的物种退化的结果，譬如驴是退化的马、猿猴是退化的人等等。① 毕丰的这些观点，在狄德罗的著作里可以找到许多类似的描述，包括对人的手指骨退化而成为马蹄的设想等等。关于生物界的过程是循序前进的思想，狄德罗写道："当我们看到不管怎样的一种原形的外貌继续不断变化，使一个'界'以不可感觉的程度接近另一个'界'，并且使这两界的边境……住满了，我说使这两'界'的'边境'住满了一些不确定的、模棱两可的东西，大部分被剥夺了这一'界'的形状、性质及机能，而披上了另一'界'的形状、性质及机能，谁不会感觉

---

① ［英］斯蒂芬·F. 梅森：《自然科学史》，上海人民出版社 1977 年版，第 315 页。

自己被引到相信自来就只有一个东西，是一切东西的原型呢。"① 尽管狄德罗有关发展的思想受着当时自然科学的水平所限制，但仍然可以看到，他正在从对物质世界机械运动的必然性的理解，走向对物质的变化与发展的客观必然性的探索。

狄德罗不仅将生物界理解为是一个循序发展的过程，而且也将整个物质世界理解为是一个循序发展的过程。哲学与自然科学的任务，就在于理解过程的联系。至于人类也不例外，狄德罗除了指出人由胚胎到成人的发展过程外，还指出人类"由于继承而有运动、感觉、观念、思想、反省、意识、情感、情欲、记号、手势、声音，有节音、语言、法律、科学及技术；在这些发展的每一阶段都经过了几百万年"②。

如果将整个物质世界理解为是一个循序发展的过程，就会出现一个问题，从死的物质中怎么会产生生命呢？又怎么会产生意识呢？这是不可能用物质机械运动的必然性去解释的。它也是从笛卡儿以来哲学家们企图去解决，但最后仍然没有得到解决的问题。对此，狄德罗提出一系列他所思考着的疑问："活的物质永远是活的吗？而死的物质就永远是真死的吗？活的物质就根本不死吗？死的物质就从不开始活起来吗？""如果活的物质就是一种自发运动的物质，那么它又怎么能停止运动而不死去呢？""如果有一种本身就是活的物质和一种本身就是死的物质，这两个原则是否就是从一般地产生一切形式和一切现象呢？""无论是死的还是活的，它总是在一种形式之下存在。不论它在什么形式之下存在，其原则究竟是什么？""如果我们可以假定全部物质都是活的，或者全部物质都是死的，则除了死的物质之外，或除了活的物质之外，还会有别的东西吗？还是活的分子在失去生命以后就不能再取得生命以致再失去；并依此类推，以至于无限呢？"③

这一系列的疑问，归结到一点便是：从无生命的物质怎么能过渡到生

---

① [法]狄德罗：《狄德罗哲学选集》，江天骥、陈修斋、王太庆译，商务印书馆1983年第2版，第60-61页。
② [法]狄德罗：《狄德罗哲学选集》，江天骥、陈修斋、王太庆译，商务印书馆1983年第2版，第107页。
③ [法]狄修罗：《狄德罗哲学选集》，江天骥、陈修斋、王太庆译，商务印书馆1983年第2版，第108-109页。

命的。当时自然科学发展的水平，还不可能对它作出回答，狄德罗只能用一些假设，譬如将一座大理石的雕塑捣成石粉，又用粉末去做肥料培育蔬菜，于是大理石便由无生命的物质过渡为植物，当人们用蔬菜做食料时，它就成为人体的一部分而过渡为有意识的生命，去说明它们之间的联系。此外，狄德罗还避免将欲望、意识等等归之为分子的活动，就像莱布尼兹肯定单子具有欲望那样；也不像原子论那样，将这一切特性赋予灵魂原子。他不认为在一切物质中就包含有生命或意志，而是设想在物质中具有一种感受性，而被作用或接受作用的性质；由物质一般具有的感受性到动物的感觉，再到人的欲望、意识，则是一个循序发展的过程。狄德罗既避免了物活论，也避免了笛卡儿的二元论，为从无生命的物质过渡到生命与意识的历程，找到了接近于科学的假设，也为理解生命运动与它的必然性提供了进入科学殿堂的钥匙。

三

18世纪法国唯物主义者从物质运动及其规律性是它自身具有的这一论点出发，得出人的认识只能按照自然的本来面目去描述它的结论。在他们看来，无论物质的运动变化有的比较简单，有的比较复杂；它们更具有不同的质和不同的形式，然而正是这种客观内容，构成了哲学的真正财富。哲学最后只能从物质世界，而不是从哲学家的头脑里去获取材料。狄德罗就指出：我们并不作出结论，结论都是自然作出来的，我们所做的只是给予那些相连的现象一个表述。对物质相连现象作出表述，就是去阐明贯穿在物质及其属性相互联系中的必然性，而这便是科学的任务。18世纪法国唯物主义的论点，虽然带有一定的直观性，而且在较大程度上忽略了认识的能动性，但是任何一项严肃的创造，它的前提仍然只能是对客观世界及其必然性的如实的认识。

18世纪法国唯物主义代表着哲学与当时的科学技术发展以及社会实践的紧密联系的倾向，这种倾向决定了它的基本观点，即承认物质及其运动的必然性的客观存在，认识需要如实地描述这种客观存在。反之，当哲学离开了与科学技术以及社会实践的联系，就会十分自然地去倾向于承认哲学家从自己头脑里虚构出来的种种内容。18世纪法国唯物主义者所共同坚持的一个论点便是：无论知识的大厦建筑得多么高，它的基础都只能是客观事实。狄德罗写过一段名言："我们可以把在自然中没有任何基础的观念，比之于北方的森林，其中的树木都是没有根的。只要一阵风，一件轻微的事实，就把整个树木的森林及观念的森林推倒了。"① 还可以补充说，如果缺乏牢固的事实基础，观念堆砌得愈高，就会坍塌得愈快。

关于认识自然和客观必然性的方法，狄德罗提出三种主要的方法，即对自然的观察、思考和实验。观察的任务在于搜集事实、掌握材料，思考的任务在于将材料结合起来得出结论，实验则证实由材料的结合所得出的结论，它带有检验认识的涵义。

狄德罗肯定人的认识与实践是一致的，认识既然需要按照自然本来的面貌如实地去描述它，那么实践也只能按照自然运动的必然性去控制与利用自然。他认为人们若不企图严格地模仿自然，艺术的产品将是平凡的、不完善的和软弱的。艺术在当时的含义是泛指艺术与工艺制品等等，所谓严格地模仿自然，就是严格地按照客观规律性去决定方法，譬如冶炼这门技术，便需要从矿石的属性及其变化规律为范本，去决定如何进行操作，并严格地按照操作规程行事，否则便不可能取得效果。

狄德罗还指出："自然在它的动作中是顽强而且缓慢的，不论是谈到远离、接近、联合、划分、软化、缩紧、硬化、液体化、溶解、消化，它总是以最不显著的步骤向它的目标前进，反之艺术则总是匆匆忙忙，闹得筋疲力尽，并且时作时辍。"② 自然的步骤便是客观必然性实现的历程，它在自发的情况下，虽然是异常缓慢的，就如一块岩石，经过数千年的风雨剥蚀也可能只是在它那黝黑的表面上留下几层风化的痕迹。然而客观必然性又是顽强的，它终究会使岩石全部倒塌。而人工则不然，它的制品比较起自然的产品，虽然时间迅速而效果显著，但是这又是以制作方法符合于

---

① ［法］狄德罗：《狄德罗哲学选集》，江天骥、陈修斋、王太庆译，商务印书馆1983年第2版，第58页。

② ［法］狄德罗：《狄德罗哲学选集》，江天骥、陈修斋、王太庆译，商务印书馆1983年第2版，第81页。

客观规律为前提，否则就会竭尽精力又收不到效果。这层意思还可以用狄德罗写的一段文字来说明："有了真正的方法，是还不够的；还要懂得运用它。如果以为运用时间乘以作用强度所得的积既然是一样，其结果也将是一样，这就错了。只有一种按部就班的、缓慢的并且继续不断地运用，才会使事物起变化。"[①] 他最后指出：如果用和自然一样的方式来进行，还会有什么样的东西得不到吗？狄德罗不仅要求方法本身与自然运动的客观必然性相符合，而且操作方法也是如此。如果认为效果只是同时间和作用强度相联系，即操作时间愈长，作用强度愈大，所取得的效果相应的就愈多，那是不正确的。这就忽略了这种操作是否正确地运用了方法，而最后又是否符合于自然运动的客观必然性。实际上当操作违反了自然运动的客观必然性时，就只会得到相反的结果。狄德罗一再强调要"严格模仿自然""用和自然一样的方式"，也就是要求严格地按客观必然性去实践。

当然实践的作用并不是纯粹去模仿自然，实践的意义还在于创造，而创造便需要改变自然自发实现的必然性，并将它置于人的控制和目的的指导下，去产生预期的效果。然而即使是如此，人的创造仍须依循一定的必然性作为前提，只有在这个意义上，才可以说实践要严格模仿自然，或者用和自然一样的方式。

人在实践中面对的就是客观必然性，人既然需要严格地依循着客观必然性行事，那么，人是否还具有自由意志呢？18世纪法国唯物主义在批判上帝的存在与灵魂不死的神学观点时，十分强调自然界有着自身运动的客观必然性，以及客观必然性对人的制约作用，包括它对意志的制约作用。狄德罗就认为，意志是人所具有的选择快乐与排斥痛苦的力量，它首先是与人的感觉直接联系着。意志按照自我保存的原则，去判断孰是快乐和孰是痛苦，并由此去选择快乐与排斥痛苦，这便是意志所能做的工作。既然意志是受自我保存的原则所支配，它又不能主观地去改变快乐与痛苦的性质，因为它们都是外部刺激作用于感官的结果，所以意志是受必然性所制约的，它既不能违抗自我保存的原则，又必然是依照趋乐避苦的原则去选择行动。

[①] [法] 狄德罗：《狄德罗哲学选集》，江天骥、陈修斋、王太庆译，商务印书馆1983年第2版，第82页。

狄德罗进一步认为：意志总是生于某个内部或外部的原因，它不可能是无缘无故地产生并进行判断与选择，意志的外部原因是各种外部物质的刺激作用，而内部原因便是欲望。首先是外部的物质刺激感官而引起欲望，意志则根据产生的欲望去进行分析与判断，判断如何做才能获得快乐或排斥痛苦，由此作出决定并指导行动。按照那个时代的理解，一物由原因所决定与由必然性所决定是同一个意义，因此，意志既然是受它的外部原因与内部原因所决定，也就可以肯定它是受必然性所制约。

洛克曾经将人的意志与欲望相联系，但是他却将欲望同时理解为人的需要，然而需要则是社会性的；拉·美特里从生理学的角度出发，将意志的判断直接与本能的欲望相联系，这毋宁说是后退了一步。狄德罗对拉·美特里的一些论点，始终保持着一定的距离，并且还批评拉·美特里是个没有判断力的作家，说他在这里声称人性邪恶，而在别处却把人们的天性变成他们责任的准则和幸福的源泉等等。① 但是当狄德罗同样地将意志直接与本能的欲望相联系，因而由感觉产生的快乐与痛苦成为意志的判断标准时，他也不能不得出与拉·美特里相同的结论。

对于自由，狄德罗认为，它绝不是自由意志论者所想象的那种想怎么做便怎么去行动的自由，也绝不是完全不顾客观必然性的幻想中的自由。自由就是人通过意志进行选择与决定的力量；意志虽然是受外部与内部的原因所制约，但是最后却是通过意志自身去进行选择并决定行动，而这便是自由。因此，自由意志只是那些把自己意识视为原因，而不是把意识视为结果的人们的幻想。所以狄德罗对自由的理解只是将它看作是形式，即客观必然性对意志的支配是实质的，而意志的判断与决定这种自由只是形式的。

四

斯宾诺莎在决定论的立场上，得出了并不存在着自由意志或同客观必

---

① [法] 勒费弗尔：《狄德罗的思想和著作》，张本译，商务印书馆1985年版，第49页。

然性绝对对立的自由的结论,他认为与自由对立的不是客观必然性而是强制,这便使自由这一范畴同时与社会相联系,因为对意识产生强制作用的则是一种社会的力量,它只能是来自社会。

18世纪反封建的思想家们,包括狄德罗在内,他们用笔无情地揭露出封建社会的腐朽黑暗,将矛头指向现实的法国封建制度,并且将自由作为反对封建制度的一个口号。封建制度的代言人和教会曾经提出过君权神授、君主受权于上帝哺育万民的理论,以论证封建制度的合理和专制君主权力的来源。针对这种说法,狄德罗强调自由是自然赐给每个人的,一个人只要具有理性,便有享受自由的权利;然而却没有谁能从自然得到支配别人的权力。

所谓支配别人的权力或行为,就是强制,强制的基础则是暴力。无论是斯宾诺莎或者是狄德罗都强调应将来自社会的强制或暴力,同来自自然的客观必然性区别开来。他们认为客观必然性与强制是属于两个完全不同领域的范畴,实际上如果不将强制、暴力看作是一种偶然的现象,而是将它看作阶级社会中普遍存在的现象,譬如封建专制制度就是一种历史发展的结果,它的存在便不是偶然的,而是有着它的历史必然性。历史的必然性也同自然界的必然性一样制约着人们。人的意志选择与行动,就是在社会的必然性的基础上去实现的。所以在社会领域中自由与强制的对立,实质上也就是社会运动的客观必然性与自由的对立。当狄德罗提出与自由相对立的强制时,他也就接触到了社会领域的客观必然性与自由的问题。

狄德罗在《百科全书》中所撰写的《政治权威》这条项目下写道:"只要细加考察,就可把此种权威归结于两个来源之一,或是出于垄断权威者的实力和暴力,或是由于服从权威的人根据他们与被他们授予权威的人之间订立或假定的一种契约,表示同意。"① 狄德罗并没有一般地反对政治权威,他只是反对他认为是凭借暴力的封建专制制度。狄德罗认为:凭借暴力取得的权力只不过是一种篡夺,只能维持在支配者的实力胜过服从者的实力的条件下;而一旦这种实力的占有者变化了,譬如受制者有了超

---

① [法]勒费弗尔:《狄德罗的思想和著作》,张本译,商务印书馆1985年版,第90页。

过制服者的实力时，他们就会要求摆脱桎梏，于是情况便会颠倒过来，即制服者成了受制者。一种政治上的暴力，只有在统治者的实力胜过被统治者时，它才能够被维持下来，如果后者也有了实力，并且胜过前者时，统治者便成为被统治者了。

狄德罗还追溯了人受赐于自然的自由，又是怎样会丧失的；他认为人类最初生活在自然状态中时，他是自由的。那时人并不受任何社会的暴力所支配，而且在自然状态中，还根本不存在着暴力，支配着人们的是理性或自然法。然而暴力究竟是怎样产生的呢？与他同时代的哲人卢梭曾提出过这样的问题：在一些并不占有任何东西的人之间，有什么东西能够当作从属关系的链条？这便指出了占有关系是理解政治上的从属关系的钥匙。这种思想与其说是深刻的，倒不如说是天才的，因为当卢梭提出："第一个用围墙围起一块土地的人想出说：这是我的，并且找到颇为简单的人相信那是他的，这个人就是文明社会的真正创始人。"那时他根本没有想到，这种占有的意识又是怎么可能产生的。

在历史上为了确立一种暴力，使它成为秩序，即要社会服从于这种暴力，就需要用政权或法律使暴力获得合法的外衣。政治与法律即暴力的表现，这一点无论是对狄德罗或者是卢梭都是十分理解的，他们都认为正是与自由对立的暴力，曾经破坏了人类的自然状态，因此，现实地就要用自由作为口号去反对封建的暴力统治。

狄德罗认为权威除了来自暴力外，它还来自服从的一方与接受权威的一方相互订立的契约。这样订立的契约是以承认自然给予人的自由权利为前提，契约就需要保障自由，所以自由便成为是废除封建制度暴力的合理要求了。然而后来代替封建专制暴力的，却是资本的暴力，而这一点却可能是那些先驱者们所未曾预料到的。

第四章 爱尔维修

一

同 18 世纪其他的法国唯物主义者一样,爱尔维修认为物质是运动的,他还提出运动是物质的属性;运动并不是一种实体,它是物质的一种存在形式,而绝对静止则是不可能的。普列汉诺夫曾经指出过:爱尔维修在一些基本观点上,例如在物质、空间、无限等问题上,是采取英国唯物主义者托兰德的看法,要弄清这一点,只要把托兰德的《给塞勒娜的信》和《精神论》这本书的第一篇第四章比较一下就够了。① 关于运动是物质的属性这一观点,实际上也是法国唯物主义者一般所承认的观点,这在拉·美特里的著作里就可以读到类似的阐述。

根据物质是运动的这一观点,爱尔维修描绘了一幅"世界图型":"我们看到,各种天体不断地在改变着自己的位置并不断地绕轴自转;我们看到,一切的物体不断地在消灭着,同时又以各种形式再产生出来;之后我们看到,自然是处在永恒的动荡和解体中。"② 他认为在运动中物质相互作用与相互制约着,由此构成了运动过程中的必然性。这种"世界图型"还带有很大程度的机械论的性质;除此之外,爱尔维修还认为不仅是自然界,而且精神世界也是如此,它们都处在经常的和持续不断的破坏与创立的交替中。

---

① 《普列汉诺夫哲学著作选集》第二卷,生活·读书·新知三联书店 1961 年版,第 87 页。

② [法]米·阿·西林:《爱尔维修》,上海人民出版社 1960 年版,第 29 页。

爱尔维修也是坚持以物质世界有着自身运动的必然性的观点，去驳斥神学关于上帝意志支配着世界的说法。他指出既然谁也没有关于神的明显观念，那么，任何含糊不清的观念就都等于零，因为它什么都说明不了。爱尔维修还写道："神学家们曾经大量地乱用'唯物论者'这个名词，他们并不能为这个名词提供出明确的观念。以致这个词变成了开明精神的同义词。人们现在用这个名词来指那些作品被人贪婪地阅读的著名作家。"①这段文字表明了唯物主义的地位正在变化，在半个世纪前，它还被认为是离经叛道的同义语，即使有少数人服膺于它，但是也从不敢在署名的著作中或公开的场合下，承认自己的论点是属于唯物论的，自己则是一个唯物论者；而且在那时唯物论就是公开的无神论。然而相隔几十年，至少在爱尔维修的笔下，唯物主义却成为开明精神的同义语了。对于唯物主义与无神论的歌颂，是 18 世纪法国唯物主义比较起 17 世纪英国唯物主义具有更为彻底的立场的表现。18 世纪法国唯物主义者从不隐讳自己的唯物主义观点，而且在革命风暴已将出现在天际的时代里，他们已无须为自己采取这一立场而忧心忡忡了。

爱尔维修在他的"世界图型"中阐述了物质世界运动的必然性，也阐述了人与客观必然性的关系，但是他更多的则是说明客观必然性对人的制约关系，并且批判那种认为人可以为所欲为的自由意志论。对于什么是自由这一问题，他认为："还有什么更严重的争论没有为自由这个名词引起呢？这些争论是很容易结束的，只要一切同马勒伯朗士神父一样爱真理的人，都像这位能干的神学家在他的《自然天命论》里一样，承认自由是一种神秘。他曾经说过：当人们把我逼到这个问题来的时候，我迫不得已只好立刻止步。这并不是因为人们对于共同意义下的自由这个名词不能形成一个明晰的观念。自由的人就是一个并没有披枷戴锁、并没有关在牢里，并不像奴隶那样因为害怕惩罚，而战战兢兢的人；在这个意义之下，人的自由就在于自由发挥他的能力。"② 如果这同时也是爱尔维修所同意的观

---

① 北京大学哲学系外国哲学史教研室编译：《十八世纪法国哲学》，商务印书馆 1963 年版，第 514 页（注二）。

② 北京大学哲学系外国哲学史教研室编译：《十八世纪法国哲学》，商务印书馆 1963 年版，第 453 页。

点，那么，他所理解的自由，就是人在不受外力的束缚下，去发挥他的能力的意思。任性与妄想当然不是自由，因为这首先并不表达人所具有的能力；人要想像鹰一样高飞入云，或者像鱼一样游入水底，又或者登上圣殿当教皇，否则就认为是不自由，那不过是对自由的误解，因为这样做是超乎个人的能力的。但是如果人具有的能力都由于外力的强制，因此便像奴隶或囚犯那样无法发挥人的能力，这就是不自由。

客观必然性当然是一种来自外部的制约力量，但是人的能力正是表现在人对客观必然性这种制约力量的驾驭和利用。所以爱尔维修所理解的、与自由对立的力量，与其说是客观必然性，毋宁说是强制，而强制则是来自社会的力量，这是十分明显的。

在批判自由意志时，爱尔维修指出：如果自由仅意味着人在发挥自己的能力时，不受外部力量所强制，那么，将自由这个概念应用到意志时，情形就不是这样了。因为意志在作出选择与决定时，不能是无缘无故的，而总是有着一定的原因使意志作出这种选择与决定。所以不受任何力量制约的自由意志是不存在的。当爱尔维修进一步去寻究决定意志的一般原因时，他就找到了追求幸福这种动力，因此意志的选择与决定，就是为追求幸福这种动力所制约。

所以爱尔维修就将追求幸福看作是一种必然性，它不仅通过欲望去支配意志，而且它还制约着意志为了实现幸福而选择的方法；因为人只可能选择他认为最适宜于去实现幸福的那种方法。由此，爱尔维修便根本否认自由意志的存在，他认为应该将自由意志视为不可能存在的神秘的名词，只有神学才会去讨论这类问题。

二

爱尔维修既然确认追求幸福是支配着人的意志的动力，它作为一种必然性去制约着意志的选择与决定作用，于是他就进一步去分析幸福的内容。爱尔维修指出：所谓幸福就是利益，因为"利益支配着我们对于各种行为所下的判断，使我们根据这种行为对于公众有利、有害或无所谓，把它们看成是道德的、罪恶的或可以容许的，这个利益也同样地支配着我们对于各种观念所下的判断；因此，无论在道德问题或认识问题上，都只是利益宰制着我们的一切判断"①。意志判断的根据实际上则是利益，幸福的程度，就由实际所获得的利益大小而定；这种利益既包括个人的利益，又包括公共的利益。

爱尔维修还进一步认为：在任何时候、任何地方，无论是在行动上还是认识上，都是由个人利益支配着个人的判断，公共利益支配着各个国家的判断。他不仅将利益作为意志采取一项行动的判断标准，而且也将利益作为认识价值的标准，因为"唯有利益支使着我们对人们的各种行为和观念表示尊重或蔑视"。如果说一种认识的价值取决于它是否符合于个人利益或是公共利益，由此去判断这种认识值得尊重或应受到蔑视，这就会纯粹从功利出发而不顾认识的真理价值了。但是爱尔维修的这一观点却说明了人是从不同利益的角度或立场，去观察问题、认识问题与判断问题的。他指出："难道他们还能用什么别的标准来衡量人们的观念的价值吗？每一个个人都是根据自己得到的印象快意不快意来评判人和物的；公众无非是一切个人的集合；因此他们只能拿自己的利益来当作判断的准绳。"②

这样，爱尔维修便为意志、认识等等即整个精神领域找出了一条不同于自然领域的规律，那便是利益的规律，它作为一种必然性支配着意志、认识、行动等等。于是便可以根据它们的必然性去理解预见它们的运动，譬如根据利益的原则，就可以理解到人的意志为什么会作出这样的选择与决定，而不是任意地去作出选择与决定。爱尔维修就指出：如果说自然界是服从于运动的规律，那么精神界就是不折不扣地服从利益的规律，利益在世界上是一个强有力的巫师，它改变着一切事物的形式。这种利益的原则，比较起自我保存的原则，便更为具体和带有更多的社会性质了，而快乐、幸福等等，就不过是获得利益所表现的心理状态了。

既然利益必然地支配着个人的行动与公共的行动，也就通过个人与公

---

① 北京大学哲学系外国哲学史教研室编译：《十八世纪法国哲学》，商务印书馆1963年版，第456-457页。

② 北京大学哲学系外国哲学史教研室编译：《十八世纪法国哲学》，商务印书馆1963年版，第457-458页。

共的行动而支配着整个社会的行动。爱尔维修正是将利益理解为是推动社会运动的动力的，他并且提出：哲学的目的就是研究人，对象是人的幸福，换句话说就是研究利益对人的必然作用。如果比较一下培根与霍布斯对哲学的目的的提法，与爱尔维修对哲学的目的的提法，就不难看出，当资产阶级在英国已经取得政权后，便要求全力发展资本主义生产，尽快尽多地取得利润，而哲学的任务就在于认识自然和利用自然来为人服务，它的对象是自然运动的一般规律，以及如何认识自然与利用自然的一般方法，这样才有利于推动生产和科学技术的发展。当时摆在18世纪法国社会面前的任务则是推翻封建专制制度，相应地18世纪唯物主义者所关心的任务，则是去认识人和人的本性，包括自我保存、追求幸福等等，并且去分析当时阻碍人的本性发展的社会原因，去论证摧毁封建制度的合理性，并且为新社会中人的行为标准或道德准则，提出理论的根据。

爱尔维修还对利益的内容作了进一步的解释，他认为如果像通常那样将利益仅仅理解为金钱，那它的范围便太窄了，因此需要从更广泛的意义上去理解它，那便是将利益理解为一切能够使人们增进快乐与减少痛苦的事物。这实际上又是将利益与心理的因素相联系起来了，而判断利益的标准就是人的感觉。在18世纪法国唯物主义者的眼中，只有感觉到的才是最真实的，利益不能是抽象的，所以它就需要与感觉相联系，具体地就是与快乐和痛苦相联系。追求利益则表现为一种激情或感情，这种激情或感情也就是强烈的欲望。爱尔维修倾向于将欲望看作是精神或生命的存在形式，他认为消灭了欲望，就是消灭了生命。欲望根植于人的肉体的感受性中，它需要外部的物质去满足，当人们需要种种物质去满足自己的欲望时，它们便构成为人们的利益。

爱尔维修提出：正是为了获得利益，人们才去从事种种活动，利益就是支配人的行动的杠杆。由于自然界不能提供人们所需要的一切物质，人们才不能不通过自己的行动去获取能够满足需要的物质。从利益是与人的感受性相联系的这一命题出发，爱尔维修强调食欲是人的基本欲望，它维持生命所必需，所以饥饿便是驱使人去行动的最经常起作用的原则。他并且认为：在各个民族中使人们耕种土地，学习手艺，进行生产，它的动力还是为了取得食物，但是当人们在从事这种种活动时，却往往忽略了所以要这样做的动机，因为精神所专注的并不是需要本身，而是如何去获取所需要的物质的方法，困难的不是吃饭，而是如何去得到粮食。爱尔维修事实上已接触到人的需要与人的物质生活资料的生产的联系问题了；为了满足需要，人们就要进行生产活动，精神所专注的不是需要，而是获得物质生活资料的方法，以及如何去进行生产活动等等，这些论点难道不是正接近于肯定"人们为了能够'创造历史'，必须能够生活。但是为了生活，首先就需要衣、食、住以及其他东西。因此第一个历史活动就是生产满足这些需要的资料，即生产物质生活本身"① 这一前提了吗？可是爱尔维修却再也没有向前跨出一步，他只是停留在肯定饥饿才是支配人的行动最紧迫的力量这条界限上。阻碍他去向前跨出一步的原因是：他始终是从抽象的、生物人的角度，而不是从社会人的角度，去观察人的动因以及人的社会行动，因此就只能将推动人们去进行种种活动的最后原因，牢固地拴在饥饿之类的这条生理本能的绳索上。

虽然，爱尔维修也将财产、工业、贸易自由等等，同样地归入人的利益所在，但是他又认为，人之所以需要财产、工业、贸易自由等等，最后还是落脚在满足肉体的感受性这点上。所以他一再强调，他对于这一问题的结论便是：感官的痛苦和快乐决定人们的行动与思想，它们是推动精神界的唯一的砝码。肉体的快乐和痛苦，是统治人的唯一的、真正的枢纽。具体说来，人并不是爱荣誉、财富与爵位，而只是感受由这些荣誉、财富与爵位所带来的快乐。

狄德罗曾经针对爱尔维修的论点提出反驳：你仅仅承认各种生理上的满足与痛苦，但是我却饱经了其他各种的感受；满足生理的需要只是生活的前提和条件，却不是生活唯一的内容，所以纯粹用生理需要来说明生活是不够的。狄德罗还举出牛顿发现天体运动规律的例子，说明这一类活动就不是以满足生理需要作为目的。但是在爱尔维修看来，人的活动最后还是只能归结到生理上快乐与痛苦的感受，区别只是在于当前肉体所感受的快乐与痛苦，或者是预期的和回忆的快乐与痛苦，即精神上的苦乐。

爱尔维修相信，他已为笛卡儿和拉·美特里关于人是机器的论点，找

---

① 《马克思恩格斯全集》第3卷，人民出版社1960年版，第31页。

到了发动这架机器的内在动力，它并不是什么上帝的意志，也不是理性之光，它是由于现实的肉体感受性所产生的物质需要，那便是利益。这种需要通过欲望以一种必然性支配着人的行动，就像人为了克服饥饿而必然去从事生产那样。而他的结论则是："人是一部机器，为肉体的感受性所发动，必须做肉体感受性所执行的一切事情。"①

爱尔维修同时继承了洛克的感觉论，而且将它从认识的领域扩展去说明人的意志与行动。他相信只要发现支配人的意志与行动的力量，便可以理解人的行动的必然性，并且还可以进一步去理解社会和历史的运动，因为社会就是人的集合体。而支配人的行动与社会运动的动力便是利益。

三

爱尔维修虽然肯定利益是支配人的行动与社会运动的动力，而人之追求利益则是基于人的本质，它是人性必然导致的结果，然而他却并不因为人的本质是人们所共同具有的，所以便承认无论是皇帝或是流氓、贵妇或是乞丐，在利益方面都是同一的。爱尔维修一方面认为追求利益来自人性的必然，而另一方面则认为利益就其内容而言，又是具有社会性的，而且各个人又是不尽相同的。儿童在打开生活之门后，感到的需要是克服饥饿，至于婴儿在摇篮里是感觉不到例如骄傲、悭吝、妒忌、野心、尊严、荣誉等这类感情的；它们的产生是以人的社会交往为前提，而且一切本能的感受在社会中都是以一定的社会需要而表现出来。因此，每个人的利益并非本能地产生的，它是社会环境的产物，所以利益的内容也就不是一成不变的，它随着环境或社会的变化而变化着。

爱尔维修关于社会环境决定着利益的内容这一论点，比较起自我保存的原则，利益具有社会的内容，因此，追求利益作为决定人的行动与社会行动的动力，它是与自我保存的人性相联系的，可是就利益的内容而言，

---

① 北京大学哲学系外国哲学史教研室编译：《十八世纪法国哲学》，商务印书馆 1963 年版，第 499 页。

它又是与社会环境相联系的。爱尔维修就指出过：不管我们将有些民族设想得如何愚蠢，但是这些民族所具有的被我们看作是十分可笑的习俗，却不是无缘无故产生的，因为习俗的离奇乃是由于各个民族不同的利益所致。他认为不同的社会环境形成各个民族不同的利益的内容与标准，而不同的利益则又决定着这些民族不同的习俗、道德等等。无论是一个民族的习俗或道德，在其他的民族看来是如何地离奇或不可思议，然而只要抓住利益这一条线索，它就成为可以被理解的了。他举出为什么偷窃在斯巴达人看来是一种勇敢的举动这一例子，而在他之前伏尔泰便已指出了，因为古代斯巴达还不存在有私有制。

爱尔维修还发现在相似的社会情况下，虽然是不同的民族，却有着相同的法律内容、精神内容以及相同的情感。譬如当时人们就已发现印度人有着日耳曼人的风俗，而大部分居住着马来人的亚洲，实行着与欧洲古代相同的法律。从不同的社会环境有着不同的法律、道德与习俗；又从相同的社会环境有着相同的法律、道德与风俗这样来比较，当然就证明法律、道德与风俗是由社会环境所决定的，它具体地是由利益所决定的，因此，它们也像利益一样，是有着变化的，而不是永恒不变的。当时西欧各国现实地就存在着两种不同的社会制度——封建制度与资本主义制度可供比较，而且从16世纪以来，日益发展的海外贸易与殖民，又提供了关于不同的民族、社会制度以及它们的法律、道德、习俗等等极为丰富的材料，这就扩大了人们的眼界，并且有可能去利用这些材料作出接近于事实的、而不再是虚构的结论。正是通过这些比较，就使爱尔维修得出社会利益决定着各民族的法律、道德、习俗的结论，至于被看作是基础或动力的社会利益，在他的著作中所包含的内容，除了经济利益或物质利益之外，还包含着有诸如荣誉、尊严等等，它们还没有被严格地区别开来。

根据社会环境的作用，爱尔维修否定了法律、道德以及习俗的永恒性，这无疑就向正确理解社会运动的客观必然性迈出了一步。他既不同意存在着有不依时代的转移而永远保持同一内容的美德，但也不同意那种关于每一个国家各自有着不同的美德观念的主张，因为这两种意见都不符合于历史的事实。美德并不是可以脱离开社会环境保持着永恒不变的内容，它随着社会环境的变化而变化，但却不是仅仅随着地域而变化，如果不同的国家所处的社会环境是相同的，它们就会有同一内容的美德，所以美德并不是由国家或立法者主观去制定的。对此爱尔维修还指出：在这大的历史变乱中，一个民族的利益总是产生深刻的变化，同样的一种行为由于从对一个民族有利转为有害，结果它就从美德转为罪过。爱尔维修在这里表达出他对历史运动的客观必然性所作的天才猜测，即每逢历史的大变革时代，利益就会产生深刻的变化，由此又推动着法律、道德以及习俗等等的变化。但是他却没有发现，利益的深刻变化是以占有制的改变作为标志的。这是因为他还没有能够将物质利益从诸如荣誉、尊重等等浮渣中沉淀出来的缘故。

就在爱尔维修肯定法律、道德、习俗并不存在着永恒不变的内容的同时，他却为自己提出了这样一个问题——在一切社会都同意的原则与法律中，什么是它最根本和最神圣的内容？接着他回答道：那便是允许每一个人拥有财产、生命与自由这种内容。这些内容是为当时主张存在有自然法的人们所肯定的，他们认为这些便是自然法的内容，然而它却又似乎与爱尔维修关于法律、道德、习俗随着社会环境而变化着内容的论点相悖。这又怎么来解释呢？其实对此也需要抓住利益这条线索，因为从资产阶级的利益来看，财产即私有制，生命即反对封建专制的迫害，自由即要求农民脱离封建佃农制的束缚与雇工自由以及自由贸易与自由竞争等等，凡是发展资本主义制度所需要的，也就是资产阶级的利益。正是这种利益决定着爱尔维修的理论，为财产、生命与自由戴上各个社会的法律、道德所共同具有的原则这顶桂冠。

当爱尔维修肯定精神领域如同自然领域一样，都受必然性所支配，而支配精神领域的就是利益的原则时，他所指的精神界，就不仅限于意识或意志等等，而是泛指整个社会领域。社会的利益包含有两个部分，即公共利益与个人利益。爱尔维修主张一旦公共利益与个人利益发生冲突时，必须牺牲个人的一切温情，连"人道的温情"也不例外。他没有用种种虚妄的想象去掩盖社会矛盾，但却只是将它概括为公共利益与个人利益的矛盾，并且认为个人利益服从公共利益是必然的原则。他还举了一个例子来说明："公共的人道有时候对于个人说来是残酷无情的。当一只船陷于长期漂泊，饥饿以一种不可违抗的声音下令抽阄去决定一个不幸的人作为牺牲品，给他的同伴们当食物的时候，人们就毫不犹豫地把他杀了。这只船就是每一个国家的象征，为了公共的幸福，一切都变成了合法的，甚至变成了道德的。"① 这当然是一个极端的例子，在其他的场合下，爱尔维修只是强调要使公共利益与个人利益得到调和，他认为听从公共利益的人所作所为，不仅会直接有利于公众，并且也将会有利于个人，或者是有利于个人而无损于国家，当然他的这种假设就要以公共利益与个人利益除了对立性之外，还具有一致性作为前提。如果一般地或抽象地提出个人利益要服从公共利益，那么，是否路易十四也可以说，他的专制国家也代表着社会的公共利益，而要臣民去服从这个专制国家？爱尔维修认为，在专制制度下，只是使君王个人或贵族的利益凌驾于臣民之上。他事实上是否认专制国家包含有公共利益，因为它没有对财产、生命和自由给予保证，因此，只有理想的资产阶级共和国才包含有公共利益。

对于专制国家，爱尔维修指出，在这类国家中只有两个阶级，一个是无衣无食的阶级，另一个是醉饱欲死的阶级。针对这一现实情况，作为帝国的一个包税商，他却提出怎样才能使那些居住着不幸的人们的帝国能够恢复幸福的问题，他所主张的办法就是，减少一些人的财富，增加另一些人的财富，使穷苦的人能处在小康的状况下，凭着劳动充分地满足自己与家庭的需要。可以看出这个办法的实质，便是用资本主义制度去代替封建专制制度，剥夺或限制土地贵族的财富，发展资本主义经济。

对于资本主义制度可能存在的矛盾，与他同时代的霍尔巴赫只是说了一些空洞的话，可是爱尔维修却试图从社会的必然性去理解它。当霍尔巴赫痛斥奢侈现象时，爱尔维修则理解到奢侈这种现象是社会财富分配不均，少数人掌握着大量财富的必然结果。霍尔巴赫要求对奢侈现象加以严格的制裁，爱尔维修却认为对奢侈现象采取制裁，不但对社会毫无益处，它甚至会产生有害的结果。他对此的结论是：多数道德学家用来反对奢侈的那种激愤，是他们的无知所造成的结果。可是爱尔维修不仅认为资本主义制度代替封建主义制度是不可避免的，而且由资本主义制度所产生的矛

---

① 北京大学哲学系外国哲学史教研室编译：《十八世纪法国哲学》，商务印书馆1963年版，第463页。

盾，也是不可避免的，然而他却幻想着那时可以在不同的阶级之间，维持着某种均衡的状态。那便是要使土地与财富的分配不至于过分悬殊，并且让贫者有一小块土地或一小份财产而成为小私有者，这样便可能摆脱沦为无产阶级的命运，由此去缓和资本主义制度的矛盾。

四

爱尔维修在承认利益原则是推动人的行动与社会行动的动力之后，他便同样地用利益原则去解释历史，他总是这样解释社会的起源："人为了养活自己，或者为了减少自己对于狮子老虎的恐惧，必须与别人联合起来。"在社会中，"为了生活，人必须种地。要使人去播种，收获必须属于耕者。为了这个目的，公民们彼此之间订立了一些协定和法律。这些法律使一种结合的纽带得到巩固，这种以公民们需要为基础的结合乃是肉体的感受性的直接结果。"① 后一段话表明，国家的形成也是由于利益的原则，但是除了生活需要之外，他还补充了出自避免战争与流血的原因："当他们流尽鲜血，厌恶在一种无底的恐惧中讨生活，因而同意放弃一点他们在自然状态中拥有的那种对他们有害的自由的时候，他们将彼此订立一些约定；这些约定将是他们最初的法律。"② 这仍然同霍布斯、洛克乃至卢梭一样，是用非历史的观点去阐述历史。而国家的出现则是对滥用自由的限制，法律则是实现这种限制的强制力量。

爱尔维修还对人类社会的发展作了阐述：当人类不断地捕获野兽因而不再能以狩猎为生时，便学得了畜牧的技术，于是狩猎民族便成为游牧民族。若干世纪以后，游牧民族的人口增多，如果再不利用土地耕作就将无法维持生存的时候，饥饿的需要又使人类去发明农业耕作技术，并且学会测量和分配土地的技术。由于分配土地，就使人们有了财产，为了保障私

---

① 北京大学哲学系外国哲学史教研室编译：《十八世纪法国哲学》，商务印书馆1963年版，第496页。
② 北京大学哲学系外国哲学史教研室编译：《十八世纪法国哲学》，商务印书馆1963年版，第471页。

有，又产生了一系列的科学与法律。土地的性质不一，耕作的方法也不一致，由此收获的多少也就不均等，而且由于种植的东西不同，就使交换成为必然，在交换过程中又出现了货币。当社会发展到这一阶段时，人与人之间的全部平等关系就被破坏了，人就分出尊卑高下来了。从这段阐述可以看出，爱尔维修不是将历史进步看作是无数偶然事件的积累，而是将它理解为是一种必然的历程。由原始社会进到私有制和阶级社会是历史的必然，在这一方面他无疑是胜过同时代的拉·美特里与霍尔巴赫。爱尔维修不仅将历史理解为是一种必然的过程，而且他不是从外部自然环境的作用，而是试图从社会本身去阐述它的必然历程。

至于推动社会进步的原始动力，当然就是利益；利益虽然是通过欲望去促使意志作出判断与决定，但是爱尔维修却不同意拉·美特里将人的习俗以至需要都归结为是受人的体质或生理变化所决定的这一观点。他认为事实上人的体质或生理变化，对人的习俗以至需要影响并不很大，就以英国人为例，这个民族今天如此宽容与开朗，又如此自由与勤劳，并且爱艺术与哲学，但是在过去却只是一个受奴役的、不仁的和迷信的，并且是没有技艺和工业的民族，这种变化难道是由于体质或生理变化所造成的结果吗？当然不是。爱尔维修指出：唯一的原因是由于英国的政治制度与公共教育发生了变化。拉·美特里是从生理的角度去说明英国由于吃的是半生的肉，所以要比吃熟肉的法国人粗野，而爱尔维修则是从社会的角度，去赞美推翻封建制度，树立了资本主义制度的英国人的新品质，间接地也就是对新兴的资本主义制度的赞美。

当爱尔维修在探索社会运动的必然性以及它对人的作用时，他十分强调社会环境一经改变，就会对人们起着巨大的教育作用，最后改变着人们的气质、性格、习俗等等；其中政治制度的改变尤其有着重大的意义。他甚至认为，经验已经证明，各个民族的性格与精神，是随着它们的政治制度的改变而变化着，不同的政治制度会给予一个民族以高尚的或卑下的、坚定的或轻浮的、勇敢的或怯懦的性格。爱尔维修明显是为改变法国的封建专制制度在立论，而他所指的经验，其实就是从资本主义制度下的英国，与昔日封建制度的英国，或是今日封建制度的法国作对比而言的。所以社会环境就从一种必然性陶铸着人、教育着人，从这个意义上也可以说人是教育的产物。

狄德罗是不同意爱尔维修的这一观点的，他认为爱尔维修排斥了人的生理结构对人的意志与行为的决定作用。但是动物与人的差异，正是由于它们的生理结构的差异而不是由于其他原因，而某一种动物所表现出来的特性，也是由它的先天的生理结构所决定的。例如人们不能使猎犬产生嗅觉，不能使狩猎犬具有飞速奔跑的本领，因为这些都是自然的禀赋，那么，难道人与人之间就没有自然禀赋的不同吗？人与人之间不是也存在着自然的不平等吗？狄德罗甚至认为"无论哪种制度，每个人大致都停留在他的等级上"，而且"攀登一个比自然赋予他的更高等级的人在上面是会摇摇欲坠的"。当然狄德罗并不因此便肯定，皇帝比贵族，或者贵族比平民具有更适宜的自然禀赋，但是他既然将生理结构看作是决定一个人的才能、性格、意志等等的支配力量，正如他自己说过的，真理若多跨出一步，就会成为谬误。而且教会与其他封建制度的代言人也正是利用这种谬误，去作为封建等级制度所需要的理论根据，而这一点可能是狄德罗所未曾预料的。

爱尔维修的观点则是相反，他强调自然禀赋在一般人的身上并不存在重大的差异，因此一切生理机构正常的人都可以具有优秀的品质，问题在于教育，也就是整个社会环境的影响。可是爱尔维修的起点，仍然是抽象的人而不是生活在阶级社会中，并处于不同阶级地位的人。他似乎认为人是一视同仁地或无差异地去接受社会环境给人的影响。但是从他的论点，却可以引申出每个人都是社会环境塑造的结果，因此，要改造人，就不是去改造人的生理结构，而是要改造社会环境这一系列的结论。这既可以看作是爱尔维修所以去探索社会运动的客观必然性的目的，也是当时法国新兴资产阶级的现实要求。

爱尔维修所生活的时代，正处于一场革命大风暴的前夕。当时拥有2500万人口的法国，其中占人口绝大多数的农民都忍受着封建制度的残酷剥削与压迫。17世纪中期相继发生的尼德兰与英国的资产阶级革命，推动了这两个国家的资本主义化，它不仅有力地吸引着作为邻邦的法国，而且工业的发展又加强了英国在与法国争夺殖民地中的有利地位，长期的斗争使得法国丧失了它在北美与印度的殖民地，削弱了国内的生产与贸易，由此加剧了国内的矛盾。当时法国社会所面临的问题是推翻封建制度与发展资本主义，而中心则是革命和政权的问题。法国思想界的争论，也都是围绕着这根轴心在旋转着。这些争论包括国家的起源、政府权力的来源，财产与自由，直到人性的塑造等等问题，无非是在辨明清楚革命究竟是必要的还是悖理的。因此，爱尔维修在探索历史运动的客观必然性时，实质上就是论证一种新制度即资本主义制度，去代替过时的封建制度的必然性，因为在他看来，前者既然能够保护财产与自由，所以是符合于人民利益的。为了论证这一点，爱尔维修还写道："专制主义无论怎样奴役各国人民，把繁荣的城市变为一簇簇的丛林，它终归无法把共和政体消灭掉。这种情况之所以发生，是由于一种文明为另一种文明所代替。科学提供对这些必然的规律的认识。"①

爱尔维修正是力图从理论上去阐述当时面临的革命问题而联系到历史运动的必然性，他既然认为要改变生活在封建制度中的人们怯懦、缺乏坦率勤奋的性格，就需要改变封建制度，因此他间接地也就肯定了人有着按照利益去改变社会的能动性。利益必然支配着人的意志的选择与决定，但是人既可能屈服于封建制度，也可以站起来推翻封建制度，这又取决于人的意志的选择。爱尔维修就用教育的原则去告诫人们，切莫对开明君主抱着幻想而去屈服于专制制度，他指出："伟大的国王们乃是自然界异乎寻常的现象。这些现象长期被人们盼望着，却很少出现。人们总是期待继位的君主改革弊端……其实，一个常常受着比祖先更坏的教育的君王，有什么理由会更开明呢？"② 他还表明了自己著作的本意，就是要唤起人们反对封建制度；当一个国家治理得很坏，人民怨声载道，这时候出现了一部著作，指出人们的苦难，激发人们的愤怒并举行起义，这便是他的著作的本意。爱尔维修深信理论对提高人们反对封建制度的自觉性，能够起着重要的作用，换句话说，也就是承认认识客观必然性是自觉行动的前提。他直接号召革命，提出："要是一个政府变得极端残暴，那时候骚动就是有益

---

① 转引自［法］米·阿·西林：《爱尔维修》，上海人民出版社 1960 年版，第 103 页。

② 北京大学哲学系外国哲学史教研室编译：《十八世纪法国哲学》，商务印书馆 1963 年版，第 541 页。

的""要是陷入专制制度，那就应该努力摆脱它，这些努力在这个时刻乃是不幸的人们唯一的利益"等等口号。

对于封建制度产生的种种腐败与暴行，爱尔维修虽然认为这是由于专制君主的利益与公共利益是矛盾的，但是他却将造成封建制度的腐败与暴行的根源归于政治制度的不良。他将法律的不良与财富的不均看作是两大弊端，因此他设想如果制定了良好的法律，便可以改变一切，而且必须有天才，才能用好的法律去代替旧的法律。爱尔维修虽然一再指出，利益支配着人的行动与社会的行动，也推动着人们用良好的法律去改变封建制度，但是他又肯定良好的法律只能出于天才的头脑，而一旦天才们创造出了良好的法律，就将会消灭封建制度的腐败与暴行。这样他又是用历史人物的意志去代替历史的必然性了。

第五章　霍尔巴赫

一

在 18 世纪法国唯物主义的代表人物中，机械论的倾向表现得最为明显的是霍尔巴赫。他与爱尔维修同样肯定，宇宙间的一切物质都在运动，运动便是自然的属性。至于什么是运动，霍尔巴赫回答道：运动就是一个物体移动或趋向于移动位置，也就是相继地与不同的空间部分相契合，或者说是改变相对于其他物质的距离的一种努力。所谓宇宙间的一切物质都在运动，就因为它们都在进行着这种运动。运动来源于自然本身，在自然之外既然什么都不存在，因此也就不可能从自然之外去设想运动的来源。自然就是由各种运动着的物质以及物质的不同组合所构成的全体。也可以说，自然乃是我们认识的一切事物，一切运动，以及许多为我们感官所感觉不到，因而尚不能被我们所认识的物质与运动的总汇。承认在自然之外既没有别的存在，也不可能有运动的来源，这是 18 世纪法国唯物主义者较之 17 世纪英国唯物主义者在自然观上更为彻底的一个特征。18 世纪的法国唯物主义者已经不需要再用始因、最初一击或上帝去解释自然运动的起源了，因为他们并不需要有一条既联系着自然科学，又与教会相妥协的桥梁，他们直接用物质的普遍联系与相互作用说明自然运动的原因。霍尔巴赫就明白宣称：如果人们对眼前所发生的一切作仔细的考察，就不至于要从自然之外去寻找一种异于自然的、推动自然运动的力量，并且以为没有它的推动，自然就不会运动了。

霍尔巴赫更进一步提出：每一物质都以它内在的组合、本质，即它自身的能力与外部物质推动力，构成其运动的必然性。因此，物质的运动便受两个方面的制约，既受它自身能力的制约，又受外部物质推动力的制约。他从物质都处于一定的制约关系中，得出了物质都是依循必然性而运动的结论，因为"一切运动，或一切存在的活动方式都应归因于某些原因，并且，这些原因只能依照它们的存在方式或它们本质的特性而活动或运动。因此，我应该得到这样的结论，即一切现象都是必然的，自然中的每个存在物，在某些环境中并根据某些既定的特性，除去它现在的这个做法外是不能有其他做法的"。而"必然性就是原因和它的结果二者之间绝不会错的和不变的联系"①。

按照霍尔巴赫的看法，运动着的物质是凭自身的能力或性质而相互作用着，它的运动并不仅仅来源于外部的力量，所以物质并不像笛卡儿所认为的那样，只是具有广延性的静止的或僵死的东西。物质的相互作用构成物质之间的普遍联系，整个世界就是由相互作用并普遍联系的物质所构成的，因此根本不存在孤立于普遍联系之外的任何物质或能力。在普遍联系的物质中，就贯穿着物质运动的必然性；但是它已不同于霍布斯所设想的、由无限的单纯因果环节构成的必然锁链，锁链的一头则被宇宙之外的始因或上帝所支配着。霍尔巴赫所设想的则是一条复杂的，由无限的相互作用紧扣着的必然锁链，它无始无终，因此，自然就不过是按照着必然性发生或接受运动的物质所构成的一个无始无终的循环。这种循环的机械运动就排斥了发展，至于其中每一物质则都为物质间的相互作用所制约着，并且为必然之网紧紧拴在宇宙内的一定位置上。

17世纪英国唯物主义曾经以物质因果联系的序列去阐述物质运动的必然性，按照它的理解，一切物质的运动都有着它的原因，由此产生的结果也就是必然的。这种对必然性的理解，就是从物质的普遍联系中，抽象出其中某一个因果联系或者某一序列的因果联系，去观察物质的运动变化的结果。它在方法论上的意义，就是使人们能够直接去求得物质运动的直接的和主要的原因，并且通过对原因的控制驱使物质运动产生人们预期的效

---

① ［法］霍尔巴赫：《自然的体系》上卷，管士滨译，商务印书馆1964年版，第50页。

果。但是由于 18 世纪以来欧洲工业的迅速发展,各个生产部门以及生产与流通部门之间出现的日趋复杂的联系,此外也由于社会现象之日趋复杂化,原来掌握单纯因果联系的认识方法与实践方法,已经无法相适应了。只有普遍联系的观点,才能适应于新的认识与实践的要求。18 世纪法国唯物主义就是用普遍联系与相互作用的观点,去阐述物质运动的必然性。物质间的普遍联系,以及各个方面制约关系的总和,便构成物质运动的必然性。物质运动的必然性便是通过各种制约关系而实现的,它只是依循着各种制约关系开辟着自己前进的道路。

18 世纪法国唯物主义者抱有一种信念,他们一般确信,如果能够精确无误地计算出一个物体的运动所涉及的全部制约关系,便可以预见它的运动的整个必然过程。甚至可以预测出一阵狂风可以刮起多少尘埃,这些尘埃中的每个分子按照严格的必然性,将一一落在那个位置上。这种设想当然也就排斥任何偶然性的存在,霍尔巴赫正是由此去得出一切物质运动都是必然的这一结论,他认为:在自然界中所产生的一切运动,都是按照必然性而实现的,因为物质的运动,它们一切的活动方式,都是由它们的本性、本质、组合以及外部的作用所决定的。所以自然界的一切现象都是必然的,其中每一种现象都是依照自身的和外部的制约原因而运动着,绝不能离开这种种制约而以别的方式运动着。下面的一段文字便足以表明霍尔巴赫的论点:"在由一阵狂风所卷起的尘土的漩涡之中,在由掀起巨浪的逆风所激动的最可怕的暴风雨之中,无论在我们看起来是多么混乱,可是没有一粒沙一个水的分子是'随便'地摆在那里的,它们都有占据现在所处的地位的充足的原因,它们没有不是严格地按照它们应当那样活动的方式而活动的。"① 自然界是如此,而精神界与社会呢?"在有时扰乱政治社会而时常是造成一个帝国的倾覆的可怕的骚乱中,无论是一个行动、一句话、一个思想、一个意志、一个情欲,在从事革命的人当中——不管这些人是破坏者还是牺牲者——没有不是必然的,没有不是像它应起作用地那样起作用,没有不是按照这些人在这个道德的风暴中所占的地位,像它必

---

① [法]霍尔巴赫:《自然的体系》上卷,管士滨译,商务印书馆 1964 年版,第 51 页。

然要造成的那样丝毫不错地造成一些结果的。"① 从一定意义上讲，霍尔巴赫不单纯将物质的机械运动，而且将从鲁钝的牡蛎直到活动而有思维的人以及人类社会这一系列不存在有中断的进展，这一条无穷的发展锁链，都认为是受严格的客观必然性所绝对地支配着。

所以霍尔巴赫不承认偶然性的存在，他与斯宾诺莎一样，认为偶然性只具有认识论上的意义，而不具有现实的意义。物质运动现实地除了必然性之外，并不存在偶然性；偶然性只是表示人们对自然的力量与必然性的无知。当人们还不能理解自然界的必然性时，才将它归诸偶然性。霍尔巴赫甚至认为，将还不能理解的自然结果归诸偶然性，这就同将这些结果归诸一个智慧即上帝一样，而这种概念不过是人们在抽象中的臆造，它只是说明人们还没能够得到充分的教育，才会去臆造一些文字去补充对事物认识的不足。

霍尔巴赫在阐明物质运动及其必然性时，不仅承认物质有着自身的力量与组合，又有着外部的作用，而且还承认从无生命的物质的运动到生命运动，形成一条无穷的发展锁链，但是他又始终局限在物质的机械运动的范围内以及物质运动的范围内，去理解各种不同形式的物质运动。这是因为霍尔巴赫在分析物质各种不同的运动形式及其必然性时，设想能够将全部复杂的运动形式最后都归结为简单的运动形式所构成的结果，而且正是物理运动的吸引与排斥，形成一切物质的结合与分离。就是作为人的意志判断标准的爱与恨以及人与人之间的友谊与厌恶等等，也无非是吸引与排斥在人类实践领域内的表现形式。

二

从一切物质都处于必然的锁链中这一基本原则出发，霍尔巴赫进一步认为，人也不例外，人也与其他物质同样地处于必然的锁链中，同样地受

---

① ［法］霍尔巴赫：《自然的体系》上卷，管士滨译，商务印书馆1964年版，第51－52页。

客观必然性所支配。人从降生到死亡的整个历程中，可以看到那不过是一系列必然的、符合一切物质所共同遵循的规律的实现罢了。所以人就没有理由自以为是一种具有特权的生物，因为事实上他与其他生物以至一般物质同样必须遵循客观必然性。

但是人毕竟是有意识的生物，人是自觉地、有目的地活动着，人还根据意志的判断与决定而行动着。不过对于人的意识、意志等等，霍尔巴赫认为它们也不例外，也是受必然性支配着，所以"人这部机器的活动方式——外观的也好，内在的也好，无论它们表现得或者的确是多么神妙、多么隐蔽、多么复杂，如果仔细加以研究，我们就会看出，人的一切动作、运动、变化，各种不同的情态、变革，都经常被一些法则所支配"①。这里所指的动作、运动，就包含着人的有意识的活动在内。

霍尔巴赫认为人的活动，包括感觉、思维、情欲、意志、行动等等，都受来自几个方面的力量支配着，一方面是受人自己的本质所固有的规律所支配，另一方面是受外部作用于人的各种力量所支配。这种外部的作用既是指人在实践中面对着的客观必然性，也是指在人成长过程中起着作用的社会环境。那种认为人凭着自己的能力就能够独立于客观必然性之外去任意行动的想法之所以是错误的，就因为持这种想法的人没有认识到人的一切行动，都是被人的本质所固有的规律和外部的作用这两方面的必然性所支配着。

霍尔巴赫虽然肯定社会环境与教育对决定人的意志的选择与行动的作用，但是在分析人的本质时，他却排斥了人的社会性而单纯用生理学和心理学这把解剖刀去进行剖析。他确信人是自然的一个分子，因此人的本质就不过是自然本质的特殊表现形式，它与自然的本质具有同一的内容。所以在对人的本质进行剖析之前，就需要先去剖析自然的本质，而一旦理解了自然的本质，也就可以理解到人的本质，由此也就可以进一步去理解支配人的意志与行动的最终原因了。

在分析自然的本质时，霍尔巴赫指出：物质都处于相互作用中，彼此

---

① ［法］霍尔巴赫：《自然的体系》上卷，管士滨译，商务印书馆1964年版，第69页。

的吸引力使物质相互接近，而排斥作用又使它们分解、分离。物质由于吸引而保持、发展，又由于排斥而衰弱、毁灭。物质一经吸引而结合，便表现着它的惰性而坚持着它当前的存在状态，但是它又处于连续地被他物作用与排斥的过程中，因而又不断地改变着当前的存在状态。无论是坚持当前的存在状态，或者是改变着当前的存在状态，对自然的保存来说，却都是必要的。因此自然的运动就在于实现自我保存，物质的毁灭与再生，又都不过是自然的自我保存所表现的不同形式。自然界的自我保存是17世纪英国唯物主义与18世纪法国唯物主义所共同承认的原则，霍尔巴赫却将这一原则与另外一个原则，即宇宙间一切都在运动相联系起来，于是自我保存就不单纯是保持着当前的存在状态，而且一物的改变、变化，也是它的自我保存所必需的。

霍尔巴赫认为，自然界自我保存的本质，同时也就是人的本质，人都要求自我保存，因此构成自然界的自我保存的吸引、排斥、惰性等机械力学的范畴，同样地也适宜于说明人的自我保存的本质。他写道："因此，保存乃是存在物的一切能力、力量、机能似乎在不断趋向着的共同目标。物理学家们把这种倾向或方向叫做'引向自身的引力'；牛顿把它叫做'惰力'；道德学家们则把人身上的这种力叫做'自爱'，这个自爱不外是对于自我保存的倾向、幸福的欲求，对于舒适和快乐的爱，把看来似乎有利于他生存的一切东西捕捉住的那种敏捷性，以及对所有扰乱他或威胁他的东西所表示出来的那种厌恶。人的一切机能竭力来满足的，以及他的一切情欲、意志、行动都继续不断以之作为对象和目的的，就正是这些人类最初的和共有的情感。"① 这其实就是霍尔巴赫理想的资本主义社会的人性，但却被涂上了人的共性与自然的本质这些神圣的色彩，成为决定着人的意志与行动的原始动力了。

人的意志在选择与决定一项行动时，意志的判断标准便是趋乐与避苦，自我保存的原则具体地就表现为趋乐避苦这种倾向。霍尔巴赫认为，当趋乐避苦成为人的自觉的目的时，他便是对幸福的追求。由于人是有感

---

① ［法］霍尔巴赫：《自然的体系》上卷，管士滨译，商务印书馆1964年版，第50页。

觉、有理智和有理性的生物，凭着人的生理构造与机体，便能够感受快乐与痛苦，并且凭着自我保存的原则，又必然趋乐避苦。人的理智又会提出目的，并且能够找出适合于达到目的的方法，而人的理性又可以通过意志的选择与行动去实现目的。

霍尔巴赫在著作中有时也用利益去说明幸福的内容，并且将利益理解为决定人的意志与行动的动力。此外对于人的意志与行动的变化，也只可能从人的处境与利益的变化来得到说明。霍尔巴赫还为国家规定了一项任务，那就是保护人民的利益和满足人民对幸福的要求，当然他认为这个任务只能由一种新的政权去实现，那就是资产阶级的国家，对于当时法国这种封建专制国家，他十分明确地指出：专制制度在本质上是违反人的本性和整个社会的目的的。

在用趋乐避苦去说明支配意志的必然力量或用幸福去说明支配意志的必然力量时，霍尔巴赫虽然认为两者包含着同样的意义，而且都是根据自我保存的原则，但是他又指出两者之间的区别，即趋乐避苦是欲望的要求而幸福则是理性的要求。他要求用理性去约束欲望，使当前趋乐的欲望去服从于长远的和持续的幸福，而这也就是理性的责任。

霍尔巴赫继续着洛克的思想，否认人具有天赋的观念，他确认一切认识只能来源于经验，理性不过是环境的产物。因此铸造一个人，包括他的意志与行动，关键就在于社会环境和教育，正是社会环境和教育，形成人对幸福与利益的不同理解。因此，人既是根据自我保存的本质支配着意志去追求幸福与利益，又是根据理性去对幸福和利益作出判断与选择，它们统一地构成支配人的意志的必然力量。

三

在必然与自由的关系问题上，18世纪法国唯物主义者都坚持下述的观点：自然界的一切物质包括生物在内，都受必然性所制约，人作为一种物质存在，也就不能不同其他物质一样受必然性所制约，并且服从自然运动的客观规律。他们一致否认自由意志的存在，因为人是受必然性所制约，所以就不可能同时又具有着自由意志。霍尔巴赫在批判神学所持的上帝君临一切的论点时便指出："人是自然的产物，存在于自然之中，服从自然的法则，不能超越自然，就是在思维中也不能走出自然；人的精神想冲到有形的世界之外乃是徒然的空想，它是永远被迫要回到这个世界里来的。"① 人生存在一定的自然环境内，就必然受自然界的规律所支配，因此便不可能将肉体的人与精神的人分别开来，不能认为肉体的人是受自然的必然性所支配，然而精神的人却是自由的。人的机体是自然界的产物，而人的机体所感受到的各种刺激，是外部的必然性所作用的结果，但是不仅如此，就是人的一切观念、意欲、活动等等，也都是自然所赋予人的本质与特性的必然产物。人类为了改进现有的生存方式并使生活变得更幸福而进行发明创造这类的精神活动，都不外是人的固有本质以及影响人的外界环境所产生的结果，至于教育、知识等等也是受人的固有本质所支配，它们都是以获得幸福作为目的。

所以在分析必然与自由的关系问题时，霍尔巴赫首先强调的是客观必然性对人的制约作用，人生存在一定的自然环境内，无论是用什么方式去观察人，他总是和自然界联结着，而且服从于自然界的客观必然性。他指出人的生命、机体等等便是受客观必然性所支配的；人的观念、习惯等等也是受一些可见的或隐蔽的原因所改变着，而这些原因就必然地制约着人的存在、思维与活动。然而人却以为自己是自由的，是不受任何的客观必然性的制约而自由地决定着自己的行动和自己的命运。

针对意志是自由的这种论点，霍尔巴赫是从必然性对人的意志的制约关系这一方面指出：如果承认意志的选择与判断不是任意的或偶然的，而是根据自我保存和幸福的原则去进行的，那么，人的有意识的活动，就是为他的自我保存与追求幸福这种本质所支配的。痛苦告诉人们在行动中应该如何去避免它，幸福又告诉人们如何通过行动去获取它，这一切都必然地制约着意志的选择与判断。所以只能说意志是受必然性所支配的，而不是自由的。

---

① ［法］霍尔巴赫：《自然的体系》上卷，管士滨译，商务印书馆1964年版，第10页。

坚持自由意志的人或许会说，当意志进行选择时，它可以作出不同的甚至是相反的选择，也可以在作出选择之后又加以改变。如果说意志是受必然性所支配，它便只可能作出唯一的决定。意志的选择便表示意志是自由的。霍尔巴赫则认为，即便是如此，在意志进行选择或改变一种选择时，它也不是无缘无故的。意志选择丝毫不能证明人是自由的，人们在考虑如何去选择一种行动，是因为他还不知道在许多可供选择的行动之间，哪一种行动最为恰当，只有从所选择的对象和行动去确定它们是符合幸福或利益的原则时，意志最后才会作出决定，由此可见，意志的选择也是必然的。坚持自由意志的人只看到意志具有选择的能力，却没有注意到意志的选择仍是受人的自我保存与追求幸福的本性以及对象的性质所必然地支配着。意志在进行选择时，可能是被唯一的原因所决定，那时要了解人所以如此行动的原因，是十分容易的事。但是实际上意志的选择却往往不是被一种力量而是多种力量所制约，于是意志就会在各种力量的制约下去进行选择。当意志已经作了选择但又为另一种力量所冲击时，就会去改变原来的选择并作出新的选择，所以意志改变它的选择，看来似乎是自由的，实际上却仍是由于必然性所支配的结果。

　　霍尔巴赫进一步指出，不仅意志不是自由的，就是思维也不能说是自由的，因为"我们的思维方式必然被我们的存在方式所决定，所以，它有赖于我们的自然的机体，也有赖于我们的机体在不受意志支配的情况下所接受的种种改变。由此我们不能不得到这样的结论：我们的思维，我们的反省，我们的观看、感觉、判断、配合观念等等的方式，既不能是自愿的，也不能是自由的"①。除了生理机构之外，霍尔巴赫还指出了社会的作用，他认为思维包括对于幸福的正确或错误的概念，是由于教育、日常经验等等所产生的必然结果。

　　人的行动是受思维的斟酌与意志的判断所决定，而思维与意志又是为各种原因制约着它们的活动、判断与决定，所以，正如人如果能够精确而无遗地计算出一个物体的运动所涉及的全部制约关系，便可以预见它的运

---

① [法]霍尔巴赫：《自然的体系》上卷，管士滨译，商务印书馆1964年版，第174页。

动的整个必然过程一样,从霍尔巴赫的论点就可以推论出,如果能够精确而无遗地计算出人的思维与意志所涉及的全部制约关系,不也就可以预见人的活动的必然过程了吗。当然,霍尔巴赫也说道,肯定人不具有自由意志,并不等于就是将人比之于那种纯粹受自然界的必然性所支配的物体。人与其他物质不同,人的行动是在意识与意志的指导下进行的,但是产生意识与意志的器官,又必然为人从外在事物接受的种种观念、知觉和感觉所支配。意识的产生或是意志的判断既然也有着它的原因,所以霍尔巴赫认为,它们也不能摆脱必然性的支配,因为在他看来,原因与必然性就是含有同一意义的概念,说它们是由一定的原因所产生的,也就等于说它们是受必然性所支配的。

霍尔巴赫在肯定人的活动同样受必然性所支配的同时,认为社会也如同自然界一样,是受必然性所支配的。依照自然界的必然秩序,重物体往下落,轻物体往上升,相类似的物质互相吸引,相异的物质互相排斥。依照社会活动的必然秩序,人类结成社会,互相影响并彼此造成幸福或不幸,而且必然地要相爱或相互仇恨。霍尔巴赫由此得出结论:支配物理世界的种种运动的必然性,也同样支配着道德世界的种种运动,因而在道德世界内一切都服从于定命。

虽然霍尔巴赫并不因此便否认人的能动性,他只是否认那种完全不受客观必然性所制约的自由意志。霍尔巴赫承认,他同意灵魂具有能动性的说法,但是他又认为,人的能动性如果没有某种动因或原因使它行动,它便不可能得到发挥。哲学家们在人的自由这个问题上所犯的错误,就是由于他们将人的意志看成是他的行动的原动力,而没有能够加以深究,所以丝毫没有看到使意志进行判断与决定的那些错综复杂的原因。霍尔巴赫还认为,只有承认人的意志与行动是受必然性所支配,才有利于教育、立法以及道德等等,因为教育不过是将关于必然性的知识提示给人们,立法就是将公民的行为的必然性规定下来,而道德则是指示着人与人之间的关系的必然性。

霍尔巴赫明显地处于这样一个迷惑中,既然人的行动不能没有原因,而且无论是意志的判断或决定,都不会是无缘无故的,那么,又怎么可能认为人是自由的呢?因此他便得出了人的意志与行动是受必然性所支配就不可能是自由的这一结论。但是在另一方面，他又承认人的能动性，否则便会陷入到宿命论去，而且正是人对客观必然性的无知和无法控制它，才使得宗教与迷信有它存在的可能。此外，如果否认人有认识和控制利用客观必然性的能力，自然科学的建立与发展，也将失去意义，因为自然科学就是以认识和控制利用客观必然性作为目标。

所以霍尔巴赫在肯定人是受必然性所支配的同时，又承认人在认识客观必然性的前提下，就可以控制和利用必然性去为人谋幸福。他认为相对于野蛮人，文明的人就是经验和社会生活使他能为自己的幸福从自然中汲取利益的人。人应该在自然本身之内以及在自然的客观必然性的基础上，而不是从自然之外，即从上帝或别的幻想物那里去寻求人的需要与幸福。霍尔巴赫因此便称能享受自然的恩惠或利用自然的人为幸福的人；相对地不幸的人，就是没有能力去利用自然的恩惠的人。

四

无论是控制客观必然性去利用自然的恩惠，或者通过理性去指导意志和行动，在霍尔巴赫看来，又都需要以认识自然及其客观必然性作为前提。因此他肯定自然界及其客观必然性是可以被认识的，它通过经验而被人认识。认识不仅及于自然的表面，而且能够深入到自然内部的秘密。在认识自然及其客观必然性的基础上，人便有可能去利用自然的恩惠。

霍尔巴赫是按照他所描绘的"世界图型"，提出了他的方法论的原则。由于自然运动都有着它的必然的规律，所以人们通过判断与认识，便可以使自然表露出它的活动方式及其必然性。而且既然每个物质都处于因果之网中，人们就可以通过结果去追溯原因，对于那些距离结果最远的原因，还需要通过一系列的中间环节，去追溯到开初的原因。如果在因果的锁链中遇到了阻碍，便应该努力去克服它。在无法克服困难时，就得承认自然界还有一些奥秘是为我们所不了解的，但是即使是如此，也决不要用一些幻想、虚构或者没有意义的空话去代替那些人们还不能认识的原因。霍尔巴赫还深信，后代的人们对自然的认识将会比前人走得更远，也许有一天，人类的努力终于会深入自然的圣殿，去发现直到现在还拒绝被人认识的秘密。他是将人对自然的认识和利用自然规律，看成是区别幸福与不幸的标志，同时又是区别文明与野蛮的标志。人类愈进步和愈文明，对自然及其客观必然性的认识就更为丰富，因此也就更善于利用自然的规律，去获得效果。

作为法国革命大风暴前的一种启蒙思想，法国理论界的进步力量都一致地强调，认识自然及其客观必然性，对于改善人的生活，反对宗教迷信以至反抗封建专制制度的重要意义。霍尔巴赫就提出：人之所以陷于无知状态中而不能自拔，或者为了改善自己的命运所迈出的步伐如此缓慢，就是因为对自然及其规律缺乏认识，没有能够揭示出自然的底蕴与特性。因此他认为只有通过教育，才能去认识自然界的规律和利用它去获取利益，而且只有认识自然界的规律，才能摆脱迷信并不为宗教权威所支配。霍尔巴赫还认为，如果不能认识自然的规律，就会缺乏对自我保存的原则以及幸福与利益的正确认识，因此也就不会以理性去指导行动。正是这种无知才使人们屈服于封建专制制度。

霍尔巴赫的这种观点，在正确强调教育对启发人们自觉地认识客观必然性和指导行动的重要意义的同时，却将宗教迷信以及封建专制的统治，一概归诸为是人类的无知所造成的，这就完全否认了它们所以存在的历史根源。而当霍尔巴赫应用这种观点去解释社会的一般现象时，它的错误就暴露得更为明显了。他认为在封建专制下，人们所以陷入被奴役的境地，只是由于不认识自己的本性、需要与权利，这样便使人们失去了自由。人们无保留地屈服于一些和他们一样的人，只因为相信这些人是神圣的，是高人一等的，而正是这些被视为神圣的人，便利用众人的无知与错误而去奴役他们。按照霍尔巴赫的论证，阶级社会的产生就是由于一方面有人利用别人的无知去欺骗人，另一方面大多数人由于无知而受欺骗的结果，这样他又滑入了历史唯心主义。

五

普遍联系与相互作用是 18 世纪法国唯物主义用来解释自然运动，人的行动以至历史运动的普遍原则，物质的普遍联系与相互作用构成自然运动的必然性，而人的本质与社会环境的相互制约则构成人的行动的必然性。历史运动既然不外是人的行动的总和，那么，根据18世纪法国唯物主义所坚持的普遍联系与相互作用的原则，制约着人的行动的各种因素以及人们之间的相互作用，同样地也就构成了历史运动的必然性。霍尔巴赫就指出，社会的骚乱常常会使一个帝国颠覆，可是在这种骚乱中，无论是起义者一方或者是统治者一方，在他们之间没有哪一个行动、一句话、一个思想与意志，不表现着其必然性，它们都是按照着必然的方式在活动，而且根据人们在这种政治骚动中所占的不同地位，准确无误地产生出它必然产生的结果。这种情形在一个有见识的人看来，那是十分清楚的。用普遍联系与相互作用的原则来理解历史运动的必然性，就会肯定一个历史事件不能是某个原因的结果，它总是由各种制约关系相互作用的结果，这种必然性决定着历史人物的趋向，但是由于霍尔巴赫根本排斥偶然性的存在，因此形成一个历史事件的各种制约的因素，就被认为无一不是必然要出现的，由此使得参与到历史事件的人物的一举一动也都成为是必然的了。这样霍尔巴赫便用机械的方法论去解释历史运动，得出了历史也是绝对地受必然性所支配的结论。

霍尔巴赫在批判卢梭要求人回到原始的自然状态的思想时，曾提出了关于历史有着它发展的必然性的观点，他认为即使要人们忘掉现代生活的各种观念、习惯并恢复蒙昧状态，但是人的本性欲望以及要求改善环境的自然倾向，仍然会使人们又从蒙昧状态依次重新经历原来曾经过的各个历史阶段，而后又达到了今天的社会。在这里霍尔巴赫是将人性以及要求改变环境的自然倾向，或者说追求幸福的倾向，看作是推动历史发展的动力。人类从开始披上兽皮到以绣金线的绸缎为衣服，又从居住洞穴到建筑宫殿，为了追求幸福，人类就不得不进行劳动，并且通过这条将人类各种知识联系起来的链条，去发现和创立各种科学与技术。在人类历史发展的各个阶段，霍尔巴赫肯定人的活动是由人的本性所引导，这种本性不断地促使人去追求幸福并改善自己的命运，同时也就培养了人的理性。

这就是18世纪法国唯物主义在历史观上所达到的高峰。历史被认为是发展的，而且有着它发展的必然性，它并不是各种事件的偶然堆砌。历史发展的进程就是人类为了改变自己的生活而走过的和将要走的一切步伐，按照霍尔巴赫的观点，它"只能看作长长的一串原因和结果，这些原因和结果只不过是自然给予我们的那些最初冲动的发展而已"。自然给予人类的最初冲动或本性，便是自我保存，这样自然与人类社会就被认为是受同一种规律所支配。

在分析历史发展的动力时，霍尔巴赫认为，既然人的自我保存的本性和追求幸福的冲动，推动着历史的发展，这种本性和冲动又是通过人的意志来表现，因此，伟大人物的意志在其中就无疑地起着决定的作用。历史上"国家的灾祸与其说来自大多数公民的欲望、放肆和糊涂，不如说来自少数人的胡作非为。有时候仅仅一个人就足以使若干个民族陷于苦海，坠入泪河，或者败坏亿万人心"①。这同伏尔泰说"第一个野心家败坏了世界"是一个意思，因为这个野心家产生了私有这种愚蠢的想法。

这就又回到了伟大人物的意志决定着历史进程的观点了。霍尔巴赫企图说明这种意志不是偶然产生的，它是受必然性所支配的，而且又是受事物的普遍联系与相互作用所制约的。但是他却从众多的联系中任意抽象出一种原因，去说明自然界的必然性如何支配着人的意志，并且通过意志又如何去支配着历史的进程。霍尔巴赫写道："没有什么微小的或遥远的原因不会在我们身上有时产生最大、最直接的结果的。说不定一阵暴风雨的一些最初的因素就是在利比亚干燥的平原里聚集起来的，这个暴风雨，被风卷着，向我们奔驰而来，加重了我们的大气，影响到一个人的气质和情绪，而这个人由他自己的一些情况又能影响到许多其他的人，并且依照着他的意志来决定许多民族的命运。"② 霍尔巴赫虽然是想从不同的制约关系，去阐明历史发展有着它的必然性，可是他却只能从自然或者人的本性，而不能从人的社会活动或社会自身去探索历史发展的动力。而且当他从普遍联系中去抽象地用任何一种原因说明外部事物对意志的制约作用，并通过意志去决定历史的进程时，他又不自觉地陷入了偶因论。

---

① 北京大学哲学系外国哲学史教研室编译：《十八世纪法国哲学》，商务印书馆1963年版，第660页。

② ［法］霍尔巴赫：《自然的体系》上卷，管士滨译，商务印书馆1964年版，第52页。

霍尔巴赫虽然承认意志对决定人的活动所起的作用，并且通过人的活动又对历史起着作用，但是他认为人的意志不是偶然产生的，它也不是任意地去进行选择与决定。意志是受人的本性所决定，同时又是为外部环境所制约的。霍尔巴赫区别了人的两种活动，一种是盲目地受本能所支配的活动，另一种是在理性指导下，经过意志的判断与选择的自觉活动。在历史领域内所表现的盲目地受本能所支配的活动，是与对历史发展的必然性的无知状态相联系的，而盲目地受本能所支配的活动，又必然使人陷入被奴役的状况。因此，人们要企图摆脱被奴役的状况，就需要去认识人之所以被奴役的原因，由此才有可能去改造环境和改造社会，这又只能用理性之光去照亮历史的进程及其必然性。

可是不仅在现实的法国，理性之光还没有被点燃，就是被法国思想界称颂为先进典范的英国，霍尔巴赫认为那里仍然存在着种种矛盾，他叹息道："的的确确，财富最多的国家里不幸的人比幸运的人，在数量上要大得多；的的确确，商业只是使少数市民发财而使其余的人陷入贫困。"这种叹息在当时当然是无济于事的，因为在法国甚至还没有能够走上这一步呢。对于专制的法国，霍尔巴赫提出：暴君是能够产生罪行的最可恶的东西；他不止一次将暴君形容为是扼杀自由的怪物，是与自由相对立的社会强制力量。可是他又幻想出现一个有理性的君主，或者说幻想法国能成为英国的君主立宪制的翻版。霍尔巴赫甚至在他的一部著作上写上给路易十六的献词，称颂后者是公正的、人道的、仁慈的国王，是暴政的敌人和道德的复兴者等等，尽管这个君主的品格恰恰与这些颂词相反。此外，霍尔巴赫还对人民抱有一种本能的恐惧，生怕人民掌权后会破坏他所要求的社会秩序，所以他宁愿去幻想一个开明的君主而不希望革命的到来。但是就在霍尔巴赫去世的那一年，历史就冲破了哲学家的幻想而跨出了自己的步伐，法国开始了大革命。

第五篇

18 世纪末至 19 世纪初德国的必然与自由学说

第一章 康　德

一

18世纪末期是西欧处于激剧变化的时期，早已完成了资产阶级革命的英国，这时又经历着资本主义工业的迅猛发展，而西欧大陆的法国则在进行着一场规模壮阔的资产阶级革命。相比之下，德国经济的发展仍处于落后的状态，它不像英、法等国家有着海外贸易以及国内商业发展种种十分有利的因素刺激着国内的生产。德国内部各邦的四分五裂，处处关卡林立，这些情况同莱布尼兹所处的那个时代比较起来，几乎没有什么根本改变，它严重地阻碍着德国资本主义的发展。当相邻的法国资产阶级已经提出革命的要求时，德国的资产阶级除了羡慕之外，本身却还缺乏提出这种要求的力量与勇气，他们只能将希望寄托在国内一些有实力的君王，企图依靠君王去进行自上而下的改革。但是即便如此，邻国的影响仍然不断地向德国的思想界渗入，在德国也开始出现了类似法国启蒙运动的翻版，在文学中显露出对封建制度和教会的批判，并且提出诸如"人生来都是平等的""每个人都有自由发展自己的权利"，以及要求现实的幸福和人性解放这种种思想。随之也就出现了一个批判的时代。但是当时德国在文学上以及其他领域中表现的批判的气息，只是法国式的批判的微弱反射，从中既不能嗅到像伏尔泰对法国封建制度所作的辛辣批判，更不要说狄德罗或霍尔巴赫的战斗气息了，甚至就是对神学的冲击，在德国还不能达到无神论的高度，它还是在与宗教和教会保持一定的妥协这种情况下进行的。

就在法国发生政治革命的同时，德国却是以哲学革命的形式作出反应,德国的这场哲学革命是从康德开始的。康德曾经宣称:现时代是批判的时代,一切事物皆须经受批判,理性只有对能够经受自由与公开检验的思想与事物,才加以尊敬。看来似乎要将德国的全部现实,都置于理性的审判桌前,然而他却随即将批判的矛头缩回到对理性本身,由此就划定了批判的范围,只是限于理性自身。

不过在康德的前批判时期,他却是在自然科学的领域内,批判了长时期占统治地位的机械论。康德根据物质的吸引与排斥去论述宇宙有着发生和发展的历程,他假设宇宙最初是布满着炽热并旋转着的云雾状的物质,即原始星云,它们由于相互吸引与排斥而产生漩涡运动,由此逐渐构成天体与行星系统。康德认为天体有着它产生与发展的历史,但是按照牛顿所创立的古典力学的理论,自从上帝开始了最初的一击之后,整个宇宙的过去与现在就保持着同一个样式。此外 18 世纪生物学、比较解剖学等的发展,虽然在生物学的领域内,已经出现了对于生物进化的猜测,然而对于死的、无生命的物质,一般认为无论是一团泥土、一块岩石,它们变化的只是形式,至于其他方面它们就如同整个宇宙一样,是永恒地保持着其原来的本性。康德关于宇宙的发生与发展的理论,就将进化的思想带入了天文科学的领域,由此便可以得出一个结论,既然宇宙有着它产生与发展的历史,那么,存在于其中的任何一种物质和任何一种生物,又怎么可能是永恒不变的呢?

康德曾经模仿笛卡儿的口吻说:给我物质,我就用它创造出一个宇宙来! 换句话说,只要能给我物质,就可以指出宇宙是怎样在物质的基础上形成的。因为有了在本质上具有引力与排斥的物质,那么大体上就可以找到形成宇宙体系的原因。可是最后康德还是宁可将宇宙的创造权力归于上帝,只因为上帝创造了物质,并且将吸引与排斥的力量赋予物质,物质才以自身的必然性构成宇宙与行星系统。

在《纯粹理性批判》的经验类推中,康德提出:"一切变化皆依据因果联结之法则发生。"[①] 这就是说:在事物先前之一事物中,必存有此事件必然继之而起所依据之规律,它承认因果联系实现着一种必然性。接着他

---

① [德]康德:《纯粹理性批判》,蓝公武译,商务印书馆 1960 年版,第 173 页。

又提出:"一切实体,在其能被知觉为在空间中共在者,皆在一贯的交相作用中。"① 对于前者,即因果联系实现着必然性,这从培根以来就是这样去说明必然性的。对于相互作用,18世纪法国唯物主义不仅说明了物质在空间中都处于普遍联系与相互作用的锁链上,而且正是相互作用构成物质联系的必然性。但是从培根与笛卡儿以来被肯定的自然界具有的因果联系及其必然性,现在却由康德的理性批判将它否定了。康德认为物质作用于人的感官而产生感觉,可是与感觉相联系的经验却并不是以物质为原型,人们可以肯定物自体的存在,但不能肯定经验就是物质的反映。所以承认没有物质的作用于感官,就不可能产生感觉,并不等于承认这种感觉就是反映着物质的内容。经验中出现的因果联系不过是人们用因果联系这一范畴,去说明经验中经常出现的、继一物之后必有一物出现这类现象。至于说它是否就是自然界的属性,这与物自体一样同属于不可知。

康德同休谟一样,认为从有限的经验中,不可能得出类似必然性这类一般的范畴,经验只能表明存在着一个个前后相继的现象。因此必然性作为范畴,它就是先验的,它在前后相继的现象出现于经验之前,便以范畴的形式存在于人的头脑里,然后它又被用去说明那些继一物之后又出现另一物这类现象,所以就不能说必然性是自然界或物质运动自身具有的属性。

康德认为因果联系具有两种形式作为范畴,一种他称为自然界的因果联系,另一种他称为自由所发生的因果联系。自然界的因果联系是指从自然界所经验到的必然联系,而自由所发生的因果联系则是指"自发的创始一种状态之力量",这种力量不再受其他原因所支配,它本身便是始因。这种自由所发生的因果联系只能是先验的范畴,因为根据经验总是肯定一个结果总是由于一个原因而产生,事物总是有产生它的原因,而不可能经验到自发的创始状态。自由所发生的因果联系作为实践的范畴而言,又是指脱离任何感性冲动的压力的那种意志的独立活动,意志的独立活动所产生的实践结果,虽然是可以被经验到,然而意志的活动,作为自发的创始一种状态的力量却是先验的。因此必然与自由的关系,在康德的体系里,

---

① [德]康德:《纯粹理性批判》,蓝公武译,商务印书馆1960年版,第187页。

就以经验与理性的关系，或者感性与意志的关系表现出来。康德正是在这一基础上，提出他的必然与自由的学说。

二

在康德之前，莱布尼兹曾经以近代的形式，复活了中世纪神学关于上帝的存在、灵魂不朽与自由意志三者联系一致的论点。康德继续接受这一论点，并且用上帝的存在、灵魂不朽与自由意志三者联系一致的论点，证明哲学与神学并存的可能。他在《实践理性批判》的序言中，便将"先验"的自由这个范畴，理解为是他的思辨理性体系整个建筑物的拱心石。至于上帝的存在与灵魂不朽的证明，又都由于附着在自由这一范畴上才得以巩固；换句话说，只有确定自由的存在，才可能去证明上帝的存在与灵魂不朽。因此必然与自由的关系，在康德的哲学体系中，尤其是在他的实践理性批判中，便具有特殊的意义。

康德在《纯粹理性批判》中所举出的理性的四个矛盾或二律背反，其中之一便是必然与自由这组矛盾。这组矛盾表现为，自然现象受因果的锁链所制约，其中每个现象都有着产生它的原因，而这个原因作为一种现象，又必然有着产生它的原因，由此可以上溯不已，这样便有必要假设有一个始因存在，它是产生结果然而本身却不受任何原因所制约的最初因。由于始因产生着一系列的结果，但自身却不受任何原因所制约，因此它就不存在于因果的锁链之内，但是它又是因果锁链的开端，这个始因同时就是自由，因为它不受因果的必然性所制约。对此却又可以存在着另一种假设，即每个自然现象都只能存在于因果的锁链中，因此就都受因果的必然性所制约；此外并不存着一个不受原因制约的始因，所以一切自然现象都处于必然的制约中。康德认为这两种假设可以同时成立，由此便构成了理性的矛盾。

康德所指的必然与自由的矛盾，不仅适用于人与外部世界的关系，而且具有本体论的意义，它泛指物质的运动是取决于外部的必然性呢，还是有着不受外部必然性所支配的自因，这个自因也就是自由。这个自因或始因只能被理解为是物质世界整体,这样便回到了斯宾诺莎的命题,即实体是自因。否则要想在此之外去寻求一个自因或初因,便只可能是亚里士多德的第一因,或者是牛顿的"最初一击",如果用一个通俗易懂的名词来表示,它便是上帝。

康德从纯粹理性的领域进入到实践理性的领域时,首先便遇到了必然与自由的关系问题。因为在实践领域里,无论是人去改变外部世界,又或者是人的意志与感觉、欲望等等的关系,这些问题的解决,都和必然与自由关系这一问题的解决紧扣着,不打开后者这把锁,就无法进一步去探索实践的规律性。

但什么是必然,什么是自由呢?康德从一切自然现象都处于因果联系中并都为原因所必然地制约着这一前提出发,认为这种必然性是由现象的外部原因或制约起着决定的作用。现象自身并不能拒绝这种来自外部的制约作用,相反它只能接受这种种制约作用,并且产生相应的结果,这便是必然性的特征。至于自由,他认为就其本体论的意义而言,就是具有自身决定的力量,而不受外部必然性所支配。用它去解释人的实践活动,那种脱离开感性冲动所加的压迫而保持意志的独立便是自由。人生活在一定环境中,虽然也受外部的必然性所制约,但是人又是有理性、有意志的生物,并且是凭着理性而不是单纯凭着感性或欲望的必然驱使去活动的。当人的意志只是受理性的指导,而不为外部的必然性所激起的情感、欲望等所支配时,那时人便区别于纯粹受客观必然性所制约的物质而表现出他是自由的。意志只是受情感、欲望等所支配时,它便无任何自由可言。因此意志只是受理性所指导,而不再受外部的必然性所盲目支配,这便是自由的特征。

在人的实践活动中,既有着受必然性所制约的一面,包括对象运动的客观必然性以及情感、欲望的必然性等等,又有着意志的自由的一面,那么,这两者间的关系又是怎样的呢?在康德之前的哲学家们虽然考察了必然与自由的关系,但是他们多数限于人的意志究竟是受必然所支配抑或是自由的这一问题的探讨,他们或者认为意志是受必然性所制约因而不可能是自由的,或者认为意志可以任意选择与决定,因而是自由的。一般说来,主张意志是受必然性所制约因而不可能是自由的哲学体系,就从人性的必然去追索意志的动力；而主张意志是自由的哲学体系，又认为只有在理性的指导下进行选择与决定的意志，才有真正的自由，并且从理性的判断与指导，去追溯它所依赖的标准。但无论是从人性的必然去追索意志的动力，还是从理性的判断去追溯它所依赖的标准，却又都认为这种动力或标准是根植于人性或理性中，因而是永恒不变的。如果对支配人的行为的动力或是判断人的行为的理性标准有了清晰的认识，便可以理解人所以如此行动的秘密，而且也就可以由此去解释各种历史事件，因为这些历史事件又不过是人的行动的结果。

康德认为传统的哲学体系与实践哲学将对实践研究的重心置于如何确定"善"的观念与它的内容上，然后将"善"的观念与内容树立成为决定意志的必然力量或意志判断的理性标准，可是这却是一件劳而无益的工作。康德提出，人们在研究诸如"善"的观念与内容之前，首先必须确定究竟是理性还是经验或欲望，决定着人的意志和行动。正如考察认识需要先考察人的认识能力的范围一样，考察实践也需要先考察人的实践能力的范围，即决定着实践的意志究竟是受必然性所支配的，还是自由的。他认为如果人的意志是以理性作为指导，那么它便是自由的；相反如果意志只是为经验所决定，它就是受外部的必然性以及由此产生的各种欲望所支配，这样，人的意志便失去了自由。康德虽然将必然与自由的问题，突出地提了出来，然而他又将这一问题限制在意志是否受必然性所支配，抑或它是自由的这个范围内。康德在《实践理性批判》里就提出："这里第一个问题就是：还是纯粹理性自己就是以决定意志呢，还是只有它被经验制约的条件下，才能成为决定意志的动机呢？"他确认只有解决了这一问题，并且肯定意志只能受理性所决定，而不是受外部的必然性所支配，"先验"的自由才有可能被确立。

三

在论及必然与自由的关系时，康德写道："在论究关于自然与自由之问题时，吾人所遇之困难及自由究否可能，设属可能，则自由能否与因果关系之自然所有普遍性并存。谓世界中一切结果,非由自然发生即由自由发生等等,果为一真实之抉择命题乎?抑或吾人必然如是言之方可,即谓在同一事件中,以不同之关系,二者皆能在其中发现乎?"① 问题的提出便已包含着自由有与必然共存的可能这一含义了。在康德之前,决定论者认为一切都是必然的,人的意志与行动也不例外,因此自由意志不过是一种幻想,现实中并不存在自由意志。自由意志论者则坚持意志是自由的,它是不受必然性所支配的,尽管自然界是受必然性所支配,然而意志的选择与决定却是自由的。康德在这方面的全部努力,就是企图证明必然与自由怎么才可能并存。

康德认为必然与自由并存于人的活动中,人是自然的一分子,是生活于自然的因果联系中,因而只能受必然性所制约。但是人又是在意志的支配下去行动,意志的决定又是依凭理性去作出判断,因此,人的意志又必须是自由的。这样在人的实践中,便存在着必然与自由的矛盾,即一方面人受自然界的必然性所制约,另一方面人的意志又是自由的,那它们又怎么能在实践中并存呢?康德肯定必然与自由在实践中只可能是并存的,因为人生活在自然中就不能不受自然界的必然性所制约,人既受自然运动的必然性所制约,又为反映人的本能要求的各种欲望所束缚。如果人同自然界的一草一木那样,只是处于必然的环节中,那么,人便只能依照一种预先已决定的秩序继续地实现着这一必然序列,这样当然便毫无自由可言。但是所谓"先验"的自由只能被理解为摆脱一切经验成分,并且由此摆脱自然界的必然性的支配,所以,即使人是为了满足欲望而去行动,并且即使人的行动与认识欲望同这种必然性是一致的,在这种情况下,人仍然不能说就是自由的,因为他归根结底仍是受必然性所驱使,不论这种驱使是由于必然性的鞭策,或是以自觉的形式表现着。可是人又是有理智的生物,人在决定行动时,他的意志又是受理性所指导的,既然意志是受理性所指导,而不是受盲目的必然性所支配,那么,就不能不承认,意志是自由的。

---

① [德]康德:《纯粹理性批判》,蓝公武译,生活·读书·新知三联书店1957年版,第393页。

从表面看来，无论是必然或是自由，显然有着它们所以存在的根据，万物都处于普遍联系与相互作用中，它们的运动变化都依循着一定的规律，这就证明了必然性的存在。但是人的意志又是受理性所指导，这又证明了自由的存在。如果按照传统的理解，哪里有自由，便不再受必然性所支配，而哪里还受必然性所支配，就只能将自由排除出去，那么，在人的实践中，必然与自由又怎么可能并存呢？康德充分意识到，在理论上否认自由意志，就不可避免地会得出一切都受必然性所支配的结论，而意志也不例外。按照这一结论，理性、道德等等也就毫无意义了。因为人如果只是受必然性所驱使去行事，理性的判断便失去作用了，一切便只能随欲望去支配了，而且离开了理性的判断，也就不需要有道德标准。既然人的一切行动都由必然性所预定，而丝毫也不能有所作为，人当然也就没有任何理由要对自己的行为负责了。反之，如果只是承认自由意志，而否认客观必然性的制约作用，便会得出意志可以决定一切的结论，那么，自然科学的建立，便显得是无益之举了。可见坚持任何一方，最终都会得出不正确的结论。但问题还在于如何去理解必然与自由这一对范畴既是对立的，又是统一的。

康德提出："哲学一定要假定同一的行为，它的自由与它在自然界的必然性之间没有真正的冲突，因为哲学不能放弃自由这个概念，也一样不能放弃自然这个概念。"① 自然界的必然性与自由既然只能同时存在着，不能根据一方去否定另一方的存在，但是它们又是相互对立的，这就是说必然与自由的矛盾是不可避免的。矛盾是客观存在的，但又为什么说它们之间并没有真正的冲突呢？原来康德认为，如果肯定两者存在着真正的冲突，最后便只能同意决定论的论点，即承认一切都是必然的，从而排斥了自由；或者便只能同意自由意志论的论点，即承认意志是绝对自由的，从而排斥了必然性对意志的任何制约关系。康德既然要证明必然与自由这对矛盾的范畴，同时又是在实践中并存的，他就需要证明这一对范畴并不是绝对排斥的，或者说必然与自由之所以能够同时并存，便是由于两者并没有真实的冲突。他是这样证明的："由道德律所成立的作为自由的原因性

---

① ［德］康德：《道德形而上学探本》，唐钺译，商务印书馆1957年版，第69页。

和自然法则所成立的作为自然机械作用的因果性,除非将前者视为人的存在本体,存在纯粹意识中,将后者视为是现象,存在于经验意识中,则二者决不能共存于同一主体(即人)内。否则,理性必不免自相矛盾。"①这便是说,自然界是为必然性所统治,而意志则是自由的。前者是现象,在现象界正是受必然性统治着,而后者则是理性,在精神界则是受理性统治着,理性也统治着人的意志,两者本来有着各自统治的领域。即使自然界的必然性对人有所作用,譬如威胁着人的生命与财富的滔滔洪水,或是炙人肌肤的炎炎烈日,又或是诱动饥肠的美味佳肴,但这些都是现象,它们只是在现象领域内对人起着作用。至于自由则是实现在理性领域内,它可以不受现象的干涉。经验既不能阻止意志去按理性的指导行事,而当意志按理性的指导行事时,也不排斥经验的作用,所以康德认为必然与自由两者没有真正的冲突,即彼此绝对地排斥这种情形是不存在的。从现象或经验世界说它存在着必然性,并且作用于人们,譬如人喝了酒便不能不醉。可是意志并不是单纯受必然性所支配,它并不必然地就决定非喝酒不可,意志是受理性所指导,理性则会权衡利弊而避免去饮酒等等,这便证明由于理性的指导,意志是自由的。

康德既然确认物自体是不可知的,当然也就不可能去判断物自体或客观世界是否存在着必然与自由的矛盾,并且也无法回答客观世界是否受必然性统治,或者人对客观世界是否还保持有自由这类问题。至于经验中也不可能存在着必然与自由的矛盾,因为经验只是表现出必然性的制约,而理性所表现的自由则是先验的范畴,所以如果说必然与自由构成矛盾,按照康德的结论,那么,它们就只可能存在于理性中,或者说只有在理性中,才会出现必然与自由的矛盾。黑格尔就十分准确地指出,按照康德的先验体系,"这个矛盾并不是自在自为地存在于那里的,而乃仅仅属于我们的主观思维,并以我们主观思维为其根源。换言之,这种先验唯心主义让矛盾保持着,只是认为物本身并不是那样矛盾着的,而认为矛盾仅仅出现在我们心灵内"②。将现实的矛盾移到理性即思维中,并且承认它们可以

---

① [德]康德:《实践理性批判》,关文运译,商务印书馆1960年版,第4页(注一)。

② [德]黑格尔:《康德哲学论述》,贺麟译,商务印书馆1962年版,第43页。

在思维中并存，这便是康德先验体系的一个特征。它被黑格尔嘲笑为是庸人们对待矛盾的妥协或"温情"态度，康德在现实中发现了矛盾，然后又急急忙忙地声称：其间并没有真正的冲突，或者说它并不存在于现实中。这样他便将必然与自由的矛盾从现实移到理性中，然后便来致力于调整理性认识，换句话说也就是按照康德所给予的方式去理解必然与自由的关系。即将必然归于经验，而将自由留给理性与意志；或者说因果联系是属于现象界，自由则是先验的，并且认为只要如此便各有归属，而矛盾也就可以迎刃而解了。

这还可以用康德所写的一段话来证明："假如自觉为自由的主体当自命自由时候，同他对于同一行为认为他自己受制于自然律的时候，是依同一意义并在同一关系上认定他自己的自由，那么，要避免这个冲突一定是绝对不可能。因此，理论的哲学一定要指出何以他有这个冲突的错觉，是因为当我们说人是自由的时候，与当我们以为人是自然界的一部分而受制于自然律的时候，我们是依不同的意义和不同的关系看他。理论的哲学一定要证明这两个方面不能够并存，而且一定要认为必定在同一个人身上联合起来……"① 这就是说，必然与自由是两个矛盾的范畴，但是又不可能肯定一方而否定他方，所以便需要在理性中作出调整，那就是划清它们各自的领域，即人作为自然的存在，既然处于自然的因果联系中，因此是受制于必然性的；但是人又是理性的存在，人可以按照理性的判断与指导去行动，而不是纯粹受盲目性所支配，因此又是自由的。可见两者并不冲突，它们的矛盾只存在于概念中，而不是存在于现实中。

康德所指的概念，实际上是形而上学的概念，按照这种概念，必然与自由就是绝对排斥的。所谓自由就是不受必然性所约束，而那里存在有必然性，自由也就销声匿迹。康德认为理性的任务就在于调和这种概念的矛盾，承认必然与自由在人的实践中是并存的。这无异就是说，人一半是奴隶，一半是主人。当人受制于外部的必然性和被欲望所支配时，人便是一名奴隶，当人用理性去指导行动时，他又具有着主人的身份。奴隶与主人抽象地在概念中，虽然是相互冲突的，然而分别在自然领域与理性领域，

---

① ［德］康德：《道德形而上学探本》，唐钺译，商务印书馆1957年版，第70页。

却又是可以并存的。这还可以作进一步的理解，既然必然与自由是并存的，并且各据不同的领域，那么，由于将经验或自然划给必然性去统治，因此科学才有存在的根据；由于将自由划归理性的领域，所以意志才是自由的。而自由意志则是道德价值成为可能的前提，此外，只有承认自由意志的存在，才可能进一步去论证上帝的存在与灵魂不朽是理性的必然结论，这便是康德的真意所在。

在康德之前，无论是决定论或是自由意志论，都否认必然与自由是可以并存的，而只能非此即彼。如果人是受外部的必然性或欲望所支配，就不可能有自由意志；如果人有着自由意志，便不可能是受外部必然性所支配。康德却宣称必然与自由有着同等的必要，并且在人的实践中，必然与自由又不能不同时并存着。他试着去解决哲学史上长期存在着的决定论与自由意志论的争辩，但是正如他解决哲学史上物质与意识、感性与理性等矛盾那样，在方法上是折中的和调和的，用这种方法当然不可能使这些矛盾在理论上得到真正的、实质性的解决。不过尽管如此，康德却将必然与自由作为一对矛盾明确地提了出来，因而为进一步从理论上解决必然与自由的矛盾提出了课题。

四

意志如果不受外部的必然性所制约，并且它只是起因而不同时是结果，试想意志又如何能够避免它的偶然性与任意性呢？人人都以为他是自由的，又都单纯以他的主观意志去决定行动，而丝毫不去考虑目的的实现是否具有客观可能性，所谓自由意志就只能是偶然的与任意的。因为每个人的想象与所求，正如其面之各异。

从斯宾诺莎到18世纪法国唯物主义者都曾指出，由意志的偶然性与任意性所表现的自由，只是一种表面的自由。康德则进一步认为，这种表面的自由实际上仍是受个人的欲望所支配，因此它仍是受必然性所支配，而不是自由的。自由不能被理解为是意志的任意性，可以不顾一切而各行其是。康德提出："自由必须不被认为是无规律，自由不过是不服从自然界的定律罢了。"这就是说，自由只是相对于外部的必然性而言的。人不像自然物一样，单纯地循着自然的规律而运动变化，而自己则毫无能动性而言。但是除此之外，意志的活动却又不是任意的与偶然的，它有着自身依循的规律。对于意志所依循的规律，康德解释道："自由的原因必然遵照不变的规律发生作用，但这些规律是自由原因所特有的。其实，离开规律，自由意志就毫无意义。"① 自由实际上不能离开规律，离开规律而仅凭任意与偶然的自由是毫无意义的，这一切似乎与18世纪法国唯物主义者的论点十分近似，其实不然，因为在这里康德并不是指自由与自然界的必然之间的关系。康德所理解的自由，正是以排斥外部的必然性以及由它们所表现的各种欲望的制约作为特征的，但是康德又肯定自由不能离开规律，那么这是指什么规律呢？这是指与自然运动规律截然不同的道德律。

在解答究竟是人的欲望、人性还是理性决定着人的意志这一问题时，康德是与古代希腊伊壁鸠鲁的伦理观相对立的，他毋宁是与斯多葛派的论点相接近，即强调理性的力量而排斥单纯听从欲望的指使。康德也和17世纪英国唯物主义以及18世纪法国唯物主义所主张的、自我保存与追求幸福的原则相对立。按照康德的观点，无论是自我保存或是追求幸福，实质上都是以欲望作为基础的。既然是以欲望作为基础的，那么追求自我保存幸福的意志，就不能不受必然性所驱使。康德认为只有当意志为理性所指导，而不是受欲望所支配时，才可以说是自由的，并且只有当意志接受理性的指导时，它才不是偶然的与任意的。只有理性才能遵照道德律行事，道德律就是理性判断的标准，至于欲望只是经验的，它绝不能使人的意志与行为具有普遍性。

所以康德说：自由意志和合乎道德律的意志就是同一回事，他认为自由便是人对道德律的自觉，或者说自由是以道德律作为基础的人的自觉行动。道德律以自由的存在作为前提，如果没有自由意志，当然就谈不到对道德律的遵循，而自由则又是通过道德律的实现才能意识到。至于道德律为什么会具有普遍的与必然的性质呢？康德认为道德律既然存在于人的理性中，那么它便是先验的而不是经验的。只要证明道德律是先验的，它便

---

① ［德］康德：《道德形而上学探本》，唐钺译，商务印书馆1957年版，第60页。

具有普遍的与必然的性质，仅此便足以说明。当伏尔泰或爱尔维修已经发现，不同的社会有着不同的道德标准，因而否定了所谓永恒的道德内容时，康德却离开了社会的具体条件，去抽象地谈道德律的普遍性与必然性，这不能不说是一种倒退。

　　从康德的论点出发，道德律相对于人的意志，便是一种绝对命令。不过康德认为，这种绝对命令不是来自外部的必然性，甚至也不受外部必然性的影响。它是来自理性，因此道德律便是自因。至于道德律究竟包含着什么具体内容，康德认为这并不是实践理性所要解决的问题。在绝对命令这一最高道德的原则之下，他又提出了两条原则，一条是：人实现道德律是由他的意志根据理性的指导自觉地作出决定的，而不是受外部必然性和欲望所支配的，因此，实现道德律就是表示意志的自由。另一条是：既然每个人自由地去实现道德律，这又表示人有着独立的人格，人本身就是目的而不是手段，每个人也不能以他人为工具或手段。从确认自由是对道德律的自觉，是以理性作为指导去自觉地实现道德律，离开了规律，自由便毫无意义可言，进一步便不难得出，自由是对客观必然性的自觉，是以对客观必然性的正确认识作为指导，去自觉地控制和利用客观规律等等结论，这里障碍只在于康德对矛盾所作的唯心主义理解，以及他解决矛盾所采取的折中的和调和的方法。

　　此外康德还认为，理性并不像外部必然性那样，表现着一种强制的力量，理性使人自觉到应当如此。虽然所谓应当所适用之活动范围，不能脱离开客观可能性，但是这种客观可能性并不能限制方法的活动，它仅能限制行动所产生的结果。并且理性既不受欲望所制约，也不受外部的必然性所制约。因理性所定命的"应当"，则绝不遵从"事物在现象中所呈现之秩序"，相反，它却按自身的要求去使经验适应于理性之秩序，因而意志是自由的。这样，现象或客观世界不仅在认识中，需要符合于先验的，即理性的范畴，而且在实践中，又需要适合于理性的规定。

　　在《实践理性批判》里有一段值得注意的文字："因为尘世上一切实践方面的因果联系，作为意志被决定后的结果看，并不遵循意志的道德意向，而是遵循对于自然法则的认识，并依靠于利用这种知识求达自己幸福的物理能力上，因此，我们纵然极其严格地遵循道德法则，也不能因此就期望幸福与德性能够在尘世上必然也结合起来，合乎我们所谓至善。"① 如果要考察人的行动或实践规律，就必然要考察人与客观必然性在实践中的关系。当人们在实践中去利用客观必然性改变外部世界时，要怎样才能在实践中获得预期的结果呢？假若我们的意志只是遵守道德律行事，可是要去利用和改变的自然，却不是按照道德律，而是按照自身运动的必然性而运动着与变化着，那么两者又怎么可能一致呢？人的意志一旦脱离开客观可能性这一基础，纵然按照道德律来衡量，它所决定的行动是无可非议的，甚至是崇高的和值得钦佩的，然而它究竟会面临着意志的主观要求与客观必然性的矛盾。这一个矛盾最后又会以目的与结果的矛盾表现出来，即动机良好，它是符合道德律的，可是结果不佳，它根本不是目的所预期的那种结果。康德意识到这个矛盾，因此他便将目的或动机与效果两者分离开来，只问动机良好与否，即只要求意志符合于道德律，而不问其效果。这可由他写的一段话来证明："好意志所以好，并不是因为它的工作或成就，不是因为它易于达到某个预期的目的……好意志本身就是好的。"② 这便是将意志或动机与效果在理论上加以分离，而这种分离正是以必然与自由的分离作为前提的。

　　康德既然在理论上将意志或动机与效果加以分离，两者互不相涉，因为意志是以道德律为准则，而效果则是客观必然性的实现，所以在实践中意志或动机与效果之间的、现实的联系，便只能被理解为是偶然的形式了。只是当意志与客观必然性偶然相凑合时，在实践中才通过效果之符合于目的的预期，而表现着意志与客观必然性之间存在着一致性。但这并不能证明意志就是自由的，因为在绝大多数的场合下，并不妨碍它们又可能是不一致的。所以康德虽然提出了必然与自由是对立又并存的，由此克服了将必然与自由理解为是相互排斥而不可能并存的形而上学观点，但是他却没有能够进一步解决这一问题。正确地解决必然与自由的关系问题，是德国古典哲学的一项功绩，它从谢林开始，并由黑格尔加以完成。

---

① ［德］康德：《实践理性批判》，关文运译，商务印书馆1960年版，第116－117页。
② ［德］康德：《道德形而上学探本》，唐钺译，商务印书馆1957年版，第9页。

五

除了在人改变自然的实践中，存在着客观必然性与人的能动性或必然与自由的关系之外，在社会领域内，在人们从事着各种社会活动时，同样地也存在着必然与自由的关系。在社会实践中，社会存在相对于人来说，就是客观存在，社会同样有着不以人的主观意志为转移的客观规律，虽然与自然规律不同，社会运动的规律是通过社会人的有目的的活动而实现的，但它又不受任何当事人的意志所支配。社会领域内的必然与自由的关系，在哲学史上曾以下列形式被提了出来：历史究竟是循着必然性呢，还是取决于人的意志，因而是任意的呢？

18世纪法国唯物主义者尽管是站在决定论的立场上，去解决必然与自由的关系，可是当他们踏入社会的领域，提出关于历史前进的动力问题时，虽然他们之中的代表人物曾提出，利益是理解历史前进动力的钥匙，可是他们又从普遍联系与相互原则出发，提出了在社会领域中，任何一种外部的作用，包括自然界的作用，甚至其中极细微和偶然的原因，也会通过对人的意志的作用，尤其是对历史人物的意志的作用，支配着历史进程的结论。霍尔巴赫就承认君王的消化不良症，或是贵妇的一时兴起的幻想，都将会引起一场战争并左右着国运。这样便滑到了意志决定历史的唯心主义轨道上了，而这却恰恰是与他们的唯物主义立场和他们确认的，历史有着自身的必然性，利益是推动历史前进的动力这一系列观点相矛盾的。

但是对于18世纪法国唯物主义者如此重视的历史的动因问题以及在社会领域内必然与自由的关系问题，却并没有引起康德的注意，至少在康德的主要的哲学著作，尤其是实践哲学的有关著作中，丝毫也没有涉及这一问题，这是什么缘故呢？其中的一个原因，当然是18世纪法国唯物主义者将探索历史前进的动力问题，和现实的改变法国专制制度紧密地联系在一起的，他们从现实的政治着眼，从历史前进的动力的探索，去为改变法国封建国家寻找理论根据。而康德则宁可将这场革命限制在头脑里，即不让它越出思辨的范围，并以理性批判作为唯一的方法。他至多也只限于提出历史应当实现理性，尽管理性的内容在他的体系内是与物自体同样地抽象，这一切又是同那个时代德国资产阶级一心一意地企求由君主来实现自上而下的改变的现况相符合的。

18世纪法国唯物主义者已经指出，理性不是永恒的，而最终推动社会运动的则是利益，之后费尔巴哈就极中肯地说：理性与利益怎么能够截然分开？但是康德则仍坚持说理性是普遍的和必然的，而且是纯洁无瑕的，它如果不幸而沾上了经验或者利益的尘埃，便无异于从天界贬到了尘世。而且意志之所以是自由的，就是因为它只受理性的指导，而绝不为经验、包括利益所支配。

按照康德所作的区分，历史是人的活动，至于支配人的意志的则是道德律，因此不同于客观必然性所支配的自然。自然界的规律是一切事物实际怎样出现的规律，道德律则是一切事物应当怎么出现的规律。前者只是实现在自然或现象界中，后者则是先验地存在于理性中。如果道德律成为人们行动的准则，那么，不言而喻人们便将用道德律作为模式，力图使蕴藏在头脑中的一切美好的想象成为尘世的现实。而社会也就应当成为理性所蕴藏的模式的现实翻版，不需要费多少思索，便可以由此得出逻辑的结论，自由在社会领域内并不表现在按照历史的必然性去有目的地推动社会的发展，而在于依照理性中固有的东西，使社会成为合乎理性的要求所应该成为的那个模式。譬如说理性是鄙夷和谴责战争的，所以现实的社会便不应该发生战争，各国应该根据禁止战争的盟约结成联邦，达到最终消弭战争，就如康德本人在晚年所著《永久和平论》中论证的内容。

将自然与社会划分为一者是受必然性所统治的领域，另一者是受理性所统治的领域，这种区分实际上是否认社会运动具有客观必然性。由此对于现实地存在着的德国封建制度，就只需要说明按照理性的标准，它是充满着缺陷，当前的问题就在于使它成为它应当成为的那种社会。至于如何才能使应当成为现实，那便只有诉诸理性，如果希冀通过自上而下的改革来实现它，那么，诉诸当权者的理性，当然就具有特殊意义了。黑格尔就曾针对康德的应有与现实的矛盾指出过："但惯于运用理智的人特别喜欢把理念与现实分离开，他们把理智的抽象作用所产生的梦想当作真实可靠，以命令式的'应当'自夸，并且尤其喜欢在政治领域中去规定'应当'，这个世界好像是在静候他们的睿智，以便向他们学习什么是应当的，但又是这个世界所未曾达到的。"① 然而康德的这一论点，却是很合乎德国怯懦的资产阶级的现实要求。当时法国的革命形势以及后来的革命，震动着这个阶级的每一根神经。在德国农民反抗封建领主的斗争与手工业工人为改善恶劣的处境而建立秘密结社的活动，曾迫使一些封建主在辖区内进行一些改革，这就对资产阶级散发着一种幻想，认为凭着这种改革就既可有利于发展资本主义的目的，又可以避免革命的流血。所以理性推动历史的观点，通过理性使这个社会成为应当如此这般的观点，很自然地便成为这种自上而下的改革要求的理论基础。

既然意志是按照道德律去决定行动，由此表现意志是自由的，那么，作为人的活动的总和的历史，就不可能是"实际上怎么出现"，即构成一种必然的历程，而只可能是按"事物理应怎样出现"的原则去实现它的历程。看来康德所面临的矛盾是：历史既然是人们按照道德律去进行的各种有意识活动的总和，但其结果又怎么可能会实现着不以人的意志为转移的客观必然性呢？这还可以用新康德主义者在这一点上的发挥来说明，鲁道夫·什塔姆列尔提出所谓社会民主党人的矛盾时就说过，一方面承认无产阶级革命是不可避免的，另一方面又号召无产阶级促使这一革命的到来，这就是一个矛盾。谁会为促使月食而去建立一个政党呢？他认为二者必居其一，或者肯定某种现象是必然的，即不可避免的，那就不需要人去促使它实现；或者为了促使一种现象的出现而不能不需要人的活动，那么它就不是必然的。这就说明了在康德的体系中，人的活动与客观必然性仍然被认为是绝对排斥的，他虽然承认必然与自由是可以而且确实并存，但却没有真正的理解这对矛盾在实践中又是如何统一的。

---

① ［德］黑格尔：《小逻辑》，贺麟译，商务印书馆1980年版，第44－45页。

第二章　费希特

一

康德曾自负地称他已一举解决了哲学史上唯物主义与唯心主义、经验论与唯理论、决定论与自由意志论的矛盾，可是事实却并不如他所称的那样，因为他并没有从理论上解决了这些矛盾，而不过是将它们并列起来，承认它们都可以成立。列宁就指出：康德哲学的基本特征是调和唯物主义和唯心主义，使二者妥协，使各种相互对立的哲学派别结合在一个体系中。① 在这个体系中，既有着唯物主义和唯心主义的杂拌，也有着经验论与唯理论、决定论与自由意志论的调和剂。这个体系的基础，则是调和物质与精神、存在与意识的二元论。唯物主义者批判康德割裂了意识对物质的依存关系，因而将经验与理性归类为是纯粹属于主观的内容，是无源之水、无本之木；唯心主义者则批判康德的物自体，并且声称意识无论是经验或是理性，都不需要这种牛顿式的外部冲击。

在德国古典哲学中，紧跟康德之后，便出现了对他的批判，首先是由费希特从唯心主义的立场来开始这一批判。费希特直率地指出，康德的"物自体"就是一种纯粹的虚构，完全不具有实在性。承认在经验之外还存在有"物自体"，这正是康德整个体系的不彻底之处，因而也讥笑康德只有四分之三的头脑。在一个彻底的唯心主义者的眼里，"物自体"确实

---

① 列宁：《唯物主义和经验批判主义》，曹葆华译，人民出版社1950年版，第193页。

是一个赘词，而要做一个彻底的唯心主义者就需要排除掉这个赘词。既然这个"物自体"是无法经验到的，它又不像范畴那样是属于头脑所固有的，那么，又怎么可能确定它是存在的呢？如果一切现象的产生都非假设有外界的作用不可，就让它像贝克莱那样去假设存在着一个上帝，这便是引起人的感觉的原因，这与假设存在着一个"物自体"，它是引起人的感觉的原因，两者又有什么区别呢？一个彻底的唯心主义者还不妨这样问一句，为什么现象的出现必须要有"物自体"的作用，难道感觉本身就不可能成为最终原因？

费希特在批判了康德的"物自体"之后，他接着便肯定，人的意识、意志、"自我"即自觉的我是最终原因，它既是自因，因此也就是开始。由自我然后产生它的对立面，即"非我"或外部事物。费希特认为这个非我或外部事物是一个系统有机整体，其中任何一个部分和方面的变化，都对整体发生影响。自然界是如此，人类社会也是如此，社会同样地构成一个有秩序的整体。但是社会又是由人群构成的，人又与自然物不同，他并不受外部环境的必然性所支配。费希特竭力要避免那种把聪明和善良或愚蠢和罪恶说成是决定了的，以及面对着必然性的存在，人是丝毫不能有所作为的结论，他认为"这是我所厌恶的，并且使我恐怖的一种思想"。所以相对地，费希特就提出，只有自觉的我即自我，才是决定自身并决定着外部现象的力量与原因，至于外部现象即非我，由于它是从自我派生的，因此就不可能是决定的力量与原因。这样费希特就是将被人所以认识的外部世界和被人所改变的外部世界，一概膨胀成为唯一存在的世界，它就是自我的产物，是人的意识和意志的产物。

自我是第一性的、是始因，再由自我派生出非我，然后按照正、反、合的推演，构成自我与非我的统一，这便是费希特的公式。无论是系统的有机整体的自然，或是人的活动的总和所构成的有秩序的社会，都是自我的派生物，又是统一于自觉的自我。费希特认为，自我不仅是我的意识的活动，而且突出地表现为我的行动，即行动的我。所以理性的特征不在于直观，不在于使存在物再现，而是在于创造。他喊道：行动！行动！人就是为行动而生存的。自我就是通过行动或创造性的活动，表明自我的存在，而在此之前，自我在哲学上往往只是被认为通过思维、感觉或是欲望而表明自身的存在。自我的创造性的活动，在费希特看来便是自由。

费希特已经一笔勾销了康德的"物自体"，相应地又排除了康德的不可知论。在他的体系中，自我被描绘成为不仅认识这个世界，而且创造了这个世界，并且还在继续创造世界的力量。至于非我则相对地不能对自我起什么作用，它只是消极的东西，被人所认识和改造着。费希特这样写道："我要做自然的主人，自然该是我的仆人；我要根据我的力量来影响自然，而绝不该由自然来影响我。"①

费希特考察了自然运动与人的活动，他认为存在着两种系统，即自然的系统与自由的系统。在自然的系统中，一切都受必然性所支配，其中每一个环节都取决于前一个环节，是前者的结果；而且又决定着后一个环节，是后者的原因。在自由的系统中，人的能动的力量，仅仅服从于意志的支配，除了意志之外，绝没有任何力量能支配人的活动。按照自然的系统，费希特认为："我的感性活动的能力仍在自然支配之下，不断地受着自然力量的推动，由自然力量产生出来，并且在这种情况下，思想也不过是到处旁观而已。"按照自由的系统，则"这种能力一旦存在，就受着一种超乎整个自然之上的、完全摆脱自然规律的力量的支配，而这种力量就是目的概念的力量，意志的力量"②。费希特提出了必然与自由的矛盾之后，他进一步认为：只有自由的系统才能满足心灵的要求，而自然的系统都只能残害和毁灭心灵。因为承认必然性对人的制约，就是将人理解为是"冷漠地、死板地站在那里，只是旁观各种事件的交替；当一面呆滞的镜子，反映各种瞬息即逝的形象"。费希特提出："我要爱，我要把自己沉湎于同情中，领略人间甘苦，对我来说这种同情的最高对象就是我自己，在我这里我能不断借以实现这种同情的唯一方式就是我的行动。"③ 费希特虽然也意识到，指出必然性的制约作用，虽然限制着意志，但它在解释事物方面，却有着它的力量。然而他又认为，承认必然性的制约作用与对意志的限制，就是玷污了自由，尤其会使他如此爱慕的"至善"遭到嘲笑。所以即使是面对着客观必然性，但费希特仍然企图将人的能动性与意志的自

---

① ［德］费希特：《人的使命》，梁志学、沈真译，商务印书馆1982年版，第25页。
② ［德］费希特：《人的使命》，梁志学、沈真译，商务印书馆1982年版，第27页。
③ ［德］费希特：《人的使命》，梁志学、沈真译，商务印书馆1982年版，第28页。

由理解为是排斥必然性的制约的力量,"我愿按照一个自由地拟定的目的概念,自由地实现我的意志;这个意志作用绝对终极的、不由任何可能的更高根据规定的根据,首先应当推动和塑造我的身体,然后通过我的身体推动和塑造我周围的世界。"① 这无异于将人的意志理解成是独立的原因,它丝毫不受外部的必然性所制约。人则是按照自己的意志去行动,并且不受任何外部干涉而根据目的中所呈现的美景,去改变自然与社会,而自然与社会果然也就俯首帖耳地成为人的意志的奴隶,任凭意志去摆弄它。

二

针对近代英国与法国的唯物主义学说,费希特写道:"在独断论看来,出现于我们意识里的一切东西,都是一个事物自身的产物。因为我们所谓的自由决定,甚至我们以为'我们是自由的'这个观念,也都是物自身的产物。这个观念是由于物和我们的作用在我们内部所产生出来的,而且我们从我们的自由中引申出来的那些规定也同样是这样产生出来的;只是因为我们不知道那个物,所以认为它们是无因而生的,是自由的。每一个彻底的独断论者必然是一个宿命论者。"② 唯物主义的基本命题,即承认物质是第一性的,物质决定意识,是与承认物质的运动及其客观必然性是客观存在的,是不以人的主观意志为转移的这一命题相联系的,由此得出的结论便是:既然物质运动有着自身的必然性,那么,人的实践便需要依循对象运动的客观必然性,这样才可能利用客观必然性并产生效果。排斥客观必然性或凌驾于客观必然性之上的所谓自由意志,就只能是人的想象的产物。但是近代英国与法国的唯物主义,在强调物质对意识的决定作用以及客观必然性对意志的决定作用的同时,却忽视了另外的一个方面,即意识对物质的反作用和人对客观必然性的能动作用。排斥客观必然性或凌驾于客观必然性之上的所谓自由意志,固然可以说是想象的产物,在现实中是

---

① [德]费希特:《人的使命》,梁志学、沈真译,商务印书馆1982年版,第25页。
② 北京大学哲学系外国哲学史教研室编译:《十八世纪末—十九世纪初德国哲学》,商务印书馆1975年版,第190页。

不存在的，或者说人即使去采取违背客观必然性的行动，那也不会获得预期的效果。然而建立在客观可能性基础上的意志自由，即人控制与利用客观必然性的主观能动作用，却不是什么想象的产物，它是被人自觉的创造活动所证实了的现实的力量。从这个意义说，人就不是纯粹受必然性所指使的奴隶，人正随着对客观必然性的认识与自觉利用而成为环境的主人。正由于近代英国与法国的唯物主义存在这种缺点，它便成为近代唯心主义片面地夸大意识的意志的能动作用的一项理论根据。

费希特正是以"自我的独立性"和自由意志的卫道者的身份踏上哲学讲坛的，他认为：在唯心主义看来，理智只是能动的和绝对的，而不是被动的，它是第一性的和最高的。承认自然以及客观必然性的存在，并不是说明理智或自我是被动的，相反正是证明它是能动的。因为自然以及客观必然性都是自我派生的，它们不过是被自我所认识和被自我在实践中所创造的非我。自我与非我或人与外部世界的关系，恰恰是通过自我的活动去实现的，就非我作用于自我而言，那便是认识；就自我作用于非我而言，那便是实践。自我既是认识与实践的主体，又是认识与实践的统一体。无论是认识或是实践又都是通过自我的活动而得到实现，在自我的活动中，认识世界与改造世界便构成了统一。

费希特是一个唯心主义者，而且是一个诚实的唯心主义者，他从不企图用例如经验一元论、实证主义这一类含糊的名称去掩盖自己的唯心主义体系。他直言不讳地称自己是唯心主义者而全力地攻击唯物主义；他也丝毫不愿去调和唯物主义与唯心主义，以便暗地里贩卖唯心主义的货色；他甚至直率地宣称那种二元论或调和唯物主义与唯心主义的企图是一种妄想。由于费希特坚持意志是绝对独立和自由的，它并不受必然性的制约并且凌驾于必然性之上去决定一切，因此，他又是一个唯意志论者。但是他又不同于中世纪神学，将物质世界的始创与运动都归于上帝意志的作用的客观唯意志论者，费希特是将人的意志与能动作用，片面地发展为第一性的和最初的原因，相对地说，这种体系又可以称它为主观唯意志论。

但是离开实践的证明，而仅凭思维的推论，去规定意识与意志是第一性的和最初的原因，这种规定怎么可能成立呢？然而为了推崇意志与行动，费希特却认为思维凭着推论作出的这一规定，便是唯一可能的证明。

而且不仅如此，思维还继续证明："你们如果不把理智作为第一性的东西、绝对的东西设想进去，就得不到理智……独断论者应当指出从存在到表象的过渡；他们不这样做，也不能做到；因为包含在他们在原则里的只是一种'存在'的根据，而不是那与存在完全对立的表象作用的根据。"① 在自然界的因果环节里，怎么会无端地出现意识以至意志呢？如果唯物主义不能证明死的物质怎么会产生能动的意识，那么，反过来就只能设想意识是第一性的，它不依赖于物质而且派生出物质，这便是费希特的推论。他的这种推论既无视于近代唯物主义，尤其是18世纪法国唯物主义提出的，意识是大脑这种物质的产物，这已为当时的生理学与医学所证实了的事实，也不顾近代唯物主义关于表象是物质作用于感官所产生的反映的各种论证。虽然这些论证还将随着自然科学的发展而不断接受着经验和得到充实，但是即便如此，也不能因此便证明它的反面，即意识是第一性的而物质则是派生于它的结论是正确的。

费希特按照他的这种推论，不但设定自我是第一性的，是最初的原因，并且还设定人的意志决不受任何的外部必然性所制约，因而它是自由的。除了意志之外，根本不存在任何制约着人的行动的力量。正是在唯心主义的基础上，费希特建立了他的唯意志论。

三

在康德之前，近代西欧哲学在解决必然与自由的关系问题上，一直固执于非此即彼的形而上学的方法；分歧主要在于：人的意志究竟是无限的因果锁链中的一环，因而只能为必然性所决定呢？还是意志不受外部必然性所制约，因而是自由的。如果意志是为必然性所支配，不论这种必然性是来自外部世界或是人的欲望，那么，意志便不能是自由的；反之，如果承认意志是自由的，便需要承认不能受必然性所支配，两者只能任择

---

① 北京大学哲学系外国哲学史教研室编译：《十八世纪末—十九世纪初德国哲学》，商务印书馆1975年版，第196页。

其一。

　　但是就在人的实践中，却不能否认客观必然性的存在与对人的制约，因为意志一旦离开客观必然性而去任意作出决定，便不可能在实践中取得预期的效果。可是在另一方面，意志又不是纯粹被动的，它不是消极地去接受客观必然性的支配，否则意志的选择与决定便不可能了。在实践中意志确实是凭着它的创造能力，通过人的行动去改变着自然与社会。所以无论说意志是受必然性所支配，因而不可能是自由的，或说意志是自由的，因而不可能是受必然性所支配，两者都不可能正确地去解释人的实践。

　　康德提出必然与自由的矛盾，并且承认必然与自由必然是并存的，但是他没有能够进一步从理论上解决在实践中它们又是如何统一的。费希特却片面地夸大了意志能动的这一方面，于是人仿佛只需要凭着一种坚信、一种决心或是大胆等等，就可以创造出奇迹来。过去这种创造奇迹的权利曾经是属于上帝的意志，当今它又属于人的意志。

　　费希特以古典的形式为唯意志论奠定了哲学基础，他宣称："谁自觉到他的独立性和对一切外物的不依赖性——人能做到这点，只是由于他独立自主地通过自身使自己成为这样——谁就不需要物来支撑他的自我，而且他也无所用于物，因为物将取消上述的独立性，并把它变成空洞的假象。"① 所谓对一切外物的不依赖性，或者不需要物来支撑自我，就是指意志是超越于必然性之外的，人丝毫不需要在自己的创造活动中去选择具有一定客观可能性的对象，或者是与客观必然性相一致的方法。所谓物质将取消上述的独立性，就是指不论是认识客观必然性也好，或者以客观可能性作为前提也好，这些都不能是意志与人的活动的基础或条件；相反地物质以及它运动的必然性，只能是依赖于人的意志，并由人去支配它，相对说来物质就根本不存在什么独立性。

　　因此，费希特要求人们取消那种对物的信仰，他认为那种承认物是客观存在着，它们依循着客观规律而运动，在实践中必然使自己的行动符合于物质运动的客观必然性，这种种由人们在千万次实践中建立起来的认识，不过是一种盲目的信仰。其实只要承认自由意志，人还有什么目的不

---

　　① 北京大学哲学系外国哲学史教研室编译：《十八世纪末—十九世纪初德国哲学》，商务印书馆1975年版，第193页。

可能达到，还有什么障碍不能克服。可以看出费希特的所谓不需要物支撑的自我，只可能是纯粹抽象的自我，而不是存于现实中的自我。当抽象的自我一旦回到实践的领域里，它就不可能离开物的支撑。自我要改变自然而行动时，就不可能离开对象的客观可能性的支撑，它的行动方法又不可能没有对象运动的客观必然性作支撑，最后创造的效果又只能是一定的物质，它仍然是以物质作为支撑。可见自我行动中，绝不能片刻离开物的支撑。自我的独立性，它的创造的活动，恰恰又是通过物的支撑而得以表现，自由恰恰是通过对必然的驾驭而得以表现，它们是矛盾的，但又是统一的。

其实即使是一个唯意志论者，也不敢滑到那样远，即固执于人的行为与创造，都是意志任意的与偶然的结果，而这些结果又恰好应该与目的的预期相符合。在实际生活中并不缺乏意志作出任意决定的例子，但是意志的主观性是一回事，而最后是否能产生效果则又是一回事。为什么意志决定的行动，有的能够产生效果，有的则不能产生效果，对此怎样解释呢？费希特认为："理智行动着，但是由于它自己的本质，它只能以一定的方式行动着。如果人们把这种必然的行为方式，跟行为分离开来设想，那么人们就可以很适当地称它为行为的规律；因而就有了理智必然的规律。——这样一来，那伴随着规律的表象的必然性的感觉也就同时得到了说明：理智不是感觉到一个从外而来的印象，而是在理智的行动里感觉到它自己的本质的限制。"[①] 理智的行动即人的实践，只能以一定的方式行动着，它构成必然的行为方式，这样便排斥了意志的任意性与偶然性。但是费希特却将人在实践中以客观必然性作为依据所实现的行为规律，或者说实践的规律性，一概归结为是理智的本质，即纯粹主观的内容。

由此得出的结论是：意志是自由的，它不为必然性所限制，但是它又不是任意的与偶然的，因为意志是受理智本质的限制，换句话说，自我只受自身的限制，这种限制便是理智的规律。所谓自由就是自觉到理智本质的限制，按照理智去行事。

[①] 北京大学哲学系外国哲学史教研室编译：《十八世纪末—十九世纪初德国哲学》，商务印书馆1975年版，第199-200页。

当费希特将自由运用到社会领域时,他认为权利就是自我的表现,而财产私有却是权利的基础,没有私有财产,就不能有人的人格,也不能有自由,国家则是财产所有权的组织。自由落到现实的领域中,便变为异常具体了,自我表现的基础是财产私有权,而财产不能不是物的支撑。离开了这个基础,便既没有自我的人格,也不能有自由。费希特指出国家是财产所有权的组织,这一点是精辟的,但是以下的一点也是毫无疑问的,即自我的现实基础就是私有制。

第三章 谢 林

一

在康德提出必然与自由不是绝对排斥的，它们只可能是并存的之后，进一步的问题就在于如何去阐明必然与自由是矛盾的，又是统一的，它们是在什么基础上实现统一的。解决这一问题的任务，是由黑格尔完成的。但是在黑格尔之前，谢林就已试图去解决必然与自由的矛盾了。

从理论上解决必然与自由的矛盾，它的重要意义在于：这一对矛盾是如此明显地存在于人的实践中，它们不仅自始至终地贯彻在每项实践的全过程中，而且也出现在实践过程的各个方面。无论是目的、对象、方法、活动和最后产生的效果，都包含有必然与自由的矛盾，又实现着必然与自由的统一。只有在理论上解决了这对矛盾，才能进一步去理解人的实践及其规律性。从理论上解决必然与自由的矛盾，同时也就可能为打开历史的秘密之门提供一把钥匙，因为历史是人的有意识的活动的总和，如果历史存在着必然性，它又怎么通过人的有意识的活动得到实现呢？人的有意识的活动与历史的客观必然性，又是怎样统一的呢？只有对这一系列问题作出正确的回答，才可能去探索得到历史运动的规律。

谢林在试图解决必然与自由的矛盾时，是从下述的事实开始的：人不仅在认识外部世界，而且又在改变外部世界。在认识的过程中，客观世界的因果联系、必然性通过经验而规定着认识的内容。所以关于因果、必然性的认识，并不是与生俱来的先天范畴，也不是理智的本质，而是按着外部世界本来的面貌去认识它的结果。但是在实践的过程中，人却是先在意识中构成了蓝图，它便是目的，然后按照目的的内容，通过改变外部世界的活动去规定对象，使它成为一项效果。这是相联系的两个过程，前者是由外部存在转化为意识的过程，这时意识的内容是由外部世界的内容所规定的；后者是由意识转化为外部存在的过程，这时意识的内容又规定着外部存在。谢林认为这正是矛盾的所在，他指出在人类的知性内深深铭刻着两个信念，第一个信念是：存在着一个在我们之外，并且不依赖于我们的外部世界，我们的表象是与外部世界一致的，因此，我们自然而然地是按照事物的本来面貌去认识事物的。第二个信念是：在我们意识中自由地而不是必然地产生的那些表象，能够从主观世界过渡到现实世界，并且能够成为客观存在。但是这两个信念却是相互对立的，因为按照第一个信念，"对象是无可移易地确定了的，而我们的表象是由这些对象无可移易地确定了的"；按照第二个信念，"对象都是可以改变的，更确切地说，是通过我们心里表象的因果性而改变的"。问题就在于，"某一客观的东西如何会因一种单纯思想的东西而改变，以至与之完全一致起来"①。这便是谢林提出的问题。

　　谢林认为如果承认哲学的存在，那就得去解决这个矛盾，即回答如何能将表象认作是以对象为准，同时又将对象认作是以表象为准的问题。他并且指出，这不仅是先验哲学的初步任务，而且是它的最高任务。针对为客观对象所规定的认识又如何可能去规定和改变客观对象，以及意识所以能以自身的规定去改变客观对象，它的力量是来自何处的问题，谢林写道："如果在观念世界和现实世界这两个世界之间没有存在着一种预定和谐，客观世界怎么与我们心里的表象适应，同时我们心里的表象又怎么与客观世界适应，便是不可理解的。而如若客观世界借以产生的活动和表现在我们意志中的活动本来就不是同一的，那么这种预定和谐本身又是不可思议的，反过来讲也一样。"② 这正是问题的实质所在，受客观对象所规定的认识，怎么又可能去规定和改变客观对象？如果客观对象所规定的认识

---

　　① [德] 谢林：《先验唯心论体系》，梁志学、石泉译，商务印书馆1976年版，第13页。
　　② [德] 谢林：《先验唯心论体系》，梁志学、石泉译，商务印书馆1976年版，第14页。

与那个去规定和改变客观对象的目的之间,两者没有同一性;如果人的目的不是以对客观对象的正确认识作为前提,由此使目的的内容与客观对象的内容有着同一性,那么,怎么可能产生符合目的预期内容的效果呢?因此要从理论上去解决必然与自由的矛盾,便需要进一步去探索,在对象运动的客观必然性与意志之间怎么可能存在着同一性。

谢林认为创造自然的是无意识的活动,即自然运动是为无意识的客观必然性所支配着,在意识中表现出来的是一种创造性的活动。一切自由行动都是创造性的,又都是有意识地进行创造的。自然在实践中必将显现为是一种被有意识地创造出来的作品,但它又是受必然性所支配的、盲目的机械过程的产物,就这个意义而言,自然是合目的的,却又不能用合目的性加以解释。所以必然与自由并不是前者存在于自然中,而后者则存在于意志中,它们不仅是并存的,而且又是同一的。但是当谢林进一步去阐述自然运动的客观必然性与意志的创造活动,怎么可能是同一的,两者怎么会具有同一性时,他却认为:"客观事物(合乎规律的东西)和起决定作用的东西(自由的东西)的这样一种预定和谐,唯有通过某种更高的东西才可以思议,而这种更高的东西凌驾于客观事物和起决定作用的东西之上,因而既不是理智,也不是自由,反之,是同时有理智的东西与自由的东西的共同源泉。"[①] 谢林企图凌驾于必然与自由二者之上,去构想出一个"绝对的同一",假设它便是必然与自由、认识与实践的共同泉源。由此他提出,如果这种更高的东西就是绝对的主观事物与绝对的客观事物、有意识的东西和无意识的东西之间的同一性的根据,那么,这种更高的东西就既不能是主体,也不能是客体,更不能同时是二者,而只能是"绝对的同一性"。这无非就是将必然与自由的具体统一,抽象为所谓绝对的同一体,并且用这种虚构的联系去代替必然与自由之间的现实的联系。

谢林还进一步指出,这种绝对的同一性就是自由中包含的规律性,以及客观事物和它的运动规律中包含的自由的根据。按照这样的理解,人的有目的的活动中所支配的客观对象,却又实现着自身运动的必然性,客观

[①] [德]谢林:《先验唯心论体系》,梁志学、石泉译,商务印书馆1976年版,第250页。

对象运动的必然性，却又实现着人的目的所预期的内容。它之所以如此，就被一概归结到绝对的同一性这个根源上来了。而且这个绝对的同一性还被确定是自然界的无意识的运动与人的有意识的创造活动二者共同的根源，绝对同一性既实现为自然界的无意识运动，又实现为人的有意识的创造活动，二者都不过是实现绝对同一性的两种不同形式和两个不同的阶段。

由此谢林得出的结论是：客观存在以及它的运动的必然性，绝不是本源的。唯一的本源是存在于主体和客体的绝对同一性中，绝对同一性既实现为自然，而它的最高层次则是自我意识。这样在谢林的体系中，从自然界存在的盲目必然性，直到实践中被人自觉地去掌握与利用的必然性，就被表述为绝对同一性发展的不同层次。自然是绝对同一性的外化，而精神或自我意识则是绝对同一性的回复。他称这个体系为先验唯心论体系，其实这个绝对同一性，不过是自然界的客观必然性以及在意识中反映的和在实践中被控制与利用的客观必然性，经过人的头脑加工所作出的歪曲的概括。

谢林虽然提出了必然与自由的统一问题，然而他又回避了物质世界以及它运动变化的客观必然性这个本源的东西，而以虚构的绝对同一性去代替它，其原因是由于谢林认为："把存在当作本原的独断论，一般都只能通过一种结果到原因作无休止的回溯的序列来说明问题，因为它的解说依以进行的因果序列只有通过某种本来既是原因同时又是结果的东西才可能加以结束。"① 这段文字显然是针对17世纪以来的机械唯物主义而写的，机械唯物主义将物质的运动与它的客观必然性，都归诸外部原因，由此就不可避免地出现原因的无限上溯，同时也就排斥了物质运动的内部原因。为了结束这个无限的上溯，谢林便提出了绝对同一性作为始因。

绝对同一性是客观与主观的统一，在它自身的运动中，又通过外化为客体即自然，而最后又过到自我，自我因此便是绝对同一性的回复，这可以用谢林的下述一段文字来说明："我们把那永恒的、不包含在时间里的

---

① ［德］谢林：《先验唯心论体系》，梁志学、石泉译，商务印书馆1976年版，第22页。

自我意识的活动称为自我，这种活动是赋予一切事物以存在的东西，因而自身是根本不需要别的存在来支撑的，相反的，它是自己承担和支持自己的，客观上表现为永恒的生成，主观上表现为无限的创造。"① 从整段文字可以看出，谢林的绝对同一性不过是用客观唯心主义改造过的自我意识。所谓"不需要别的存在来支撑""它是自己承负和支持自己的"，就是说，自我意识是最后的原因，它是自因，因而不需要再有任何外部原因。自我意识的一个方面就是认识世界，它被说成是自我意识的外化，即现实存在的、永恒生成的自然。自我意识的另一个方面就是人改变自然的、无限的创造活动，自然运动是自我的无意识的创造活动，而实践则是自我的自觉的或有意识的创造活动。

谢林不满足于柏拉图式的粗糙的客观唯心主义，那种客观唯心主义认为在表象或现象世界之外，有一个不依赖于表象而存在的原型世界，至于现象世界则是它的不完整的摹本。相对地谢林提出这个原型即绝对同一性并不存在于现象世界之外，它就存在于现象世界中，又实现在自我的活动中，它统一地成为现象世界即自然与自我的创造活动的灵魂。与粗糙的客观唯心主义相反。"那种在既是观念的，同时也是在现实的精神活动中寻找事物的体系，这正因为自己是最完美的唯心论，同时也就必定是最完美的实在论。"谢林正是从观念与现实的联系中，从实践所包含的人的认识和人的创造活动的联系中，去寻求它的同一性，并且在这个基础上去理解必然与自由的统一。但是这个同一性却被唯心主义化了，它成为客观化了的自我意识，这个客观化了的自我意识便是绝对同一性，它构成谢林的客观唯心主义体系的基础。所谓最完美的唯心论同时也就必定是最完美的实在论，那不过是表明了谢林最终调和唯心主义与唯物主义的企图，其结果不过是用客观唯心主义来掩盖唯心主义与唯物主义的对立。

对于绝对同一性，谢林还写道："因为这样一种存在物作为事物的内在灵魂能够像贯通自己的直接肢体一样，贯通到事物内部，并且能够像艺

---

① ［德］谢林：《先验唯心论体系》，梁志学、石泉译，商务印书馆1976年版，第41页。

术大师最完美地认识自己的作品一样,从根本上洞察事物的内在机制。"①因此,绝对同一性既被认为是贯穿于自然中,又贯穿在认识与实践中,由此外部世界才可能被人认识,并且在实践中被人利用与改变。比较谢林的绝对同一性和黑格尔的理念,就可以看出两者之间的联系。从费希特的主观的自我意识,到谢林绝对同一性或客观化了的自我意识,便是康德的先验范畴和费希特的自我意识转化为客观唯心主义的过程,而黑格尔的理念或客观精神,则是客观唯心主义的完成。谢林在这里正是起着中介或转变环节的作用。

但是自我意识究竟是属于人的,它怎么可能客观地成为自然的灵魂呢?谢林意识到用自我意识,固然可以去说明被人所认识与驾驭的客观必然性,可是要说明自然界存在的客观必然性,自我意识这个范畴毕竟是有着一定的局限的,所以他认为:"那个在意识的最初活动中就已经分离,从而产生出整套有限事物的绝对同一体,一般是完全不能称谓的,因为它是绝对单纯的东西,也绝不能有取诸理智的东西或自由的东西的称谓,因此,它也绝不会是知识的对象,而只能是行动中永远假定的,即信仰的对象。"② 这种同一之所以不能被称为客观必然性,是因为这样便会得出唯物主义的结论。但是也不能被称为自我意识或自由意志,因为这样便又回到费希特的主观唯心主义。它甚至还不能是知识的对象,而只能是信仰的对象,这正说明在谢林的"先验唯心论体系"里,就已经架好了日后他同宗教携手并进的桥梁。

二

德国古典哲学对近代哲学的一项重要贡献,就是它从事物内部运动的必然性,而不是从事物的外部作用,去说明事物运动变化的最终原因。这

---

① [德]谢林:《先验唯心论体系》,梁志学、石泉译,商务印书馆1976年版,第92页。
② [德]谢林:《先验唯心论体系》,梁志学、石泉译,商务印书馆1976年版,第250页。

项努力当然还可以上溯到莱布尼兹，可是对此真正作出透辟说明的则是黑格尔，而谢林也是一个先驱者。

谢林确认自然界存在的一切，都必然被看作是业已生成的东西，自然不是永恒如此的，它的存在是它运动变化的结果。自然运动有着自身的必然性，人的活动无论是认识活动或是实践活动，又都为自然运动的必然性所制约，所以"凡是按照自然规律不可能成立的东西，都不能被直观为通过自由的行动产生出来的"。物质世界或自然界的这种必然性，谢林认为它在无机物中是受因果律所支配，至于在有机物和生物界，则不是受制于外部的机械作用，而是取决于它们的内部原因，"它不只是作为原因或结果而存在，而且是独立自主地维持其存在的，因为它自身本来就同时既是原因又是结果"。有机物或生物界在自身中进行着永恒的交互作用，或者说它们是自己创造自己。

谢林更进一步认为，除了无机物是受外部的必然性所支配外，一切物质运动的根据，可以从物质内部的对立因素去寻找，因为"对立在每一时刻都重新产生，又在每一时刻被消除。对立在每一时刻这样一再产生又一再消除，必定是一切运动的最终根据"。在这里谢林提出了事物内部矛盾是它运动变化的原因的思想，他是这样说明矛盾斗争如何产生事物的运动的："自我中本来就包含有对立物，即主体和客体；两者互相扬弃，然而离开对方任何一方都不能存在。主体只有和客体对立，才能保持其存在，客体只有和主体对立，才能保持其存在，这就是说，不去消除对方，双方中没有一方是能够变成现实的；但是，正因为每一方只有同另一方对立，才能成为它自己所是的东西，所以，决不会出现一方为另一方所消除的结局。……假如自我中没有对立，那么它里面一般就根本不会有运动，不会有创造，因而也不会有什么创造物了。"① 决定运动的原因便是内部持续不断的矛盾，所以比较起同一，矛盾就具有原始的性质，而同一性则不是原始的，它是经过矛盾这一中介而达到的。

谢林提出关于由矛盾达到同一，再由新的矛盾达到新的同一思想。但

---

① ［德］谢林：《先验唯心论体系》，梁志学、石泉译，商务印书馆1976年版，第58－59页。

是如果不是在同一中就包含有矛盾，那么新的矛盾的产生就成为不可理解的了。对此谢林是这样解释的："这种共同的东西把对立的方向合而为一，但对立的活动合而为一＝静止。但是，它必须是某种现实的东西，因为对立双方在综合之前是纯粹观念的东西，它们应当通过综合变成现实。因此，不应当把这种共同的东西看作是两种活动的互相消灭，而应当看作是它们之间的一种平衡，两种活动交相使自身复归于这种平衡，而这种平衡的持续存在是以两种活动的持续竞争为条件的。"① 这就是说，绝对的同一或合而为一等于静止，绝对的矛盾则仅抽象地存在于观念中，现实的矛盾同时又是统一的。至于矛盾斗争及其结果，按照谢林的看法，不是达到两者互相消灭，因为如果矛盾不再存在，同一也就不可能存在。矛盾斗争的结果只是达到平衡，这时矛盾仍然存在着，不过在同一中它们又是平衡的。但是按照这种看法，矛盾双方的斗争只是达到平衡，新的质变又是如何产生的呢？谢林没有说明这一点，因为按照他的公式，矛盾由斗争达到平衡，然后又斗争并达到新的平衡，而这一过程则始终是在同一中进行着。

在对事物运动内部的必然性的理解上，可以说谢林的观点已超越了康德，因为康德只是将矛盾理解为是有限的，并且它们又只能出现于理性中。谢林的观点也超越了费希特，因为费希特认为矛盾仅存在于自我中，并且是通过自我的外化而实现。谢林肯定矛盾是现实存在的，它是事物运动的根据，在事物内部的同一中便包含有矛盾，但是谢林将矛盾的运动描述成是从同一经过矛盾又回复到同一的过程，它最后是以矛盾的平衡而告结束，因此在矛盾的运动中就没有否定的环节，它所实现的只是周而复始的循环运动。由于矛盾运动中不存在着否定的环节，所以最后事物也就不可能通过矛盾双方的斗争而实现质变。谢林就认为"在理智中一切斗争都应该取消，一切矛盾都应该统一起来"，这个统一就由矛盾双方的平衡来实现。

---

① ［德］谢林：《先验唯心论体系》，梁志学、石泉译，商务印书馆 1976 年版，第 63－64 页。

三

除了自然界之外，在人类社会中，是否同样地也存在着必然性呢？对此谢林作了肯定的答复。他认为社会的必然性表现为对个人自由的强制，它是以法律的形式来实现的。

关于社会领域中存在的必然性，谢林作了以下的阐述："在第一种自然界之上，仿佛一定会建立起第二种更高的自然界，这种自然界也受一种自然规律的支配，但这种自然规律完全不同于可见的自然界中的规律，就是说，是一种以自由为目的的自然规律。在感性自然界中，原因以铁的必然性产生出其结果；在这第二种自然界中，对他人的自由所进行的干预也必定会以同样的铁的必然性，毫不留情地产生出立刻与私欲相对抗的东西。"① 所谓第二种更高的自然界就是人类社会，社会的必然性表现为对自由的强制，它就是法律制度。人是受欲望的驱使而去行动，当其超越过一定范围时，便将侵犯他人的自由，因此就需要用法律去对那种引起自私欲的任意的自由加以限制。但是法律强制的目的，最后是为了保障每个人的自由不受他人侵犯，所以谢林认为，法律制度应该是对自然界的必然性的补充。他还进一步提出，人们除了按自然规律即欲望、自我保存等等去进行活动外，在社会上还需要通过法律制度去防止这种活动的越轨。

按照谢林的观点，自由便在两个领域内分别地受到了限制，一方面自由在自然领域内不能超越它的秩序，另一方面在社会领域内也不能超越社会的秩序。这种观点在一定程度上是反映着当时德国资产阶级对封建国家提出法治的要求，下面的一段文字就是对此所做的一个说明："因此，如果法律制度因其近似自然界而变得更加威严，那么，在一种制度中不是法律占支配地位，而是法官的意志和专制主义占支配地位，专制主义把法律当作洞见玄机的天意，在不断干预法律的自然进程的情况下加以执行，这

---

① ［德］谢林：《先验唯心论体系》，梁志学、石泉译，商务印书馆1976年版，第235页。

种制度的景象就是深信法律神圣性的感情所能遇到的最可鄙的和最令人愤慨的景象。"① 这当然是直接对德国现实的封建制度的抨击,而他所要求的公平的法律,则是针对封建专制保障人身自由以及财产等等,他还呼吁:普遍的法治是自由的条件,因为如果没有普遍的法治,自由便缺乏保证,而没有法治保证的自由是完全不可靠的。自由绝不应该是一种恩赐,它必然以一种制度来做保证,这种制度应像自然秩序那样昭然在目和不可移易。这一呼吁和晚年匍匐于德国专制政府和教会脚下的谢林所说的君主专制会使借助于法律不可能做到的事物成为可能,两者恰恰成为讽刺的对照。

但是值得注意的还是谢林如何将必然与自由的有关论述应用于历史领域;他提出一个问题:一系列无计划无目标的偶然事件,一般是否配称为历史? 并且在历史中,是否已经包含着一种连任性也被迫为之服务的必然性的概念? 这就是说,历史是人们有计划有目标的活动,由人们意志所决定的各种活动构成的历史,是否还包含着必然性呢?

18世纪法国唯物主义者肯定人的意志是受必然性所支配,这种必然性被理解为是自我保存、欲望或是幸福等等,这种必然性支配着人的有意识的活动而构成全部人类历史。19世纪德国古典哲学家从谢林到黑格尔,则不满意于这种解释,因为这种解释并不能说明为什么由自我保存、欲望所推动的人们有意识的活动的结果,最后却实现着与人们的意志不一致,甚至是相反的结果。谢林发现:"在一切行动中的客观东西都是某种共同的东西,它把人们的一切行动都引导到唯一的共同目标上。因此,人们不管怎么做作,不管怎么任意放肆,都会不顾他们的意志,甚至于违背着他们的意志,而为他们看不到的必然性所控制,这种必然性预先决定了人们必然会恰好通过无规律的行动,引起他们预想不到的表演过程,达到他们不打算达到的境地,而且这种行动越无规律,便越确实会有这样的结果。"②谢林认为正是这种必然性发展出全部历史,在历史中每个人依照他的意志

---

① [德]谢林:《先验唯心论体系》,梁志学、石泉译,商务印书馆1976年版,第236页。

② [德]谢林:《先验唯心论体系》,梁志学、石泉译,商务印书馆1976年版,第248页。

而活动着，因而是自由的，可是"人虽然在行动本身是自由的，但在其行动的最后结局方面却取决于一种必然性，这种必然性凌驾于人之上，甚至操纵着人的自由表演"①。因此就在人的有目的的活动中，又实现着历史的必然性。

贯穿在历史中的必然性不同于贯穿在自然中的必然性，因为后者只是通过物质的自发运动而实现，但是贯穿在历史中的必然性却是通过人的自由活动而实现。因此，谢林认为历史的特点就在于它实现着必然与自由的统一，换句话说，必然与自由正是在历史中达到统一。就在人们自信是自由的行动中，却产生出与人们有意识的、自由活动相对立的人所没有企求的各种事件，它们是不顾人们的自由行动，甚至是违背着行动者的意志而出现的。这种事实在人类的历史中不胜枚举，正是历史的必然性使人兴奋或失望、赞美或诅咒，它忽然将某些人推向历史的前沿，忽然使某些人的精心策划毁于一旦，但是它却又是通过人的自由活动去实现的，是人的自由活动所产生的使人瞠目结舌的结果。

为什么在人的自由活动中，却实现着与人们的意志不相一致的结果呢？谢林回答道："在这里一定有某种比人类自由还高的东西，只有依据这种东西，才能对人的创造行动作出可靠的估计；如果没有这种东西，人就不敢采取具有重大后果的行动，因为甚至对于行动后果的最完满的估计也完全会被别人的自由的干扰所打乱，以致他的行动产生出迥然不同于他企求的结果。"② 谢林的这段文字包含着他对历史的必然性作进一步分析所获得的结论。在历史中个人有意识的活动，却总是与其他的人们的行动相互制约着，并且使得这些活动的结果不是按照当事人的意志，而是按照一定的制约关系而得到实现，由此便使得最后产生的结果与当事人原来的设想大相径庭。而且当事人也无法去预计最后产生的结果，历史的必然性就是通过各种制约关系而得到实现的。

根据谢林的论点，就可以得出下述结论：不是从人的目的、意志去获

---

① ［德］谢林：《先验唯心论体系》，梁志学、石泉译，商务印书馆1976年版，第245页。

② ［德］谢林：《先验唯心论体系》，梁志学、石泉译，商务印书馆1976年版，第345页。

得对历史必然性的理解,而需要通过分析推动人们去自由行动的各种客观制约关系,去理解历史的必然性。可是谢林却并没有跨出这一步,虽然他提出,究竟是什么力量决定了历史会将自由本身所不能有的东西,那合乎规律的东西,客观地加给它呢?然而他从客观唯心主义的体系出发,不是从历史的现实中,而是从头脑里去寻找凌驾于必然与自由之上的东西,那便是绝对同一性。谢林确认正是绝对同一性保证着历史的必然性与人的自由活动的统一,这个绝对同一性也就是推动历史的动力,于是问题的开端,必然与自由是怎么才可能是统一的,现在却成为了解答问题的结论。

谢林的绝对同一性实质上是用哲学的虚构强加给历史,对此他作了如下的说明:"如果反思的对象仅仅是主观的事物,即任意起决定作用的东西,在我们这里就会产生一种绝对无规律性的体系,即真正的反宗教的和无神论的体系,认为一切作为与行动都没有什么规律和必然性。但是,如果反思上升到了那个作为自由和理智之间和谐的共同根据的绝对,那么,在我们这里就会产生出唯一真实的天意体系,即宗教体系。"① 为了反对唯物主义与无神论,同时又避免将历史必然性归于客观存在的制约关系,因此便要虚构一个绝对同一性。当然无神论并不必然地排斥历史的必然性,但是这种说法相对地却暴露了绝对同一性与宗教的血缘关系,谢林正是以此去向宗教献媚的。

对于由必然与自由相统一的历史过程,谢林认为它将以实现理性的王国,即法治的黄金时代而告终,那时人将通过自由又倒回自然界曾给人类安排的黄金的童年。他再次呼喊着这个未来的法制社会的到来,要求用它去代替德国现实的封建制度。但是谢林对他的这些政治观点却不能坚持如一,历史在向前发展,而他本人则向后退缩,去为德国封建专制制度充当辩护师了。

---

① [德]谢林:《先验唯心论体系》,梁志学、石泉译,商务印书馆1976年版,第251页。

第四章　黑格尔

一

18世纪后期，天文、物理、化学、生物等各门自然科学所总结的新成果，逐步为理解自然运动的辩证过程提供了大量材料。自然科学与技术上的新成就，以及人们通过控制与利用已知的客观必然性进一步改变自然的事实，首先是工业发展的事实，又为理解人的实践的辩证过程提供了现实的基础。于是贯穿在实践过程中的必然与自由的问题，也就有可能在这一新的基础上，得到深入一步的解决，而这又是从批判自17世纪以来流行的形而上学方法开始的。

18世纪末康德首先从对立统一的观点，去排斥在解决必然与自由问题上非此即彼的形而上学观点，并且他将必然与自由的关系问题，作为哲学上的一个重要课题提了出来。但是当康德提出必然与自由的关系问题时，他却认为解决这一问题首先需要有一个前提，即回答必然与自由的矛盾究竟是存在于人改变外部世界的活动中，还是仅仅存在于人的理性中，即矛盾不过是头脑的产物。本来这是极为明显的，只要人们不是完全陷入玄思冥想或是由自我意识去对实践作主观的加工，而是现实地去改变外部世界，便不可避免地要出现以外部世界为一方和以人的有目的的活动为另一方的对立，它们构成实践中客体与主体的对立，由此就产生必然与自由的矛盾。至于在人的头脑里由概念构成的矛盾，却不过是现实存在的矛盾经过意识所作出的概括。如果不是在实践中存在着必然与自由的矛盾，在概念中也就不可能出现相应的矛盾，从正常人的头脑而不是被唯心主义所搅乱了的头脑来考虑，就只可能这样来回答问题，除此之外不可能有其他的回答。

但是康德却认为，必然与自由这对范畴与其他范畴一样，它们仅仅是理性所产生的规定，因此，无论是必然与自由以及由它们所构成的矛盾，只能先验地存在于理性中，而不可能存在于现象世界中。其之所以会出现这种回答，那是因为当人们从无数次实践中概括出必然与自由的矛盾关系时，这对矛盾就以普遍的和一般的形式固定在意识中，然后人们再通过它们去观察、解释实践中存在的这类矛盾时便会发现，实践中存在的必然与自由的矛盾总是具体的，它同意识中被概括的矛盾所具有的抽象性与普遍性却是有区别的。这种区别即个别与一般、具体与抽象，如果人为地将它割裂开来，就会认为在现象世界中，既不可能在个别之外还存在着有一般，而且从有限的存在也不可能概括出一般的、普遍的概念，那么就只可能将这种一般的、普遍的认识形式，移到先验的彼岸，肯定它们在认识事物之先，就是头脑里固有的认识形式，康德的先验范畴论正是这样将客观世界的具体存在形式，与思维中的抽象生硬割裂开来的结果。由此必然与自由的矛盾似乎就只存在于理性中，而不是首先存在于实践的现实中。

黑格尔批判了康德的先验范畴说，他指出矛盾并不是单纯的思维的产物，矛盾是现实地存在于事物中，任何事物都包含自身的矛盾，而且凡是有限的事物都是矛盾的。事物正是由于包含有矛盾，所以它们才是运动的和发展的，可以说矛盾就是一切运动和生命的根源。

黑格尔认为，必然与自由的矛盾也是现实地存在的，它们并不像康德所肯定的那样，仅仅是思维的产物。在机械性与目的性或人与外部世界的关系中，便包含着必然与自由的矛盾。必然与自由同有与无、现象与本质、可能与现实等等，都是现实存在的矛盾，但是它们又不像一座房屋或一棵树那样，可以看得见和摸得着的，它们是和个别存在有区别的一般概念。有与无、现象与本质、可能与现实、必然与自由等等，又都存在于个别中，它们通过现象或个别而表现着，正是这些范畴构成事物的本质。所以不应将它们构成的矛盾简单地看作是思维的设定，而应将它们理解为是既构成自然，又构成精神的自在和自为的概念。

黑格尔还进一步阐明了这一观点："我们以为构成我们表象内容的那

些对象首先存在，然后我们主观的活动方随之而起，通过前面所提及的抽象手续，并概括各种对象的共同之点而形成概念，——这种想法是颠倒了的。反之，宁可说概念才是真正的在先的。事物之所以是事物，全凭内在于事物并显示它自身于事物内的概念活动。"① 黑格尔是将概念或它们所包含的客观内容，确定为是事物之先的存在，并且正是它们构成事物的本质。这种贯串于事物中并构成事物本质的概念与事物统一地存在着，黑格尔称它为理念，所以"理念是自在自为的真理，是概念和客观性的绝对统一"。

黑格尔所谓的理念是真理，并不是通常所理解的真理，即人的认识与客观事物相符合。在这里他并不是将真理解释为认识论的范畴，而是将它理解为本体论的范畴，即指客观事物与构成为它的本质的概念相符合。他的解释是：按照较深的意义来说，真理就在于客观性和概念的同一。譬如当我们说到一个真的国家或一件真的艺术品，都是指这种较深的意义而言。这些对象是真的，如果它们是它们所应是的那样，即它们的实在性符合于它们的概念。因此，思维从人的实践中概括得出的必然与自由这对矛盾的范畴，它们同时又存在于自然界与精神界，必然性构成自然界的本质，而自由则构成精神界的本质。客观世界不仅是必然的，而且其中每个事物只是当它们实现着必然性时，它们才是现实的和真实的。自由也不仅构成意志与实践的本质，而且只有当它们是自由的，它们才是现实的和真实的。

因此，不同于康德，黑格尔认为范畴并不是先验的和仅仅是思维的产物，它是客观存在的理念的内容；正是范畴的运动，构成事物运动的必然性。

二

在人类认识发展的不同历史阶段，曾经凭借不同的范畴理解物质运动

---

① ［德］黑格尔：《小逻辑》，贺麟译，商务印书馆1980年版，第334页。

的客观必然性。古代和中世纪的人们所从事的是简单的和小规模的农业与手工业生产，在生产过程中是通过控制客观对象运动的某个或某些制约关系，去促使对象产生合目的的运动，由此得出关于因果的概念。人们通过因果概念去认识客观必然性，并且又在实践中支配一定的原因，以利用客观必然性去产生相应的效果。

因果概念不过是从物质的普遍联系中，抽象出其中某个外部制约关系，由此排除了其他的制约关系。当人的实践与认识的发展需要不仅是从某个外部制约关系，而是从各方面制约关系的总和去理解客观对象运动的必然时，如果固执于把因果概念作为阐明物质运动的唯一方法，就不能全面地表达出事物的普遍联系与内部运动。而且用因果概念去说明物质世界的普遍联系，就有可能将普遍联系抽象地理解为是一串因果环节的序列，由这一序列不断上溯，就会导致亚里士多德的始因，或者是中世纪神学的始动因，即上帝。

17世纪以来，哲学家们提出了普遍联系的概念，以克服因果范畴的局限性。从普遍联系的观点来看，事物运动的客观必然性，就不仅是来自某个特定原因的制约，而同时是受事物之间普遍联系的制约，必然性正是通过这些制约关系而得到实现。在普遍联系中，相对的事物彼此又相互作用着，由此，每个事物便既是原因又是结果。因此在相互作用中，那种由果到因的无限上溯，便得到了解决，它成为一个互为因果的复杂的圆圈式的过程了，这样也就一举排斥了关于最终因或始因的假设。

从用因果的概念到用普遍联系与相互作用的概念，去理解和阐述物质运动及其客观必然性，表明人对客观必然性的认识的巨大进步，这一进步在西欧经历了两千年的时光。但是普遍联系与相互作用只是揭示了构成物质运动及其客观必然性的外部制约关系，它还不能说明通过外部制约关系所实现的物质内部的变化以及物质内部变化的必然历程，随着人类实践发展的需要，人的认识不仅要理解事物运动各个方面的制约关系，而且还需要进一步去理解这些制约关系最后又是如何通过事物内部的运动，去实现着它的客观必然性。

从莱布尼兹以来，德国哲学曾力图从事物的内部运动，去探索物质运动的客观必然性，这种探索的结果，最后便以完整的和总结的形式，表现在黑格尔的体系中。黑格尔认为必然性包含有三个环节，即条件、实质与活动。条件是外在的，它们被利用来作为实质的材料，因而便进入实质的内容；实质首先是一种内在的可能性，由于利用了各种条件，便取得了它的各种内容规定的实现，即由可能成为现实，最后实质与条件通过活动而得到统一，由此实现着必然性。因果、普遍联系与相互作用都是实现必然性的形式，必然性是通过因果、普遍联系与相互作用这种种制约的形式而得到实现。可是仅仅从因果、普遍联系与相互作用，去理解事物运动的必然性，实际上只是阐述了构成客观必然性的外部条件，具有通过事物的普遍联系，进而认识事物的内部矛盾，才能深入地理解必然性。

在黑格尔之前，康德虽然就已经提出，矛盾并不是偶然的和悖理的，它实际上是理性必然的结果，但是他却否认矛盾是客观存在的，而是认为矛盾只能以有限的形式存在于思维中。黑格尔将康德的这一观点比喻为是对事物的"温情主义"，这种"温情主义"似乎认为世界不应该染上矛盾的污点，所以只好说矛盾仅仅是理性或是心灵的本质所产生的结果。黑格尔强调：实际上矛盾是自然界和精神界所共有的，而且矛盾也不限于康德所提出的四个二律背反。其实矛盾是普遍地存在于事物中，所以任何事物莫不包含有矛盾，它是事物运动的根据，事物的运动不过就是矛盾的运动。

构成事物本质的矛盾，即决定事物的存在与运动的必然性的矛盾，便不能是一般的差异，不是像人身上的这颗黑痣与那颗红痣之类的差异，这种差异并不能构成事物本质的矛盾。矛盾是事物内部包含的本质的差异，所谓本质的差异就是指矛盾的一方对于他方的否定，事物就因为包含着自身的否定，所以才是运动的和发展的。对此黑格尔写道："抽象的自身同一，还不是生命力；但因为自在的肯定物本身就是否定性，所以它超出本身并引起自身的变化。某物之所以有生命力，只是因为它自身包含矛盾，并且诚然是把矛盾在自身中把握和保持住的力量。"[①] 事物内部包含的否定，决定着事物的运动，如果物质的本性只在于自我保存，而不同时包含有对自身的否定，那么，物质便不可能产生运动；或者促使它运动的力量

---

① [德]黑格尔：《逻辑学》下卷，杨一之译，商务印书馆1976年版，第67页。

只能来自外部,其实这种外力再强,对于一种自身内部丝毫也不包含否定因素的事物,要迫使它运动变化,也是无济于事的。

　　黑格尔认为:虽然矛盾是一种普遍的无法抵抗的力量,在这种力量前,无论表面多稳定坚固的物质,没有一种能够坚持而不动摇的,然而人们却不值得为那些由于自身的矛盾运动而趋于解体的东西去悲伤,宁可认为这是自然和历史不可避免的必然性。既然没有一种事物能够避免自身的否定,那么即使是正在生长、壮大的事物,最后仍然会走上衰退与死亡的历程。按照黑格尔的观点,也就否定了永恒、绝对的存在。客观世界是如此,反映客观世界的精神界,包括理论、哲学体系也必定是如此,它鄙夷一切关于永恒、绝对的说法。可是黑格尔却容许有一个例外,那就是他自己的哲学体系,在他看来,这个体系却是真理的完整的和最后的实现。

　　此外,在黑格尔看来,事物的矛盾运动实质上不过是理念的运动,它通过事物的矛盾运动而得到表现。这就像一个演员扮演着青年或老年、正面或反面等角色,这些角色各有着不同的性格,可是却由一个演员来表演,实际上演员正是通过他所扮演的不同人物,表现了自己的本性。理念就是通过自然与历史的运动表现着自己的本性,所以黑格尔称:理念是世界的灵魂,理念居住在世界中,构成世界内在的、固有的本质,理念是世界的共相等等。这个理念无非就是概念的客观化,它不过是哲学家将客观世界存在的一般、普遍概括为相应的范畴,然后又将它们硬塞还给客观世界,并且规定正是它们构成世界的本质。

三

　　必然与自由这一对矛盾是如此明显的存在人的实践中,要像康德那样企图将它从现实的领域移植在理性中,那是不可能的。谢林曾承认这对矛盾存在于现实中,并且提出这一对矛盾在现实中所以能够并存的理由,是由于客观世界的运动与人的有意识的活动有着同一性。客观世界自发的运动是机械地和盲目地实现着这种同一性,当人去改变外部世界时,则是有意识地和自觉地去实现着这种同一性,因此,进一步就在于如何去阐明这种同一性。谢林用"绝对同一性"去说明存在于自然界自发的运动与人改变自然的自觉活动之间的联系，事实上并没有使问题得到进一步的解决，不过谢林提出的问题，却要比他对问题的解答深刻得多，虽然他最后捧出的只是抽象的和虚构的绝对同一性，但是原来被横亘在解决必然与自由的矛盾道路上的障碍物却被排除了。既然必然与自由并不是绝对排斥的，而是统一的，并且必然与自由存在着同一性，那么，进一步的工作就不是用某个抽象的和虚构的概念去填补理论上提出的问题，而是要具体地去分析存在于必然与自由中的同一性。

对于必然与自由的矛盾，黑格尔指出如果抽象地去理解这对矛盾，无论是必然或是自由都是绝对地排斥对方的。但是事实上，在自然界与人的意识中，绝对不存在形而上学方法所固执的非此即彼的东西，因为存在的东西都是具体的，所谓具体便是包含有区别与对立于其自身，换句话说，只要是现实的矛盾，就必然是对立统一的。当人们抽象地去理解必然与自由的矛盾时，为了区别它们而给予确定的界说，即什么是必然、什么是自由，于是这两个范畴似乎就是绝对排斥的，当说到意志是自由的时候，就意味着它不可能同时又受必然性所制约；而当说到意志是受必然性所制约时，似乎它就不可能同时又是自由的。黑格尔认为，这样被理解的自由只是抽象的否定性的自由，与它相对立的则是具体的积极的自由，也就是与必然有着同一性的自由。他进一步指出："无疑地，必然作为必然还不是自由；但是自由以必然为前提，包含必然性在自身内，作为被扬弃了的东西。"①

当人还受盲目的必然性所支配时，确实便无自由可言，然而自由却又是以必然性的存在作为前提。如果自然界的运动纯粹是偶然的，因而是毫无规律可循的，那么，人就将无法预测，因而在这时人的意志便不可能与客观必然性达到一致。

按照通俗的理解，所谓自由便是在意志作判断时或者决定行动时，可以完全不顾客观必然性而为所欲为，即想要怎么决定便怎么决定，或者想要怎么干便怎么干，相信没有什么力量能够阻挠意志的决定。黑格尔称这

---

① ［德］黑格尔：《小逻辑》，贺麟译，商务印书馆 1980 年版，第 323 页。

样被理解的自由，实际上无非就是任性，而不是真正的自由。任性只是凭主观的想象去作出判断与决定，它既不顾客观上是否具有可能性，又不顾过程中的客观必然性，由此构成的目的与方法，和必然便不具有同一性，在实践中它便只能以失败而告终。所以将自由理解为是任性，这种自由就是抽象的自由，它在自身中并不包含有必然性。具体的自由则包含有必然性，它同时就是被认识的必然。

自然界是为盲目的必然性所支配着，由必然性所支配的自然运动，虽然为人类提供各种物质资料，可是从人类的眼光看来，这种不由人控制的盲目必然性却仍然是片面的，因为自发的运动并不能满足人的需要。岩石自发地风化着，但却不可能变成人所需要的石磨，人去凿石制磨就是改变岩石的自发运动与由此产生的片面性，并使它在实践中产生契合目的的结果。另一方面人的意志如果不是自觉地以客观必然性作为基础，它就只能是抽象的或幻想的自由。不论这种意志是出自于谁，是圣人或是流氓，它们都不可能在实践中产生预期的效果，因此，这种抽象的自由也是片面的。具体的自由或"包含了并扬弃了必然性"在内的自由，便同时克服了那两种片面性，它既克服了自然界自发的必然性，又克服了抽象的自由即人的任意性。

四

在实践中人与外部世界对立着，对立的一方是外部世界，具体地说便是人要去利用和改变的对象。对象作为一种物质，只是依循着必然性而运动着，它不为尧存、不为桀亡，不论是一种善良的意愿或是某个邪恶的念头，都不可能主观地去改变物质运动的必然性。对立的另一方是人自觉地去改变外部世界的活动，但运动的过程，也将不可能对运动的结果作出判断，这样人对自然就将是毫无作为。当一颗果核栽入土中后，既可以长出荆棘，又可以长成一窝田鼠，试问人对于种植果树还有什么自由可言呢？因此精神必然以必然性作为前提，去认识并驾驭必然性，使它为人服务，才能得到自由。自由既不可能也不必要离开客观必然性，宁可说自由就是以客观必然性作为基础的，它无时无刻能够脱离客观必然性。当人正确地认识客观必然性，由此使自己的目的与方法自觉地符合于客观必然性时，在实践中通过方法便可以使对象实现着契合目的的运动，于是意志与必然性就自觉地达到同一，所以黑格尔认为：真正的自由包含了并扬弃了必然。

人对于一种行动判断的自由，表现在这个判断同时是符合于客观必然性而不是任意的，因此可以说，这种判断又是必然的。至于人们在作判断时的犹豫不决，或者是任意的，就恰恰证明判断者的不自由，因为当他在作判断时，不能以正确认识客观必然性作为判断的依据。人根据意志的判断决定去做或不去做一项活动，而一旦决定去从事一项活动时，又根据自身的需要与对象的客观可能性构成了实践的目的，然后又按照对象运动的客观必然性采取相应的方法，去求得目的的实现。在实践过程中，人的有目的的活动便与对象实现着客观必然性的运动相联结着，要使对象的运动同时成为合目的的运动，人除了去认识对象运动的客观必然性，并通过相应的方法去驾驭它之外，就既不可能用任意的设想去代替它，更不可能主观地排除它。自由正是通过人对客观必然性的驾驭与利用而得到实现，当人去驾驭某种自然的力量并驱使它为生产服务时，相对于这种自然的力量，人便是自由的。但是人要去驾驭与利用自然力量，便需要使人的目的与方法，同对象的可能性以及它运动的客观必然性相一致，或者说人需要使自己的目的与方法，自觉地建立在客观必然性的基础上。

当然尊重与服从客观必然性并不是消极地去适应自然，人在实践中去适应客观必然性只是一个方面，而实践更重要的一方面还在于驾驭与利用客观必然性，使客观必然性又转而服从于人的自觉的创造活动。但是无论尊重与服从客观必然性，或者进而使客观必然性服从于人的自觉的创造活动，都需要以正确认识物质运动的客观必然性作为前提。只有在正确认识物质运动的客观必然性的前提下，人才可能使实践的目的与方法自觉地建立在一定的客观必然性的基础上。这种被认识并最后被驾驭与利用的客观必然性，对人说来就不再是盲目的和异己的力量了，它已成为人自觉去利用的为我的力量了，所以黑格尔说："只有未经理解的必然性才是盲目的。"①

16世纪末，正当资本主义生产方式在西欧诞生的阶段，近代科学也正在摆脱宗教与神学的束缚而争取自己的生存权利，那时弗兰西斯·培根就已开始理解到，人的力量或他驾驭自然能力的前提，就在于他对自然界客观必然性的认识。培根确信人们一旦认识自然运动的客观必然性，便能够驾驭与利用自然并成为自然的主人。从培根的这一思想，还可以推论出另外一层意思，即人驾驭与利用自然的力量，既然是人对客观必然性认识的结果，那么，这种力量就不是属于人先天所固有的，不是与人生而俱来的，相对地它只能是历史的，是人类对自然界和客观必然性认识发展的结果。虽然在黑格尔看来，培根的体系只是以经验作为对象，它还没有能够上升到以理念作为对象，然而黑格尔关于自由是被认识了的必然这一思想，却可以看作正是培根上述思想的发展。他明确地将对必然性的认识作为自由的前提，而真正的自由是不能须臾离开必然性的，自由便是扬弃了的必然，或者说在自由中就包含有对必然性的认识。

人类离开了实践便不能生存，这是一个极普通的常识，然而对于实践问题以及它的一般规律的考察，在哲学史上却没有能像自然、社会的一般规律和认识的规律那样地受到重视，这是一件令人感到迷惘的事。黑格尔的一项重要贡献，便在于他不仅辩证地解决必然与自由的关系问题，而且他由此更进一步在一个广阔的范围内，即整个实践范围，试图去分析它的辩证运动以及实践的最一般规律。对于人们日常使用的诸如目的、手段、方法等等概念，黑格尔却对它们作了哲学的分析，并且揭示包含在这些概念中的辩证法。

黑格尔首先是从机械性与化学性同目的性的对立，去阐明实践中客体与主体，以及客观必然性与人的活动的对立。他写道："对机械性和化学性而言，目的出现为第三者；它是两者的真理。当目的本身还处在客观性或总体概念的直接性范围内时，它还感受这样的外在性，并且和一个与它相关的客观世界对立着。"② 如果搬开那些诸如"总体概念的直接性"之

---

① ［德］黑格尔：《小逻辑》，贺麟译，商务印书馆1980年版，第307页。
② ［德］黑格尔：《逻辑学》下卷，杨一之译，商务印书馆1976年版，第429页。

类的客观唯心主义哲学术语，那么，黑格尔不过是想说明，自然界的规律，包含着机械运动与分子运动的规律，是人的有目的的活动的客观基础。

对于目的的活动，黑格尔写道："目的通过实现的手段作为中介与其自身相结合，而主要的特点是对两极端的否定。这种否定性即是刚才所提到的否定性，它一方面否定了表现在目的里的直接的主观性，另一方面否定了表现在手段里或作为前提的客体里的直接的客观性。"① 当人通过实践使对象实现着契合目的的运动时，实践便实现着两个否定：它既否定了包含在目的里的主观蓝图，使它客观化了，即外化为效果；它又否定了对象的直接的客观性，对象通过实践成为人的创造物。

目的是一种意识，当目的指导着行动去改变对象时，却需要通过一种与对象同属于自然的中介去作用于对象，才可能使对象产生变化，这个中介便是手段。黑格尔指出："目的通过手段与客观性相结合，并且在客观性中与自身相结合。手段是推论的中项。"② 手段是目的去作用于对象的中介，也就是实现目的的物质中介，在逻辑上就被概括为推论的中项。手段既包括肢体的活动，也包括工具，但无论是肢体或工具，它们首先是自然物，相对于目的，便是一种外在的内容。这种外在的内容对于目的的实现与否，本是漠不关心的，步犁即使长期被作为废铁而堆在露天中，它也不会有丝毫抱怨。只有当它成为目的的手段时，这种外在的内容才在目的的支配下发挥着手段的效用。因此手段作为一种外在内容，它是独立的，但是作为手段，它却又是服从于目的的。所以手段又具有二重性，它是客体，具有自身运动的必然性，它又是目的支配着去作为手段的客体，对于手段来说，"目的是客体的主观性和灵魂，它在客体中具有自己的外在方面"，工具的意义就在于供目的使用，否则工具就不过是一堆铁和几捆木棍而已。

目的通过手段去改变对象，它首先使自身的规定性实现在手段中，然后通过手段使一规定性实现在对象中，即手段是依据目的的规定去改变对

---

① ［德］黑格尔：《小逻辑》，贺麟译，商务印书馆1980年版，第389页。
② ［德］黑格尔：《逻辑学》下卷，杨一之译，商务印书馆1976年版，第433页。

象的。为了实现目的，那个原来是外在的手段就面对自然界的强力进行搏斗，互相不断地消耗着，所以效果的产生，就是以手段作出的损耗为代价的。黑格尔指出："目的性的活动和它的工具仍然是指向外面的，因为目的仍然还没有与客体达到同一，因此它还必须利用客体为工具以求达到目的。……这样，那作为支配机械和化学过程的力量的主观目的，在这些过程里让客观事物彼此互相消耗，互相扬弃，而它却超脱其自身于它们之外，但同时又保存其自身于它们之内。这就是理性的机巧。"①

从手段这一个极通常的概念中，黑格尔却分析出它的辩证内容，以及它所包含的必然与自由的关系。例如他写道："手段是一个比外在合目的性的有限目的更高的东西；——犁是比由犁所造成的、作为目的的直接的享受更尊贵些。工具保存下来，而直接的享受则会消逝并忘却。人以他的工具而具有支配外在自然界的威力，尽管就他的目的说来，他倒是要服从自然界的。"② 目的借助手段的力量，使对象最后成为效果，这时目的便由主观性外化为客观性。黑格尔认为目的虽然是主观的，因此便与客观性处于对立的地位，但目的又是一种主动的或扬弃的力量，它能够扬弃这种对立而使主观性与客观性达到统一，这就是目的实现为效果。效果的出现，一方面克服了目的的主观性，另一方面又克服了对象的客观性。效果实现着主客观的统一，由此"主观性和客观性依两者的片面性而被中和，而被扬弃"。

实践从目的开始，最后则产生效果，效果所实现的是目的的规定性。在黑格尔看来，实践的过程因此也就是目的回复到自身的过程，他认为在效果中目的并不过渡到外部，而是保持在效果中，这就是说目的只是通过效果而实现，这样目的就既是始点又是终点，所以整个过程就是自我意识的实现过程。

当黑格尔具体分析了目的、手段、效果这一系列范畴时，他就揭示出它们之间的本质联系即实践规律，以及贯穿在这些范畴中的必然与自由的辩证关系。然而这一切在《逻辑学》中，却往往是用一种晦涩的、思辨的

---

① ［德］黑格尔：《小逻辑》，贺麟译，商务印书馆1980年版，第393－394页。
② ［德］黑格尔：《逻辑学》下卷，杨一之译，商务印书馆1976年版，第438页。

文字，曲折地表达了出来。譬如："目的，作为与客体及其过程对立而自由存在并且是进行自身规定的活动那样的概念，它在机械性中只与自身融合，因为它同样又是机械性自在自为地有的真理。"① 或者："目的的运动现在就达到了这一点，即外在性环节不仅是建立在概念中，概念不仅是应当和趋向，而且作为具体的总体，是与直接客观性同一的。"② 诸如此类。他实际上不过是企图说明，目的是主观的概念，对象是客观的概念，它们都是理念的不同环节。由于这两个概念的一致性，它们在效果中才能达到同一。而这一过程又被描述为由主观概念经过客观概念达到统一，并趋向于绝对理念的过程。可见自我意识的运动又不过是一个外壳，贯穿于其中实质性的内容，则是理念的实现与理念达到的自我认识的过程。

五

在整个自然界内必然与自由的关系还仅存在于一个极有限的范围里，它只是存在于人活动着的那个领域中，除此之外，自然界的绝大部分则仍然是必然的王国。但是在社会领域则完全不同，因为社会人的活动自始至终地贯穿着必然与自由的关系。社会人的自觉活动是在他的意志指导下进行的，那么，在社会人的有意识的活动中，又怎么可能实现不以人的意志为转移的客观必然性呢？

如果说社会是人组成的总体，而历史则是人活动的总和，任何一种历史现象，莫不是由参与其事的人们的活动来实现的，而人们的活动又是通过意志的选择、判断与决定才去进行的，如此溯其源，便可以得出自由意志决定历史的结论。但是从另一方面看，参与历史事件的人们，在其意志作出对行动的选择、判断与决定时，又各有其原因，又都可以从外部的制约关系或人的需要、欲望等等去寻找根据，如此溯其源，又可以得出必然性决定历史的结论。在历史活动中参与其事的各种人物究竟是由必然性支

---

① ［德］黑格尔：《逻辑学》下卷，商务印书馆1976年版，第438页。
② ［德］黑格尔：《逻辑学》下卷，商务印书馆1976年版，第445-446页。

配着他们的行动,或者相反是他们的意志支配着历史?历史是由人的意志所决定因而它不过是各种偶然事件的堆积,或者历史是由必然性所支配,在历史的过程中贯穿着必然性?如果历史并不是各种偶然事件的堆积,在它的各种偶然现象中又贯穿着客观必然性,那么人的意志在其中是否还能够起着作用,或者人只能注定去作为实现历史的必然性的工具?这一系列的问题用形而上学的方法是无法去得出正确解答的,因此谢林便认为必然与自由的关系的解决,其困难还在于如何应用于历史的领域。

当黑格尔批判了17世纪以来统治着理论界的形而上学的方法时,他便用辩证法去分析历史现象,黑格尔从一大堆压得人们喘不过气和使人眼花缭乱的历史材料中发现尽管人们是有意识地去进行着各种历史活动,然而历史进程所实现的结果,却并不符合于这些当事人的意识。历史上的一次战争,可能是起因于君王们贪婪地掠夺土地与财富的野心,或者是皇室之间的钩心斗角,然而战争的进展却会产生同君主们费尽心机觊觎权术的目的完全相反的结果。这种种历史结果不仅仅是当事人所无法预料的,而且往往是以当事人无法抗拒的方式出现,可见就在人们有意识的活动中,正实现着一种凌驾于每个人的意志之上的力量,是这种力量在支配着历史。至于掠城争地的那些君王又不过是这种支配着历史的力量赖以实现的工具,就仿佛是人使用着工具去实现自己的目的那样,这个支配着历史的力量,驱使君王们去相互争夺以致肝脑涂地,最后却实现着历史所需要走的道路,这正是它的机智。

所以黑格尔认为必须将历史理解为是合理的而不是偶然的过程,它并不取决于人们的意志,而是取决于理念或世界精神。理念既贯穿于自然界,也贯穿在历史中,因此,理念才是世界的主宰,也是历史所趋向的最终目的。将历史的必然性归结为是一种超人的力量,它的原始形式便是天命观,即认为历史实现着冥冥的天道。黑格尔的理念或世界精神,在血缘上是与天道观紧密相联系的,它在自然界是通过死的物质与活的生命默默地实现着,在历史上则是通过人的有目的的活动而有声有色地实现着。

黑格尔本人并不讳言理念与天道的联系,他不仅指出:"理性的机巧,一般讲来表现在一种利用工具的活动里。……在这种意义下,天意对于世界和世界过程可以说是具有绝对的机巧。上帝放任人们纵其特殊情欲、谋其个别利益，但所达到的结果，不是完成他们的意图，而是完成他的目的，而他（上帝）的目的与他所利用的人们原来想努力追寻的目的，是大不相同的。"① 而且他还写道："无论如何，我们须认识那种世界为必然性所决定的看法与关于天意或神意的信仰并不是彼此排斥的。……因此假如把以认识人类事变的必然性为历史哲学的课题的学说，斥责为宿命说，那实在是再谬误不过了。由此足见，真正的历史哲学实具有证明天道不爽或表明世事符合天意的意义。"②

黑格尔是明确地将历史的必然性理解为是理念在历史中实现自身的过程，承认历史有着必然的规律，当然并不就等于是接受历史的天命观，但如果认为历史的必然性只不过证明了世事符合天意或世界精神的实现，那样就不能不与天道观紧紧扣在一起了。黑格尔的理念仅仅排斥了作威作福的有意志的神，可是另一方面却又接纳了无法避免的天意。

黑格尔透过历史上无数个别现象与人的各种动机，认定这些都不是理解历史的最终原因，他承认正是在这无数五彩缤纷的现象中，最后表现出历史的必然性。可是历史的内在联系，经过人的头脑的升华之后，在黑格尔的体系里，就成为理念或世界精神了。当历史的现实联系被这种臆造的联系所代替，要进一步去发现历史现实联系的真实内容那种可能性，也就十分困难了，黑格尔凭着他的辩证思维，虽然也敏锐地观察到了某些历史发展规律的萌芽，包括"应当把这种工具看得高于自然界"的思想，以及"我们经常看到某种大量的共同利益在困难地前进，但是更经常看到微小力量无限的紧张活动，它们从似乎微不足道的东西中产生某种巨大东西"的思想，可是这些思想只限于一般的推测，它们并没有被汇合成为他的历史哲学的原理。如果撇开这一切，那么黑格尔毕竟还是为后人留下了一个重要课题，虽然这个课题并不是他有意识地提出的，然而却是要解决黑格尔体系内包含的矛盾就必然会被提出的，这个课题便是：如何去从历史的现实联系中，而不是从头脑臆造的联系中，不是从世界精神，也不是从历史人物的意志，去探索推动历史前进的动力。

---

① ［德］黑格尔：《小逻辑》，贺麟译，商务印书馆1980年版，第394－395页。
② ［德］黑格尔：《小逻辑》，贺麟译，商务印书馆1980年版，第307页。

恩格斯评价黑格尔的功绩，是在于他第一次将整个自然的、历史的和精神的世界描写为运动的和发展的过程，并且企图揭示出这种运动与发展的内部联系。依照这个观点，人类的历史就不再被理解为是一堆乱七八糟的、应当全部被这时已经成熟了的哲学理性的法庭所唾弃的暴力行为。历史是人类自身的发展过程，而思维的任务就在于透过这一切表面的偶然性，去探索这一过程依次发展的阶段以及它的内在规律，黑格尔划时代的功绩，就在于提出了这个任务。①

六

既然在黑格尔的体系中，历史被理解为是合理的也就是必然的过程，而这一必然过程又是通过人的有意识的活动去实现的，那么这二者又怎么可能是一致的呢？是否可以说，推动着人的意志与活动的力量，就是理性或世界精神？黑格尔的答案却是出人意料的，它既不是世界精神，也不是康德式的道德律的绝对命令，而是人的现实需要。黑格尔指出："我们对历史最初的一瞥，便使我们深信人类的行动都发生于他们的需要、他们的热情、他们的兴趣、他们的个性和才能。当然，这类的需要、热情和兴趣，便是一切行动的唯一的源泉——在这种活动的场面上主要有力的因素。"② 理念或世界精神推动着历史，然而它又只是通过人为获得现实的需要的活动去实现的。接着黑格尔就解释"热情"这个名词："我现在所想表示的热情这个名词，意思是指从私人的利益、特殊的目的或者简直可以说是利己的企图而产生的人类活动。"③ 即使像"热情"这样抽象的词，黑格尔也分析了它的现实内容。至于对"仁爱""高尚的爱国心"等等，这些曾经被一些人推崇为是历史最高动力的意识，黑格尔却认为它们同

---

① 《马克思恩格斯全集》第 19 卷，人民出版社 1963 年版，第 223 页。
② 北京大学哲学系外国哲学史教研室编译：《十八世纪末—十九世纪初德国哲学》，商务印书馆 1975 年版，第 476 页。
③ 北京大学哲学系外国哲学史教研室编译：《十八世纪末—十九世纪初德国哲学》，商务印书馆 1975 年版，第 477－478 页。

"世界和世界的创作者之间,就没有什么主要关系了"。黑格尔更进一步指出:"我们所谓原则、最后目的、使命或者'精神'的本性和概念,都只是普遍的、抽象的东西,——唯其如此,无论它本身是怎样地真实,终究不能完全是现实的。目的、公理等等,只存在于我们的思想之中,我们的主观计划之中,而不存在于现实之中。"① 当黑格尔一深入到历史的具体联系中时,就如同他在逻辑学里写出他的诠释那样,便不再像他阐述抽象的思辨问题那样晦涩费解。他针对那些认为理性、最高目的是与利益截然无关的人们,说明这种理性、最高目的不过是只存在于人的思想中的主观计划,但它们却不存在于现实中。

当个人、民族或社会为着一定的需要与利益而活动时,最后除了产生与相应的目的直接联系着的结果之外,还往往同时产生出为人们所未曾预料的,甚至与其目的相反的,然而又是不可避免的结果,这便是历史的必然性。历史的必然性正是通过人们为着一定的需要与利益而进行的活动,首先是为了满足生活需要的物质生产活动而实现着。因此要理解历史必然性,便必须分析人的现实活动,尤其是为了满足生活需要的物质生产活动,这便是在拨开黑格尔的理念、世界精神这重重迷雾之后,所可能得出的结论。

但是在历史的必然进程中,人如何才能达到自由呢?黑格尔在论历史人物时认为,这些人是由于道出了那个时代的意志,并实现着时代的意志,所以才成为历史人物。决定历史人物的就不仅仅在于他的个性、癖好等等,而是由于这些人能够根据时代的意志去指导自己与他人的行动并使之实现。在这里,黑格尔指出,历史人物的秘密就在于他们个人的目的与世界精神关联着,用通俗易懂的话来说,那就是他们的目的与行动直接关联着历史必然性的实现。接着黑格尔便写道:"当这类人物追求着他们那些目的的时候,他们没有意识到他们正在展开那个普遍的'观念';相反,他们是实践的政治的人物。不过他们同时又是有思想的人物,他们见到什么是需要的东西和正合时宜的东西。这个正是他们的时代和他们的世界的

---

① 北京大学哲学系外国哲学史教研室编译:《十八世纪末—十九世纪初德国哲学》,商务印书馆1975年版,第476页。

'真理',可以说是排行在次一瞬间即将轮到的物种,已经孕育在时间的母胎之中了。他们的职务是在知道这个普遍的东西;知道他们的世界在进展上将取的必然的,直接相承的步骤;把这个步骤作为他们的目的,把他们的力量放在这个步骤里边。"① 黑格尔论历史上的伟大人物这一部分,在他的历史哲学中,即使不是最精辟的部分,也是最精辟的部分之一。他说明了成为历史人物的原因,这些人物的特殊个性、品质、毅力等等在他们的活动中,也许会显得十分重要,但是其他的人可能也具有类似的或更多的这类本质,然而却耗尽在一些忙碌而琐碎的日常事务中。而根本的原因还在于,历史人物的目的与活动和时代需要或历史的必然性相一致,他们全力以赴的正是历史发展向人们提出的任务,在这个前提下,历史人物的个性、品质等等才会在不同的场合中起着作用。

如果说人按照各自的需要与利益自觉地决定着行动,又在无数的人的行动中实现着历史的必然性,由此实现的必然与自由的统一还仅是形式的,那么,在历史人物的活动中,这种目的与客观必然性的相一致,便使必然与自由达到实质上的一致,历史人物一方面适应着必然,在历史的必然中造就自己,另一方面又敏锐地觉察到历史的必然趋势,热忱地迎接它的来临,并且用自己全部的精力呕心沥血地去争取它的实现,这时历史的必然性便同时是他们所追求的内容,因而便能与他们的目的与行动相一致。

除了历史人物之外,在黑格尔看来,那些以自己的活动去创造着历史的亿万群众,既然只是为了当前的需要而行动,因此就只能是盲目地实现着历史的必然性。这种轻视群众的观点是黑格尔的阶级局限性与那个时代的局限性所不可避免的产物,但是从他对历史人物的分析,仍然反映出他的思想的深度:"我们要从构成各个人的利益和感情的那些共同的因素,来观察这般历史人物。他们之所以为伟大的人物,正因为他们主持了和完成了某种伟大的东西;不仅仅是一个单纯的幻想,一种单纯的意向,而是

---

① 北京大学哲学系外国哲学史教研室编译:《十八世纪末—十九世纪初德国哲学》,商务印书馆1975年版,第482页。

对症下药适应了时代需要的东西。"① 所以历史人物只是因为代表了"利益和感情的那个共同的因素",他们代表的利益和感情恰恰是适应了时代需要的东西。历史人物之所以能够自觉到时代必然的趋向,并且比同时代的人们更敏锐地感觉到时代的脉搏,更深刻的原因还在于他们所追逐的利益正是与历史的必然趋向相一致,或者说他们所代表的利益的实现,同时也是历史的必然趋向的实现。历史是以必然的趋向客观地实现着某些历史人物代表的利益,而这些历史人物则是以自觉的活动去实现着历史的必然趋向。但是从这一点还可以引申出另一层结论,历史人物的活动如果违背了历史发展的规律,或者他们所代表的利益已不再符合历史的必然趋向,这些人物也就将或迟或早地黯然离开历史的舞台。

怎样去判断一种需要同时是代表着时代的需要呢?这种时代的需要又怎么会同历史的必然趋向相一致?黑格尔的理念或世界精神却阻碍着他对这些问题作出进一步的回答。然而他毕竟通过对历史人物的分析,解答了如何将必然与自由应用于历史领域的问题。历史已被看作是合理的因而是必然的历程,它又是通过人的有意识的活动而得到实现。当人们的需要与利益和历史的必然趋向相一致时,人们自觉地实现着自身的需要与利益,同时也就促进着历史必然趋向的实现。于是历史的必然趋向就不再是外在的盲目的力量,而就是人们自觉去实现的内容。这时必然与自由便不再是对立的了,它们在人的自觉活动中实现着统一。

但是作为普鲁士国家哲学的黑格尔哲学体系,还需要将必然与自由应用到国家的领域,在这一领域里黑格尔认为,个人在国家中享有自由,但是他必须承认、相信和情愿承受那种为全体所共有的东西即国家制度与法律,否则便不能得到自由,换句话说便是告诫人们不得伸出指头去触动现实存在的普鲁士国家制度。他还将"任性并不是自由"这个论点具体地应用到对待国家的态度上,黑格尔认为法律、道德、政府是自由的积极的实现,只有在法律、道德、政府的制约下,才能够有自由,而排除这一切的无限制的自由就是放纵。他还告诉人们在国家里自由才获得了客观性,而

---

① 北京大学哲学系外国哲学史教研室编译:《十八世纪末—十九世纪初德国哲学》,商务印书馆 1975 年版,第 483 页。

且只有服从法律意志才是自由的。这就是说意志在自然界应以必然性为界限，在国家中则应以法律为界限，至于普鲁士国家的法律理所当然地也就成为是自由的保障了。可是又怎样去理解同一个黑格尔所写的"他们可以称为英雄，因为他们不是从现行制度认准的、沉静有常的事物进行中取得他们的目的和他们的事业；而是取自一个泉源——它的内容是隐藏着的、还没有达到现实的存在……它冲击着外面的世界。仿佛冲击一个外壳，把它打成粉碎"① 这些话呢，又怎样去理解同一个黑格尔说过的，"恶"竟是代替"善"作为历史发展借以表现的形式呢？

这一切只有从当时德国落后的经济政治状况与还不臻于成熟的德国资产阶级的妥协性这一现实状况中去寻找答案。从康德到黑格尔都宁可在哲学中进行一场革命，却对现实的社会保持相对的妥协。黑格尔在论证一般原理时，可以显得很勇敢并无所顾忌，然而当落足到现实时，辩证法、事物内部的矛盾与否定，就立刻被钝化了，而普鲁士国家制度在他的著作中也就被涂上了圣洁的色彩。

黑格尔关于国家与政治领域内的必然与自由的观点，还包括有"自在自为的国家就是伦理性的整体，是自由的现实化，而自由之成为现实乃是理性的绝对目的""现代的国家的本质在于，普遍物是同特殊性的完全自由和私人福利相结合的，所以家庭和市民社会的利益必须集中于国家"②等等。国家作为一种强制的力量对于个人来说便是外在的必然性，它是对个人自由的限制，个人需要服从国家，当个人自觉地服从这种外在的必然性时，便获得了自由。又如尊重国家法律或尊重财产的不可侵犯，与占有财产的权利相一致，也就被黑格尔理解为是必然与自由的一致。这些观点对于全面理解黑格尔的必然与自由的学说，包括它的辩证的和唯心的方面，革命的和保守的方面，睿智的和平凡的方面，虽然仍需加以注意，可是如果从必然与自由学说在近代西欧哲学史上的发展，以及它在德国古典哲学中的发展来看，却已没有更多值得注意的内容了。

---

① 北京大学哲学系外国哲学史教研室编译：《十八世纪末—十九世纪初德国哲学》，商务印书馆 1975 年版，第 481－482 页。

② ［德］黑格尔：《法哲学原理》，范扬、张企泰译，商务印书馆 1962 年版，第 258 页、261 页。

第五章 费尔巴哈

一

黑格尔在哲学史上辩证地阐明了必然与自由的关系，并且对形而上学的方法作了较彻底的批判，但是他的必然与自由的学说则是建立在客观唯心主义的基础上，他将必然与自由以及它们的转化，看作是思维的抽象物即理念的一个环节。费尔巴哈作为对德国古典哲学的终结，是从批判黑格尔的客观唯心主义体系开始的，并且在这一基础上建立起唯物主义体系。他揭露了黑格尔的理念的虚幻性，指出构成黑格尔体系的本质是超越的思维，即被虚设为是存在于人脑之外的思维。理念虽然被黑格尔肯定为是事物的本质，其实它不过是思维的虚构，只有自然才是唯一真实的客观存在。自然的实在性，是"一个用我们的鲜血来打图章担保的真理"。

费尔巴哈揭露了黑格尔体系所具有虚幻性之后，就进一步分析形成黑格尔体系这种虚幻性的认识根源。因为理念、世界精神这一类的虚构，绝非是无缘无故地产生的，否则黑格尔的体系就成为一种偶然的东西了。费尔巴哈认为在思维的抽象中，就包含有虚构出的理念、世界精神的可能性，因为"抽象就是假定自然以外的自然本质，人以外的人的本质，思维活动以外的思维本质。黑格尔哲学使人与自己异化，从而在这种抽象活动的基础上建立起它的整个哲学体系"①。自然的本质只是存在于自然中，并

---

① 《费尔巴哈哲学著作选集》上卷，荣震华、李金山译，生活·读书·新知三联书店1959年版，第104－105页。

且在自然的存在与活动中表现出来，而不可能存在于自然之外。人的本质也不能离开人的存在与活动而独立存在，它们本来是统一的。但是经过思维的抽象，每一个自然物与它们的共同本质，每一个具体存在的个人与人的共同本质，却有可能在意识中被隔离开来。黑格尔的体系就是经过思维的抽象，将每一个自然物与它们共同的本质以及每一个具体存在的个人与人的共同本质分裂开来，由此去假设存在着有自然之外的自然本质，人之外的人的本质等等。黑格尔的理念不外是从客观存在中，抽象与概括出各种属性，然后又用这些范畴去规定客观存在，并且认为正是这些范畴构成了事物的本质。这正如宗教通过对人的属性的概括，得出了神与神性那样，两者表现的形式虽然各异，然而它们的根源却是同一的。

所以费尔巴哈指出，黑格尔的理念与宗教有着同一的认识根源，无论是理念或上帝都同样是自然或人的本质的抽象与虚构，前者是对客观世界的本质加以抽象，并且在哲学上将它规定为是自然的本质；后者则是对人的本质加以抽象，并且在宗教上将它规定为是超人的本质。费尔巴哈就是根据黑格尔的理念与宗教所具有的同一的认识根源，而发现黑格尔的体系与神学之间有着共同的血缘关系，他认为谁不扬弃黑格尔哲学，谁就不扬弃神学，黑格尔只是用理念来表达自然为上帝所创造，物质实体非物质的、也就是抽象的实体所创造的神学学说。由此，费尔巴哈得出了结论："黑格尔哲学是神学的最后避难所和最后的理性支柱。正如旧教神学家为了与新教斗争，曾经事实上成为亚里士多德派一样，现在新教神学为了与'无神论'作斗争，依理也必须成为黑格尔派。"①

透过黑格尔的体系与宗教和神学在认识根源上的血缘关系，以及它们共同具有的虚幻性，就可以进一步去探索它们的社会根源以及两者在社会根源上的联系。18世纪法国唯物主义展开对宗教的批判时，就不仅揭示了宗教的认识根源与心理根源，而且已经开始接触到宗教的社会根源，可是费尔巴哈却没有能够跨出这一步，他只限于同黑格尔比较："黑格尔是位哲学教授，而我不是教授，又不是博士；黑格尔占有大学讲席，而我只是

---

① 《费尔巴哈哲学著作选集》上卷，荣震华、李金山译，生活·读书·新知三联书店1959版，第115页。

作为一个普通的平凡的人生活着、思维着、写作着……"他没有理解到黑格尔体系的社会根源，犹如他虽然批判了宗教，却仍然没有理解到宗教的社会根源一样。

不过从费尔巴哈对黑格尔的客观唯心主义体系的批判，却得出了一个正确结论：必须回复用自然界本来的面目去认识自然的存在、属性以及它运动的规律。费尔巴哈要求"用自然来代替黑格尔的绝对理念，用实在的现实世界来代替黑格尔的世界精神"，也就是要将在黑格尔那里被人为地颠倒了的存在与意识的关系，重新又扶正起来。或者用费尔巴哈的话说"在黑格尔哲学中具有第二性的、实在的、形式的意义的东西，在我的哲学中则具有第一性的、本质的意义"，这样费尔巴哈也就粉碎了黑格尔强加给必然与自由的那个虚幻的基础。

二

费尔巴哈在批判黑格尔的客观唯心主义体系时曾指出："思维与存在的真正关系只是这样的；存在是主体，思维是宾词，思维是从存在而来的，然而存在并不来自思维。……存在的根据在它自身中，因为只有存在才是感性、理性、必然性、真理，简而言之，存在是一切的一切。"① 这样他就在唯物主义的基础上，解决了存在与意识的关系问题，而必然与自由的矛盾也就从康德所设想的理性中，从费希特的自我意识中以及从黑格尔的理念中，回复了它原来的位置，即人改变外部世界的现实关系中。

因此，必然性就不是主观的东西，它是物质世界运动中实现的、不可避免的趋向，而理解必然性就不能脱离开对物质运动的理解，只有通过自然界与它的运动，才能够理解它的必然性，而不可能从理念之类的虚构的概念去获得对必然性的正确理解。

费尔巴哈在《对哈伊姆的〈费尔巴哈和哲学〉一文的答复》一文中，

---

① 《费尔巴哈哲学著作选集》上卷，荣震华、李金山译，生活·读书·新知三联书店1959年版，第115页。

明确地表述了对自然界的必然性和规律具有客观性质的观点，费尔巴哈否认黑格尔关于思维与存在的同一的思想，他认为秩序、目的、规律等等不外是一些同把自然界的事物翻译成自己的语言，以便通过这些词去了解自然界。① 费尔巴哈既肯定秩序、必然性、规律的客观性质，又肯定人的意识中关于秩序、必然性、规律的概念，不过是客观存在的翻译，它们是来自客观存在，相对地如果将思维的必然性归结为是存在的必然性，则是再愚蠢不过的。

至于与必然相对立的自由，也不是离开人、离开人的意志与行为的幻想的东西，费尔巴哈认为："一切关于法律、关于意志、关于自由，关于没有人的、在人之外甚至在人之上的人格的思辨，都是一种没有统一性、没有必然性、没有实体、没有根据、没有实在性的思辨。"② 宗教与神学将自然界说成是上帝的制品，并且将自然规律归诸为上帝的意志，这种自由意志既是超人的，因此也只能是虚构的。自由只能是实现在人的意志的判断以及由意志所指导的行动和外部世界的关系中。意志作为一种意识形态，它又是大脑的产物，所以绝不能脱离开人的大脑和肢体的活动去理解自由。

既然必然性是自由的属性，自由则是人的意志与行动的表现形式，因此，必然与自由的矛盾就只能存在于人的实践活动中，而绝不是单纯存在于人的主观意识中或超越自然与人的理念中。但是费尔巴哈对实践的理解，却只是限于个人的活动，就其内容而言，又不过是衣食之类的日常琐事，他没有理解到实践的社会性以及革命实践的意义。所以当费尔巴哈着手去解决必然与自由的关系问题时，他就将实践的内容限制在精神实践或道德实践的范围内，而千百万人的创造活动以及改变自然与社会的实践，也就自然地在他的视野里消失了，这便使费尔巴哈关于必然与自由的论述，就内容而言比较起黑格尔就显得十分贫乏了。

---

① 《列宁全集》第 14 卷，人民出版社 1957 年版，第 155 – 156 页。
② 《费尔巴哈哲学著作选集》上卷，荣震华、李金山译，生活·读书·新知三联书店 1959 年版，第 118 页。

三

物质世界是人的认识的对象，也是实践的对象。如果说人的认识有着一个最终的范围，那么，物质世界包括自然、社会与人自身，它们的各种属性与运动规律，便是认识的最终范围。人既不能去认识一个魔鬼，也不能去认识康德的物自体，因为前者并不存在于现实中，而后者既被思维将它的全部属性加以抽象，并且宣布是不属于它所有，当然它就是不可知了。物质世界同样是实践的对象，实践便是人改变物质世界包括自然、社会与人自身的自觉的活动，它与认识同是以物质世界作为唯一的对象。以物质世界作为对象的认识，既可能如实地去反映客观对象，也可能歪曲地去反映客观世界，甚至还可能去设想一种根本不存在于现实中的内容。实践在改变客观对象之前，虽然需要在意识中先创造出一个蓝图，然而即使是如此，它所创造的蓝图也必须以客观可能性与必然性作为基础，并且在这个基础上去构成目的与方法，否则在实践中就不可能取得预期的效果。

认识的抽象性与虚构的可能性，便成为宗教、神学以及唯心主义的认识根源。黑格尔的客观唯心主义体系，便是以认识的抽象性与虚构的可能性作为前提的。然而他虽然虚构了理念或世界精神出来承担着整个体系，但是从认识与实践来看，又不能不肯定认识对象与实践对象即外部世界的存在，因此他一方面确认逻辑体系构成自然的本质，另一方面又确认外部世界的存在，而这个外部世界则不过是作为自然本质的逻辑体系的外化。费尔巴哈指出了黑格尔的这一矛盾，他认为在黑格尔的体系内，逻辑之所以外化为自然，只是因为能思维的人在逻辑之外还遇上了一个与他直接关联的存在，一个自然界，因而又不能不承认自然界的客观存在。

所以在黑格尔的体系中，必然与自由既是构成逻辑体系的内容，但又实现在现实的人与外部世界的关系中。费尔巴哈批判了黑格尔的客观唯心主义体系，也就在思维中排除了这种对现实关系的颠倒。他认为必然与自由表现着人与外部世界的关系，必然性是物质运动所固有的，而"自由在通俗的、即一般的意义上不意味别的，而只意味没有明显的强制。人由于强制而做的事，那是他不自由地做，不愿意地做，因为'愿意'和'自由'是一致的"①。

在必然与自由的关系上，费尔巴哈强调了意志对必然的依赖性和客观必然性对人的意志的制约作用。他认为人有意志自由，但是意志只能以客观必然性为范围，而不能超越这一范围。费尔巴哈指出："意志不是本质的创造者，而只是自然界的摹写者，不是从无变有的创造者，如唯灵主义的哲学家所描绘的那样，它只不过是按照自己的目的而使用一定材料的绘画家而已。"② 意志并不能离开客观可能性去为所欲为，它只能利用客观必然性去进行创造活动，当意志利用客观必然性去进行创造活动时，就不能不以客观必然性作为范围，并为它所制约。物质由于具有某种可能性而成为实践的对象，它运动的客观必然性又成为方法的依据，所以"意志面向自己的对象，它沾染对象的色彩和取得对象的本质"。

客观必然性对意志的作用，除了表现在对象的可能性对意志的判断与选择的制约作用以及对象运动的必然性对方法的制约作用之外，费尔巴哈认为还表现在主观能力的可能性上。对象的可能性与人的主观能力的可能性，后者包括体力与技术等等的状况，统一地制约着人的意志，人只是在这个范围内去发挥人的能动性，所以"意志的基础是由现实希望的可能性和能力构成的"，或者说"是客观的可能性和主观能力的统一"。

费尔巴哈在强调客观必然性对意志的制约作用的同时，批判了那种否定客观必然性的制约作用，认为自由意志可以完全不顾客观必然性去行事的唯意志论。他指出脱离客观可能性与人的实际能力的自由意志是不存在的，因此它只能是一种幻想。实际上只要主观愿望与客观可能性彼此矛盾，就只可能因此产生一些"不足月的婴孩"。完全不顾客观可能性与人的主观能力，只是听凭意志去任意决定，最后便只能导致实践的失败，而且还会带来其他的损失。所以费尔巴哈将哲学上的唯意志论与实际中的冒险主义联系起来，并且指出："没有根据的、在时间和空间之外的意

---

① 《费尔巴哈哲学著作选集》上卷，荣震华、李金山译，生活·读书·新知三联书店 1959 年版，第 592－593 页。

② 《费尔巴哈哲学著作选集》上卷，荣震华、李金山译，生活·读书·新知三联书店 1959 年版，第 416 页。

志——这就是冒险主义。"

当费尔巴哈提出意志只有在行动中才显露出来和被判明是真实的，意志是由对自然的、物质的或者感性的认识和利用所决定的时，他的观点是接近于自由是被认识和被支配的必然这一思想。他认为人只有在认识客观必然性的前提下，才能自觉地去驾驭和利用客观必然性，因此自由又是对客观必然性认识的结果。费尔巴哈在批判唯意志论（或他称之为"唯灵论"）时，就指出人不是先天就自由的，只是在后天才自由，换句话说，人只是在认识客观必然性并利用它去实现人的目的时，才表明人是自由的。

四

人的一切有目的的活动，都是受意志所支配，然而意志的判断又是以什么作为根据呢？如果跟随着费尔巴哈去寻找这一问题的答案，就会使人突然感到仿佛又倒退回去一个世纪，即由19世纪退回到18世纪。

费尔巴哈提出的"意志就是对幸福的追求""人的任何一种追求也都是对幸福的追求"等等，这些思想并没有越过爱尔维修，因为爱尔维修就曾经说过，人的种种由意志指导的行动，都不过是对幸福的追求。如果说爱尔维修进一步发挥的"无论在道德问题上，还是在认识问题上，都是个人利益支配着个人的判断，公共利益支配着国家的判断"等等思想，在当时看来确实是很精辟的，那么，费尔巴哈至多也只是达到"道德的基础是利己主义""不仅有单独的或个人的利己主义，而且有社会的利己主义"这条界限。至于进一步接触到幸福的标准问题时，费尔巴哈又提出了什么是善这个古老的问题，问题是十分抽象的，而费尔巴哈的答复也是典型的："善就是肯定追求幸福的愿望，恶就是否定这种愿望。"恩格斯批判费尔巴哈关于幸福与善等抽象特征时便指出："简单扼要地说，费尔巴哈的道德论是和它的一切先驱者一样的。它适用于一切时代、一切民族、一切情况；正因为如此，它在任何时候和任何地方都是不适用的，而在现实世界面前，是和康德的绝对命令一样软弱无力的。"① 虽然费尔巴哈也曾写过，皇宫中的人所想的与茅屋中的人所想的不同这一类的文字，然而他却并不能由此去概括出包含于其中的、更深一层的思想。他毋宁认为幸福这个标准就像天平秤一样，每个人都可以从它得到自己所需要的斤两。

在费尔巴哈的体系里，必然与自由的关系便只具有纯粹的道德的意义，自由就是指追求幸福的自由意志，而实践则是人的道德行为。但是人为了获得幸福，首先就要获得生活需要的满足。费尔巴哈也认为德行和身体一样，需要饮食、衣服、阳光、空气和居室，如果缺乏生活上的必需品，那么，也就缺乏道德上的必要性，生活的基础也就是道德的基础。如果循此出发，当然便会得出人为了追求幸福，首先便要向自然索取生活必需的物质资料，而生产活动就是人最基本的实践。可是费尔巴哈却仍然停留在欲望的必然性与追求幸福的自由意志的关系上，他只是写下了"把自然了解成与道德上的自由相矛盾是错误的。自然不仅建立了平凡的肠胃工场，也建立了头脑的庙堂……自然只抗拒幻想的自由，它与合理的自由并不矛盾，我们过多地饮下每杯酒都十分激动地、甚至惊心动魄地证明纵情使血流奔腾，证明希腊人的修养完全是自然意义的。"② 这无非是顺应必然、克制欲望，使追求幸福不致超过狂饮使人昏醉、饱食使肠胃遭殃的界限，做到知足常乐的老生常谈。至于黑格尔关于需要与利益推动着人的行动，正是在人们获得需要与追求利益的活动中，又同时实现着历史的必然性的思想，却似乎并没有引起费尔巴哈的注意，更谈不到将它向前推进了。

费尔巴哈虽然也探究了推动人的意志的动力，但他都是在抽象的形式下去理解这种动力，他发现当人们为了追求幸福而采取的行动，在现实的世界中，就不可避免地与他人为了追求幸福而采取的行动发生关系，这时社会的幸福或道德标准，便以一种外在的必然性与各个人追求自己的幸福的自由意志相矛盾。当出现这种矛盾时，个人追求幸福的"自私"的愿望，就要求与社会道德的"无私"的愿望相协调。在这种情况下，费尔巴哈要求牺牲个人

---

① 《马克思恩格斯选集》第 4 卷，人民出版社 1995 年版，第 240 页。
② 《费尔巴哈哲学著作选集》上卷，荣震华、李金山译，生活·读书·新知三联书店 1959 年版，第 84 页。

对幸福的追求或自由，也就是为了主要的东西而牺牲次要的东西，为了类而牺牲种，为了高级的幸福而牺牲低级的幸福。这种答复也是纯粹重复18世纪法国唯物主义者所曾经提出过的答案，霍尔巴赫就曾由每个人追求自己的幸福，推导出爱别人即"把我们的利益与我们所交往的人们的利益混在一起"的结论。但是人怎么可能从利己主义的追求出发，由此去承认对他人以至于社会承担有义务呢，费尔巴哈只有诉诸人类的天性，他认为"因为人性不只创造了单方的排他的对幸福的追求，而且也创造了双方的相互对幸福的追求"，费尔巴哈并不考虑譬如用这个结论去解释封建贵族与农奴的关系，将会产生什么样的答案，他仅仅满足于用这种抽象的人性去掩盖社会现实的矛盾，而这种抽象人性的最高表现形式便是爱。

对于阶级社会中现实存在的不同阶级利益的对立，费尔巴哈却幻想能够在国家中得到消除，他认为："在国家里，人的主要性质和活动现实化成为特殊的等级，但是这些性质和活动在国家领袖的个人身上又重新回到了同一性。"① 他将国家领袖说成是"无差别地代表一切等级"，因此国家就被看作是具有超阶级的性质了，至于阶级的对立也就在这个被理想化了的资产阶级民主共和国里被同一了。费尔巴哈对国家的崇拜并不比黑格尔逊色，他只是用理想化了的资产阶级民主共和国，去代替黑格尔的理想化了的普鲁士王国。

费尔巴哈还写道："只有以追求幸福（自然不是单个的人物，而是所有一切人的）的愿望为基础的自由，才是民主主义的，因而也是不可克服的政治力量。"② 历史上新兴的资产阶级在推翻束缚它的封建制度时，不仅为了争取自身的利益而奋斗着，它同时也推动着农民与手工业者反对封建束缚与压迫的要求，因为农民与手工业者也只有在共同的反封建的斗争中，求得自身的解放。所以新兴资产阶级便有可能在反封建的斗争中，以全民利益的代表者自居，并且只有以全民利益作为标榜，才有可能在斗争中争取广大的劳动者，这时新兴资产阶级也就自然地认为，对封建制度的

---

① 《费尔巴哈哲学著作选集》上卷，荣震华、李金山译，生活·读书·新知三联书店1959年版，第114页。

② 《费尔巴哈哲学著作选集》上卷，荣震华、李金山译，生活·读书·新知三联书店1959年版，第431页。

批判与斗争，不仅是一个阶级的要求，而且就是全民的要求，他们的理想同时就是全民的理想，他们的利益就是全民的利益，他们的胜利就是全民的胜利。由此资产阶级的国家，也就被描绘成是超越阶级对立的普遍利益的代表者；资产阶级的人性被抽象为普遍的人性，而自由、平等、博爱则成了永恒的真理。

尽管费尔巴哈称他的哲学为人本学，是关于人的哲学，并且确认自然与人是哲学的对象，只有人才构成哲学的出发点。然而在他的体系里，人仍然只是一个抽象的名词。这个人是脱离开一切社会关系的人，抽象的幸福则是推动人的意志的动力，最后自由则是对幸福的追求。将这一切运用到历史领域时，人性与爱这类抽象的概念，就成为是推动社会前进的动力。在《宗教本质讲演家》中费尔巴哈曾呼吁道："不应当让一些人有私有财产，而所有其他的人则一无所有，而是应当让所有的人都有私有财产。"就是在这里，也没有超越出小生产者平均财产的观点。对于历史的必然性，费尔巴哈也只是达到这样的认识："只要看一看历史！历史上的新时代是什么时候开始的呢？到处是在被压迫群众或大多数人为了维护他们的充分合法的利己主义而反对一个民族或一个阶层之排他的利己主义的时候，是在某些阶级的人或整个民族战胜了贵族少数之狂妄自大而脱离了赤贫者之遭到轻视的幽暗，来到历史名望之光明的时候。这样，人类之现在被压迫的多数应当并且确实将要掌权并且创立一个新的历史时代。"[①] 他写下这些文字的时间是 1848 年末至 1949 年初，比较起马克思在 1845 年写的《关于费尔巴哈的提纲》和马克思恩格斯 1848 年发表的《共产党宣言》，费尔巴哈所走的步子显得如此蹒跚，以至于被远远抛在后面了，因为新时代毕竟是到来了。由于辩证唯物主义与历史唯物主义的建立，马克思和恩格斯已经将必然与自由的学说，推向了一个崭新的阶段。

[①] 北京大学哲学系外国哲学史教研室编译：《十八世纪末—十九世纪初德国哲学》，商务印书馆 1975 年版，第 661 页。

追思坚定的马克思主义哲学家赵仲英教授

——整理后记

一

　　仲英师的《近代西欧必然与自由学说史》终于要出版了。

　　说"终于"是因为此遗稿完成于20世纪80年代，并送交某出版社。但因种种原因，被搁置一旁，一直未能出版，这一搁就是20年。

　　仲英师完成这部稿子的时间是1986年10月。那时关于异化问题和人道主义问题的争论尚未完全平息。然而就在那段时期里，学校里某些"左派"们还"批判"仲英师对"异化问题在马克思早期思想中的作用"的研究。说来可笑，这些人实际上连什么是"异化"都不清楚。

　　事实上，仲英师才是真正坚定的马克思主义哲学家。他的学问比起那些投机钻营、自封的假马克思主义者们不知要高明多少倍。

　　我说仲英师是真正坚定的马克思主义哲学家是有事实根据的。

　　仲英师早年（1944—1948年）就读于南京中央大学政治系。毕业后回云南并于1949年加入中国共产党。1949年底，云南和平解放后，即任青年团昆明市委宣传部长，后又在中共昆明市委宣传部从事理论宣传教育工作。1958年，他被错划成"右派"，先后被迫在农场、矿山等艰苦环境中从事劳动。但是，就在精神和肉体同时被压抑、被摧残的情况下，他仍然坚守马克思主义信念和共产主义理想。20世纪70年代，在环境和条件允许的情况下，他于"劳动之余""读完了《马克思恩格斯全集》"，"对马克思和恩格斯早期著作还做了较详细的笔记和摘录"(《马克思早期思想探源》后记)。于是,就在那段"劳动改造"时期,他奠定了自己的研究方向,并有了自己最初的思想成果,这就是1993年出版的《实践系统论》。在这部构思于20世纪60年代末、初稿完成于1974年、后又几经修改的学术专著中,他观点鲜明地主张要克服仅仅将实践看作是认识论的范畴,即将实践单纯理解为认识获得真理的中介这一局限,而应将实践理解为人的生命活动的范畴,是主体与客体相统一的、主体的创造性活动。不仅认识蕴含着实践这一因素,而且实践本身就蕴含着认识。实践对于其主体即人来说,是使人与其他动物区别开来的本质特征,是人的生命活动的表现形式,它标志着人与外部世界的自觉的统一。理解人的生命活动就需要理解实践,理解人与外部世界的关系更需要理解实践。如果从这一角度来理解人的本质,那么,人的本质就是实践。在这部著作中他还探讨了实践的结构与规律性问题。他认为,实践是一个受多层次因素制约的有规律的过程,实践的一般因素制约着实践过程的最一般规律。这些理论观点在当时无疑是具有前沿性的。因为关于"实践与世界"的关系问题,国内流行最广的由李秀林教授等主编的马克思主义哲学教材《辩证唯物主义与历史唯物主义原理》,直到1995年修订第4版时才增写了这部分内容。而关于实践作为马克思主义哲学最本质、最核心的范畴的广泛讨论是在20世纪80年代后期才开始的,而仲英师早在20世纪60年代末就已开始专注于这一问题并有了理论上的突破了。只是由于云南地处边陲,该著作出版后,未能及时予以宣传,故其影响仅局限于云南的哲学界、理论界。可以说,人们对此书价值的认识远远还没有到位。

值得进一步指明的是,仲英师关于实践理论的研究,是从对必然与自由的追思进入的。因为在他看来,"要克服多年来屡屡出现的所谓不'左'就右的做法,就方法论而言,便需要辩证地解决必然与自由的关系,或者说客观必然性与人的能动性的关系。"(《实践系统论》序言)可以肯定地说,正是对这一问题的思考,让仲英师又进入了近代西欧必然与自由学说的研究。这应该就是这部遗稿的由来。读过《实践系统论》一书的人都不难发现,仲英师对必然与自由问题的研究已经充分地贯穿在了这部纯粹的马克思主义哲学著作中了。尤其是书中对实践的规律性的揭示,就是建立在对必然与自由问题的思考上的。迄今为止，对实践的规律性（必然性）问题的研究以及对实践的规律性（必然性）与人的自由意志之间关系的探讨，可以说仍然是学术界的一个前沿问题。为此，我将仲英师《实践系统论》中有关必然与自由的论述辑录成篇，作为本书的"代绪论"，以此来彰显仲英师研究近代西欧必然与自由学说的积极成果。同时，也可以看出仲英师对西欧近代必然与自由学说的研究，并非是一部单纯的哲学范畴史论著。其目的正是为解决实践的规律性（必然性）与人的主观能动性（自由意志）之间的矛盾而对马克思主义哲学文化资源的探索与发掘。关于这一点，在《实践系统论》一书的第五章"客观必然性与人的能动性"中已得到了充分的展现。

使仲英师成为全国著名的马克思主义哲学史家和著名学者的是他的关于马克思早期哲学思想的研究。其论著受到靳辉明教授等学界著名专家的高度评价，我在北京大学哲学系学习期间，北大的施德福、赵常林、杨适、赵家祥等老师都和我提到过仲英师的研究成果，并表示赞佩。仲英师的马克思早期思想研究开始的也很早。前面提到，他在20世纪70年代通读《马克思恩格斯全集》时，就对马克思恩格斯早期著作有深入钻研。因此，当1979年到学校任教后，便开始发表这方面的学术论文，先后共计30余篇。影响较大的有：《异化在马克思早期哲学思想中的地位与意义》（1982年）、《〈1844年经济学哲学手稿〉中马克思关于实践的思想》（1983年）、《论恩格斯早期思想的发展——纪念恩格斯逝世90周年》（1985年）、《论黑格尔关于劳动与实践的思想》（1986年）、《马克思主义哲学理论来源研究的两种方法》（1986年）、《英国古典政治经济学与历史唯物主义的形成》（1987年）、《马克思早期思想与哲学共产主义》（1988年）、《马克思早期哲学思想中的实践体系与理论来源》（1989年）、《马克思关于俄国农村公社发展道路的理论与现实意义》（1989年）、《恩格斯早期的民主思想与白尔尼》（1992年）、《悉尼·胡克与民主社会主义》（1991年）、《费尔巴哈关于人的本质思想新探》（1991年）等。后来，在系统研究的基础上，仲英师出版了他的马克思主义哲学史专著《马克思早期思想探源》。在这部马哲史专著中，仲英师认为，马克思早年接受过康德与费希特的思想影响。在大学求学时期，马克思为了解决法学、历史学、文学等领域内"应有"与"现有"的矛盾，又转向黑格尔的体系。仲英师认为，德国古典哲学以浓缩的形式再现在马克思早期思想发展的历程中。以后，马克思又批判地吸收了费尔巴哈的唯物主义和赫斯的哲学共产主义，逐步实现了由青年黑格尔派观点向历史唯物主义、由民主主义向共产主义的转变。仲英师指出，在马克思、恩格斯建立历史唯物主义的过程中，德国古典哲学、法国空想社会主义与共产主义以及历史学说、英国古典政治经济学都起过积极的影响和作用，正是这三者构成了历史唯物主义理论来源的主干。这些研究成果在当时也都具有前沿性。理所当然受到了学术界的瞩目和高度评价。

仲英师的研究成果当然不仅仅是这些，他还在"西方马克思主义""民主社会主义与现代西方哲学"等领域有自己的建树。他遗留下来至今未能出版的书稿还有《范畴论》《卢卡奇与他的〈历史和阶级意识〉》《民主社会主义与现代西方哲学》等。

仲英师的上述学术成就及研究态度和执著的精神追求，难道还不足以表明他是一位真正坚定的马克思主义哲学家吗？我认为，结论是肯定的。

二

仲英师是云南盈江人。其父赵德恒（后以字"诚伯"行世），先入云南陆军讲武堂，为第一期骑兵科学生，与朱德、朱培德、范石生等人为同学。曾参加重九起义、护国运动、护法运动等。后任孙中山大元帅府拱卫军参谋长、大元帅府中将参军及代理军长等职。1926 年，由于人事纠葛，辞官不就，脱离军队，以国民政府军事参议院参议之职客寓上海。其间曾师从陈石遗、章炳麟钻研国学，并与乡人李芷谷等往还讨论哲学，寄情诗文。1937 年上海沦陷于日寇，赵德恒举家经香港回昆明，先受命视察滇缅公路施工，后担任滇黔绥靖公署总参议，旋及又被任命为楚大师管区司令。云南和平解放前夕，曾协助卢汉等与中共商谈云南起义事宜，并参与力促云南的和平解放。新中国成立后历任西南军事委员会委员，昆明市人民政府参事室主任，昆明市政协委员、常委等职。赵德恒（诚伯）文武兼备，颇有儒将之风，在大理任职时，不仅广结文士，且邀请过西南联大罗常培、费孝通、潘光旦、孙福熙等十位教授到大理讲学。徐悲鸿由新加坡归国，途经大理也曾与之交游，并有赠诗和赠画，赠诗有云：

> 风流儒雅赵使君，文章屈宋与争衡。
> 苍山之下杜王府，剪烛倾谈罢不能。

赵德恒（诚伯）亦擅作诗，诗有唐音、味近小杜（杜牧），如吟寒山寺：

> 枫落吴江霸气销，寒山寺外草萧条。
> 至今半夜孤舟客，只有钟声不寂寥。

仲英师自幼就生活在这样一个武威文馨之家。他1924年生于广州，少儿时随父客居上海，幼承庭训。后又随父返回云南。虽因战乱一度中断学校学习，所喜家中各类藏书颇丰，得以居家博览。这种广泛自由的阅读奠定了他深厚的文史根底。1940年夏，他考入大理师范学校高中部就读。1944年，他又以优等成绩考入当时在重庆的中央大学政治系。抗战胜利后，中央大学迁回南京，他亦随校迁至南京继续求学。仲英师虽学的是政治专业，但却更偏爱哲学、史学诸科。当时在中央大学任教的哲学名师有任华、洪谦、熊伟等人。据他晚年回忆说，自己听过熊伟等先生讲授的"哲学概论""西方哲学"等课程。1948年8月，仲英师于中央大学毕业并获法学学士学位。回昆后，曾在昆明明德中学任教。1949年4月参加中共地下党领导的"民主青年同盟"。同年，加入中国共产党，受命组织银行职工开展向国民党官僚资本作斗争和迎接云南解放的工作。

云南和平解放后，仲英师爱国热情迸发，积极投身于党的宣传教育工作。然而却于1958年被错划为"右派"，并下放至农场、矿山劳动改造。但是，他在极端艰苦的劳动生活中却志不改向。20年中，仲英师在山村的孤灯下、在荒林的放牧中，甚或在黝黑的矿洞里，始终孜孜于马克思主义哲学理论的学习、思考和研究。那时，他只能用颜料来当墨水，用粗草纸作稿纸。后来出版的《实践系统论》和这部即将付梓的遗稿，就是在这样的条件下完成初稿的。

1978年，仲英师20年的沉冤得以平反。1979年他到昆明师范专科学校任教。1980年担任了中共昆明师专党委副书记，主持党委工作，直至1985年卸任。在这期间，他一直没有离开马克思主义哲学等课程的教学工作。记得1984年我刚调到昆明师专工作时，就曾给他担任助教。当时，他给一个中学干部专修班开设"西方哲学史"课程。我边听他讲课，边帮他写板书。后来他还指导我给学员讲授了"德国古典哲学"一章。现在回想起来，仲英师是在十分紧张繁忙的学校日常工作之余辛勤地耕耘。他的研究成果频频见于报纸杂志，实在是件不易之事。用现在的标准来看，他的文章有不少是发表在国家级核心刊物上。当时，国内（北京）学术界的有关专业人士纷纷在问：这位赵仲英是谁？他的学术成果在当时的影响，由此可见一斑。就在这段时间，他还反复修改《实践系统论》和《近代西欧必然与自由学说史》两部书稿。学术史上常说，"十年磨一剑"，仲英师所著之书，可当之无愧。由于他的学术研究成果令人瞩目，1985年被特批为副教授，1987年又晋升为教授。同时，云南师范大学正式聘请他为兼职教授及马克思主义哲学硕士研究生导师。现在看来，仲英师对党务工作尽心尽力，认真负责。但他的兴趣更多的恐怕还是在理论的研究和学术的求索之中。

　　仲英师为人温和而诚恳，从不张扬。无论是在担任学校领导职务时，还是在学术界担负一定的职责时，他都让人感到是一位可亲近的长者。记得他主持一项省社科规划重点课题时，让我担任课题组成员兼学术秘书。凡遇事总是和我商量，从不使用命令的口气说话。遇到事关全体课题组成员的事，他就召集大家来协商。如果是学术研究方面的问题，更是要反复认真讨论，让大家充分发表意见，绝不武断行事。

　　仲英师处世谦虚而谨慎，从不骄奢。在工作中，他能够团结同志；在教学中，他又循循善诱。尤其是在个人生活中非常俭朴。在别人眼中早该废弃的废旧纸片、旧信封，他都加以利用或作为草稿纸，或作为二次使用的信袋，从不轻易丢掉。在个人的私事中，他始终保持一个共产党人的可贵品格。他的儿子因为他的"右派"问题而未能入学读书，连就业也有困难。这件事，在他平反后，本可以找有关部门帮助解决，但他直至去世也未向组织提出过任何要求。

仲英师治学更是勤奋而严谨，从不敷衍。他说自己写文章总要反复修改。他还告诉我，文章写好后，不要急于交稿发表，要先放进抽屉里，过一段时间，再拿出来看看，可能又会发现问题。要反复修改、斟酌。尤其是文章的结论一定要慎重考虑。他曾用两句古话"一言兴邦，一言丧邦"来形容社会科学研究与社会进步甚至一国的国运之间的密切关系。他说，社会科学研究的"真正困难还在于：对综合材料进行分析推论时，每前进一步，都必须用大量的历史事实与社会实践加以检验，认真反复推敲，得出一个论点能够确立或者不确立的理由。"(《挑灯夜谈治学经》)他所著的《实践系统论》，就是四易其稿而成书。他的《近代西欧必然与自由学说史》，直至去世前还在进行修订工作。

仲英师虽酷爱哲学，但兴趣也十分广泛。阅读优秀文学作品和历史人物传记，听古典交响乐和民歌，或是登名山涉大川，或是访古寺探幽径，都是他的爱好。当年他住在昆明翠湖边上"一丘田"胡同老宅时，简易的小客厅中挂着钱南园的手书对联："水如碧玉山如黛，书在廊函香在衣。"书房中悬挂的则是清代名士陈澧（兰甫）手书的条幅。搬到白马公寓后，客厅中挂的是其兄弟亲笔画的"老子出关图"，画中题词为"试画李耳骑牛出函谷关而不知所向一说"，画风质朴，书法古拙。这些书法和绘画都隐隐透露着仲英师的追求。

当然仲英师为之献身一生的还是对哲学的追思。就在他去世前几天我去看望他时，他还对我说，他正在思考和研究"客观精神"的问题。这是对波普"三个世界"理论的一种积极的回应。可惜，先生没有来得及将所思所想系统公之于世。我想仲英师的研究一定是很精致的，正如他对其他哲学问题的深入思辨一样，会给后人留下许多富有启发性的洞见。

三

仲英师离开我们已经五年多了。五年来一直想以某种适当的方式对仲英师表达自己的怀念之情。现在，仲英师的遗著《近代西欧必然与自由学说史》终于要正式和世人见面了。借整理这部遗稿之机，我也终于找到了实现自己心愿的恰当方式：将云南当代这位默默耕耘了一生的哲学家连同他的思想一并呈献给大家。我想，这应该是对仲英师最好的纪念和追思。

对仲英师这部遗稿的整理工作遵循的是整理遗稿的一般原则，即保证原稿的结构、思想、文字和本来面貌不变。在此基础上，整理者主要做了以下一些具体工作：

1. 核对了原稿所有引文及出处。

2. 对原稿有明显笔误的标点符号和错字做了改正。

3. 有的引文原来未注，凡笔者能查找到的均予以加入注释。

4. 订正了模糊或书写不清的字句。

5. 将原稿中的章节号由阿拉伯数字统一为中文数字，并单独列于每章之首行。

6. 根据原稿顺序重新编制了目录。

7. 删去了原稿中第一篇第一章，因为该章内容与第二章、第三章重复。

8. 对书中涉及的个别较生僻的哲学史上的人物加注说明。

9. 辑录了作者《实践系统论》一书中的有关"必然与自由"的章节，作为本遗著的"代绪论"，以补此书无"绪论"之缺憾。

10. 将作者在生前委托笔者编辑的作者的"论著目录"作为本书附录，以方便后人全面了解作者的学术思想。

总之，由于笔者才学疏陋，整理工作中肯定会有不尽如人意之处，敬请方家指正。若有不妥之处，也请仲英师家属及后人海涵。

仲英师仙逝后，师母刘凤英遵其遗愿发起遗稿之整理，师之挚友伍雄武先生热忱赞同、倾心支持，并与六位学生积极推动本书稿之整理及策划出版事宜。现在，本书在各方的支持下，得到云南省哲学社会科学学术著作出版基金的资助，终于面世了。这是一位忠诚的马克思主义哲学家留给我们的一份理论遗产，谨以之告慰吾师在天之灵！

后学　柴毅龙
2005 年 11 月
于昆明学院民族思想文化研究所

(说明:《近代西欧必然与自然学说史》一书最初于2006年由云南大学出版社出版发行,现入选《云南文库·学术名家文丛》再次公开出版,《追思坚定的马克思主义哲学家赵仲英教授——整理后记》除个别字词有改动,基本保持原貌——出版者)

图书在版编目（CIP）数据

近代西欧必然与自由学说史 / 赵仲英著. —昆明：云南大学出版社，2015
（云南文库·学术名家文丛）
ISBN 978-7-5482-1077-1

Ⅰ.①近… Ⅱ.①赵… Ⅲ.①必然和自由—哲学史—西欧—近代 Ⅳ.①B025.9②B504

中国版本图书馆 CIP 数据核字（2014）第 004232 号

出 品 人：周永坤
统筹编辑：柴 伟 陈 曦
责任编辑：陈 曦
责任校对：严永欢
封面设计：刘文娟

书　名	近代西欧必然与自由学说史
作　者	赵仲英 著
出　版	云南大学出版社　云南人民出版社
发　行	云南大学出版社　云南人民出版社
社　址	昆明市翠湖北路 2 号云南大学英华园内
邮　编	650091
网　址	www.ynup.com
E-mail	market@ynup.com
开　本	787mm×1092mm　1/16
印　张	21.5
字　数	335 千
版　次	2015 年 7 月第 1 版第 1 次印刷
印　刷	昆明卓林包装印刷有限公司
书　号	ISBN 978-7-5482-1077-1
定　价	65.00 元